广东省重点建设学科

老年学系列丛书

刘文清　丛书主编

LAONIANREN
QUANYI BAOHU ANLI JIEXI

老年人
权益保护案例解析

刘忠权　陈东英　杨祺　编著

中山大学出版社
SUN YAT-SEN UNIVERSITY PRESS
·广州·

图书在版编目（CIP）数据

老年人权益保护案例解析/刘忠权，陈东英，杨祺编著. —广州：中山大学出版社，2023.10
（老年学系列丛书/刘文清主编）
ISBN 978 - 7 - 306 - 07807 - 0

Ⅰ. ①老… Ⅱ. ①刘… ②陈… ③杨… Ⅲ. ①老年人权益保护—案例—中国 Ⅳ. ①D923.85

中国国家版本馆 CIP 数据核字（2023）第 089837 号

出 版 人：王天琪
策划编辑：赵　冉
责任编辑：罗雪梅
封面设计：周美玲
责任校对：袁双艳
责任技编：靳晓虹
出版发行：中山大学出版社
电　　话：编辑部 020 - 84110283，84113349，84111997，84110779，84110776
　　　　　发行部 020 - 84111998，84111981，84111160
地　　址：广州市新港西路 135 号
邮　　编：510275　传　　真：020 - 84036565
网　　址：http：//www.zsup.com.cn　E-mail：zdcbs@ mail.sysu.edu.cn
印 刷 者：广州方迪数字印刷有限公司
规　　格：787mm×1092mm　1/16　19.5 印张　330 千字
版次印次：2023 年 10 月第 1 版　2023 年 10 月第 1 次印刷
定　　价：68.00 元

如发现本书因印装质量影响阅读，请与出版社发行部联系调换

目　　录

第二编　养老服务

第三编　老年人监护

第四编　社会保障

第五编　遗产继承

第六编　老年人婚姻

第七编　人身伤害

第十编　财产保护

附　　录

序　言

随着老年型年龄结构初步形成，中国开始步入老龄化社会。截至 2021 年年底，我国 60 岁及以上老年人口达 2.67 亿，占总人口的 18.9%。据测算，2035 年左右，我国 60 岁及以上老年人口将突破 4 亿，在总人口中的占比将超过 30%，中国将进入重度老龄化阶段。

习近平总书记历来十分关心老年人，重视老龄工作，在多个场合作出重要论述。2022 年 8 月 17 日，他在辽宁省沈阳市皇姑区三台子街道牡丹社区考察时的讲话指出，老人和小孩是社区最常住的居民，"一老一幼"是大多数家庭的主要关切。我国已经进入老龄化社会，要大力发展老龄事业和老龄产业，有条件的地方要加强养老设施建设，积极开展养老服务。

党的二十大报告指出，国家实施积极应对人口老龄化战略。广东开放大学的"老年学"学科属于广东省"十四五"规划重点建设学科，也是广东省首个老年学重点学科。该学科对接积极应对人口老龄化国家战略，与健康中国、乡村振兴、粤港澳大湾区建设等国家战略部署相衔接，形成了老年社会工作、老年教育、老年人权益保障、智慧养老等独具特色的学科方向。

为了保障老年人的合法权益，弘扬中华民族尊老爱老的传统美德，我国建立起以《中华人民共和国宪法》为根本，以《中华人民共和国老年人权益保障法》《中华人民共和国民法典》等为依据的老年人保障法律体系，全面维护老年人的合法权益。但是，对于大众尤其是老年人来说，法律条文晦涩庞杂，难以直接应用于实际生活。为此，我们本着"贴近生活、深入浅出"的原则编订了此书，以帮助老年人维护自身的合法权益。

本书兼具"专业性"与"实用性"的特点。一方面，我们收集了老年人权益保障的法律法规和典型判例，在此基础上消化整理，形成"专业性"的案例，避免脱离实际生活；另一方面，为方便查找，我们对案例进行分类，形成十编的体例，读者根据目录中的案例名称，便可直接查询到相关的案例和解析，以及涉及的法律法规和其他文件，具有很强的实用性。本书案例均来源于法院公布的典型案例，但案例过于复杂，因此本书仅节选与知识点相关的内容，并未改编。本书的案例所用名字均为化名，如有雷同，纯属巧合，请勿对号入座。

希望本书能使读者了解老年人权益保障的相关法律知识，能够起到普法作用，成为老年朋友维护自身权益的得力助手。由于编写人员时间和水平有限，书中难免有不妥之处，欢迎广大读者提出宝贵意见，以便将来修订时补充和完善。

本书在编写过程中得到了中银三星人寿保险有限公司广东分公司的大力支持和帮助，其为本书的编写提供了相关的老年人理财案例素材及专业理财架构设计，在此表示衷心的感谢！

第一编

家庭赡养

第一章　子女对父母的赡养义务

案例1　子女可以拒绝赡养父母吗？

【案情简介】

1980 年左右，沈大妈与张大爷结婚，育有一子张小小。没过多久，两人感情破裂，经法院判决准予两人离婚，张小小由张大爷抚养。过了几年，沈大妈又认识了刘大爷，两人一见如故，随即到民政局办理了结婚登记手续，后来育有一子刘小小。刘小小十五岁时，两人离婚，刘小小由刘大爷抚养。多年来沈大妈没有支付过两个孩子的抚养费。

2022 年年初，七十多岁的沈大妈以年老体弱、无经济来源为由起诉到法院，要求被告张小小和刘小小支付赡养费和医疗费。张小小早已长大成人，但对幼年时沈大妈离开、不抚养自己的事实耿耿于怀，且这么多年两人也没有联系，因此表示不愿意承担赡养义务。刘小小则认为沈大妈这些年对自己并未承担真正的抚养义务，后来还离自己而去，也不愿意支付赡养费，但可以用轮流赡养的方式照顾沈大妈。但沈大妈表示刘小小住的地方离自己太远，且自己在老家已经习惯了，不愿意再去别的地方。

【法院判决】

法院经审理认为，关于赡养父母的问题，父母缺乏劳动能力或生活困难的，成年子女有给付赡养费的义务，因此原告沈大妈有权要求被告张小小、刘小小给付赡养费。根据双方当事人的陈述及提供的相应证据，可以认定原告沈大妈抚育被告刘小小的时间明显长于被告张小小，因此被告刘小小应适当承担更多的赡养义务。被告张小小后来提出适当减少赡养费的意见，法院予以采信。综上，法院依法判决被告张小小每月支付沈大妈两百元生活费，被告刘小小每月支付沈大妈四百元生活费。医疗费凭有效票据，两名被告各自承担一半。

【律师说法】

赡养费是子女在经济上为父母提供的必需的生活费用，即承担一定的经济责任，在生活上提供必要的物质帮助。有经济能力的子女，对丧失劳动能力、无法维持生活的父母，都应予以赡养。经济困难、父母离异后长期未与父母一方共同生活都不是拒绝赡养老人的借口。对于赡养费的金额，应酌情考量各种因素，比如被赡养人的身体状况、日常生活水平、当地消费水平、赡养人是否可以正常工作等情况，对赡养费数额进行认定。如果存在多名赡养人，可能会根据其被抚育的时间来决定不同数额的赡养费。

【相关法律】

一、《中华人民共和国民法典》

第二十六条　父母对未成年子女负有抚养、教育和保护的义务。

成年子女对父母负有赡养、扶助和保护的义务。

第一千零六十七条　父母不履行抚养义务的，未成年子女或者不能独立生活的成年子女，有要求父母给付抚养费的权利。

成年子女不履行赡养义务的，缺乏劳动能力或者生活困难的父母，有要求成年子女给付赡养费的权利。

二、《中华人民共和国老年人权益保障法》

第十五条　赡养人应当使患病的老年人及时得到治疗和护理；对经济困难的老年人，应当提供医疗费用。

对生活不能自理的老年人，赡养人应当承担照料责任；不能亲自照料的，可以按照老年人的意愿委托他人或者养老机构等照料。

第十九条　赡养人不得以放弃继承权或者其他理由，拒绝履行赡养义务。

赡养人不履行赡养义务，老年人有要求赡养人付给赡养费等权利。

赡养人不得要求老年人承担力不能及的劳动。

案例2　父母有医疗保险，子女可以不履行赡养义务吗?

【案情简介】

刘大妈的老伴儿走得早，她退休后便独自一人生活。刘大妈育有一个儿子刘甲和一个女儿刘乙，但两人平时都很少来探望刘大妈。2022年年初，过年的喜庆气氛还未散去，七十多岁的刘大妈就把两名子女告上了法庭。刘大妈自称身患多种疾病、经济困难，但两名子女对其不管不问，于是刘大妈要求两名子女每人每月向其支付赡养费一千元。

在审理过程中，刘大妈的两名子女都承认刘大妈治病花了很多钱，但是，他们都认为刘大妈有医疗保险，而且还有退休金，足够生活开支和负担医疗费，因此都不愿意支付赡养费。经过核实，刘大妈退休后每月大概有三千元的退休金，儿子刘甲生活较为拮据，每个月收入不足四千元，女儿刘乙说自己没工作，也没收入。

【法院判决】

法院经审理认为，赡养父母是子女应尽的义务，在父母年老时，子女应当履行赡养义务，包括经济上供养、生活上照料和精神上慰藉。子女不履行赡养义务时，无劳动能力的或生活困难的父母，有要求子女给付赡养费的权利。原告刘大妈要求被告支付赡养费的要求是恰当的，应予支持。但是，同时考虑到被告的经济情况，应该酌情予以调整金额。

经过法庭调查，原告退休后有一定的退休金和医疗保险，基本可以负担医疗费和生活开支。被告刘甲有收入来源，但生活较为拮据。被告刘乙虽然称自己没有收入来源，但其年龄适合工作，也没有其他情况导致不适合工作，因此其抗辩理由不成立，不能以没有工作为由拒绝支付赡养费。最后，法院综合各种因素，最终判决刘甲、刘乙两名被告每人每月分别向原告支付赡养费八百元、四百元。

【律师说法】

有的子女拒绝赡养老人，但是提出的抗辩理由并不合理，也没有法律依据。本案中，虽然父母有一定的收入，也享有医疗保险，但是这并不能成为子女拒绝赡养的抗辩理由。法院在审理过程中，会充分考虑被赡养人的身体状况、收入情况和当地的收入水平。同时，也会结合赡养人的经济状况，综合各种因素予以判定。尤其是存在多名赡养人的情况，因为其经济条件不同，将可能承担不同金额的赡养费。

【相关法律】

一、《中华人民共和国民法典》

第一千零六十七条　父母不履行抚养义务的，未成年子女或者不能独立生活的成年子女，有要求父母给付抚养费的权利。

成年子女不履行赡养义务的，缺乏劳动能力或者生活困难的父母，有要求成年子女给付赡养费的权利。

二、《中华人民共和国老年人权益保障法》

第十九条　赡养人不得以放弃继承权或者其他理由，拒绝履行赡养义务。

赡养人不履行赡养义务，老年人有要求赡养人付给赡养费等权利。

赡养人不得要求老年人承担力不能及的劳动。

案例3　父母财产分配不均，子女就可以不赡养父母吗？

【案情简介】

2022年年初，张老太已过八十岁，有三个子女，老伴儿去世后，三个子女就张老太赡养问题签订了赡养协议，约定每人每月付给张老太五百元赡养费。谁知没过多久，张老太将房产无偿赠与了儿子李三，这下大女儿李一、小女儿李二都不愿意了，也因此不再按照协议支付赡养费。现在张老太已经年过八十，将女儿李一和李二、儿子李三起诉至人民法院，要求三名被告按照赡养协议每人每月支付赡养费五百元并承担本案诉讼费。

开庭时，张老太委托了代理律师出庭，大女儿李一和小女儿李二自己出庭应诉，辩称赡养协议无效，不同意继续履行。两个女儿还说母亲张老太自己也有退休工资和积蓄，不属于法律规定的一定要给付赡养费的情况。此外，两个女儿还认为，这背后都是李三在操纵，目的是侵占母亲的房产，因此都不同意付给母亲张老太每月五百元赡养费。

【法院判决】

法院经审理认为，根据法律规定，子女对父母有赡养扶助的义务，子女不履行赡养义务时，无劳动能力或生活困难的父母，有要求子女给付赡养费的权利。该条文规定了赡养义务作为一项基本的法定义务，因其涉及基本的社会公德，属于法定强制性义务，不能由赡养人随意解除。而该条文也明确规定了赡养对象为"无劳动能力或生活困难的父母"，即父母只要符合或者无劳动能力，或者生活困难中的一项，子女就应当对其履行赡养义务，而并非"无劳动能力且生活困难"。本案中，原告张老太在本案诉讼期间已经八十岁高龄，可以认定其无劳动能力，即使其每月有固定收入，子女也应该支付赡养费，不能因为财产分配不均而免除赡养义务。法院判决，被告每人每月向原告支付五百元赡养费。

【律师说法】

赡养老人不仅是成年子女应尽的法律义务，也是中华民族的传统美德。古话说"养儿防老"，在传统上虽然认为儿子应当承担赡养老人的责任，但是在现代社会，女儿也有同样的赡养义务，这是法定强制性义务，并不会因父母的过错或其他原因而解除。对于生活不能自理的老年人，赡养人应当承担照料责任；不能亲自照料的，可以按照老年人的意愿委托他人或者养老机构等照料。随着社会法治的不断进步，老年人可以依法运用法律手段维护自身的合法权益。

【相关法律】

一、《中华人民共和国老年人权益保障法》
第十九条 赡养人不得以放弃继承权或者其他理由，拒绝履行赡养义务。

赡养人不履行赡养义务，老年人有要求赡养人付给赡养费等权利。

赡养人不得要求老年人承担力不能及的劳动。

二、《中华人民共和国民法典》
第一千零六十七条 父母不履行抚养义务的，未成年子女或者不能独立生活的成年子女，有要求父母给付抚养费的权利。

成年子女不履行赡养义务的，缺乏劳动能力或者生活困难的父母，有要求成年子女给付赡养费的权利。

案例4 子女与父母有矛盾，可以拒绝履行赡养义务吗？

【案情简介】

马小是黄大妈的亲生儿子，1990年他刚满一岁，父亲便去世了。后来黄大妈与王大爷结婚并在一起生活，两人婚后有一个儿子王小。黄大妈与王大爷现在都过了七十岁，没有劳动能力，而且身体也不好，经常住院。平时都是由儿子王小照顾，马小不再探望两人，也没有支付过赡养费。

马小称不愿意履行赡养义务，是因为从小没有得到过父母的爱。由于自己从小没有父母照看，一直跟着祖母生活，学习也跟不上，上完初中就辍学打工了。当时自己打工的收入都给了母亲黄大妈和王大爷。后来自己结婚了，也有了孩子，但母亲黄大妈和王大爷偏心王小，从来不给自己任何物质帮助，也没有帮忙照顾，还称以后不需要他养老。为此，马小对父母有很大的怨气，导致现在不愿意赡养父母。马小称自己的经济情况也不好，平时靠打工赚钱，还要照顾自己的家庭，负担较重，没有更多的钱再给母亲黄大妈和王大爷。为此，黄大妈和王大爷把马小告上法庭，要求其承担赡养费。

【法院判决】

法院经审理认为，尊老爱幼是中华民族的传统美德。马小虽陈述其不愿履行赡养义务的原因在于家庭矛盾，但两名原告年纪较大，需要子女们对其予以生活上的照顾。子女对父母的赡养义务系法定义务，子女不履行赡养义务时，无劳动能力或生活困难的父母，有要求子女给付赡养费的权利。本案中，黄大妈和王大爷均年过七十，常年多病，不能依靠自己的劳动和收入维持基本生活及支付医疗费，故他们关于要求马小履行赡养义务的诉讼请求法院依法予以支持。结合当地居民人均生活消费水平以及马小实际负担能力等综合情况，法院判决马小支付赡养费每人每月四百元。

【律师说法】

子女赡养父母不仅是德之根本，也是法律明确规定的义务。本案中，马小不愿意赡养父母的主要原因在于家庭矛盾，但子女与父母之间的矛盾并不能成为子女不履行对父母赡养义务的法定事由。在父母缺乏劳动能力或者生活困难的情况下，子女不得拒绝履行赡养义务。本案倡导家庭成员之间应当努力构建和谐文明的家庭关系，通过判决保障老年人老有所养，展现了司法对老年人的关心关爱，体现了司法的温度和力度。

【相关法律】

一、《中华人民共和国民法典》

第一千零六十七条　父母不履行抚养义务的，未成年子女或者不能独立生活的成年子女，有要求父母给付抚养费的权利。

成年子女不履行赡养义务的，缺乏劳动能力或者生活困难的父母，有要求成年子女给付赡养费的权利。

二、《中华人民共和国老年人权益保障法》

第十四条　赡养人应当履行对老年人经济上供养、生活上照料和精神上慰藉的义务，照顾老年人的特殊需要。

赡养人是指老年人的子女以及其他依法负有赡养义务的人。

赡养人的配偶应当协助赡养人履行赡养义务。

第十九条　赡养人不得以放弃继承权或者其他理由，拒绝履行赡养义务。

赡养人不履行赡养义务，老年人有要求赡养人付给赡养费等权利。

赡养人不得要求老年人承担力不能及的劳动。

案例5　与子女声明断绝关系，子女可以
不再履行赡养义务吗?

【案情简介】

老黄的儿子小黄从小就不让人省心。初中时，小黄经常和别人打架，

不仅逃课还早恋，老黄也对此无可奈何。高考后，小黄进入一所专科学校学习，毕业后当了厨师，进入饭店工作。老黄很是欣慰，以为终于能过上好日子了。没想到小黄却染上了赌博的嗜好，还欠下一屁股赌债。老黄十分生气，对亲朋好友声称与小黄断绝父子关系。小黄听了反而很高兴，说等老黄老了也不会再养他。在这种情况下，小黄对老黄还有赡养义务吗？

【律师说法】

父子之间具有血缘关系，天然互相具有扶养义务，这是无法通过个人行为加以解除的。子女赡养年老的父母不仅仅是道德上的要求，更是法律强制性规定。本案中，虽然老黄声明与小黄断绝父子关系，小黄也扬言不再赡养父亲，但他们的行为都违反了法律关于父子间扶养义务的规定，是无法得到法律的支持的。由此可见，老黄断绝父子关系的声明并无法律效力，小黄依然对老黄负有赡养义务。

【相关法律】

《中华人民共和国民法典》

第八条　民事主体从事民事活动，不得违反法律，不得违背公序良俗。

第二十六条　父母对未成年子女负有抚养、教育和保护的义务。

成年子女对父母负有赡养、扶助和保护的义务。

第一百五十三条　违反法律、行政法规的强制性规定的民事法律行为无效。但是，该强制性规定不导致该民事法律行为无效的除外。

违背公序良俗的民事法律行为无效。

案例6　子女拒绝履行赡养义务，要承担什么法律责任？

【案情简介】

陈大妈在2020年被诊断患有精神疾病，后来由于丈夫去世，便开始一个人生活。陈大妈的母亲仍在世，无奈年迈体衰，无力抚养陈大妈。陈大妈还有一个儿子陈小小，但他从未照顾过陈大妈。除此之外，陈大妈再无其他亲人。

现在陈大妈年事已高，不能独立生活，被当地民政部门送至医院治疗。陈小小对母亲陈大妈患病治疗的情况不管不问，也不再替陈大妈购买养老保险，拒绝赡养。于是，陈大妈的母亲作为陈大妈的监护人，向法院提起民事诉讼，要求外孙陈小小履行赡养义务。法院作出判决，但陈小小未履行，后来，被告人陈小小被公安人员抓获归案。

【法院判决】

法院经审理认为，被告人陈小小对其患病、没有独立生活能力的母亲负有赡养义务而拒绝赡养，情节恶劣，其行为已构成遗弃罪。法院依法以遗弃罪判处被告人陈小小有期徒刑一年零六个月。

【律师说法】

司法实践中，赡养纠纷是法院审理的民事案件中一类比较常见的家事纠纷，拒不履行赡养义务或者不依法履行赡养义务的情形较为常见。本案被告人陈小小明知母亲患有精神类疾病却不管不问，甚至在法院判决其履行赡养义务后，仍拒绝履行，此种行为十分恶劣，已经违反《中华人民共和国刑法》，构成犯罪，应受到刑事处罚。

【相关法律】

一、《中华人民共和国民法典》

第二十六条　父母对未成年子女负有抚养、教育和保护的义务。

成年子女对父母负有赡养、扶助和保护的义务。

二、《中华人民共和国刑法》

第二百六十一条　对于年老、年幼、患病或者其他没有独立生活能力的人，负有扶养义务而拒绝扶养，情节恶劣的，处五年以下有期徒刑、拘役或者管制。

第二章　赡养义务人员的范围

案例1　非婚生子女有赡养义务吗?

【案情简介】

王甲（男）与陆乙（女）是夫妻，两人结婚后很长时间没有生育。二人在婚姻关系存续期间做过几次试管婴儿，但均未能成功怀孕，于是双方协议离婚。其后，双方仍想共同生育子女，遂到国外以夫妻的名义继续治疗。不久之后，陆乙成功怀孕并生育一子王一一，但由于身体受到的损害太大，产后切除了子宫，不再具有生养能力。

虽然王甲和陆乙离婚了，但是王一一从小由两人共同抚养，后来长大成人，有了自己的工作。王甲和陆乙现在年纪都大了，没有独立生活的能力，但王一一以自己不是婚生子女为由，拒绝赡养两位老人。为此，王甲和陆乙将王一一告上法庭，要求其承担赡养义务。

【法院判决】

法院经审理认为，王一一虽系王甲与陆乙的非婚生子女，但仍适用法律上规定的父母子女之间的权利义务关系。子女赡养年老的父母不仅仅是道德上的要求，更是法律的强制性规定。现在两位老人年事已高，没有独立生活的能力，故判决王一一向两位老人支付一定的赡养费用。

【律师说法】

随着社会的发展，很多人选择不结婚而产子，或者存在未婚先孕的情况，这并不能免除父母对非婚生子女的抚养义务，同样也不能免除非婚生子女对父母的赡养义务。婚生子女与非婚生子女享有同等的权利，也负有同等的义务。作为非婚生子女，对父母也负有赡养、扶助和保护的义务。

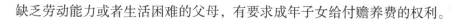

缺乏劳动能力或者生活困难的父母，有要求成年子女给付赡养费的权利。

【相关法律】

《中华人民共和国民法典》

第二十六条　父母对未成年子女负有抚养、教育和保护的义务。

成年子女对父母负有赡养、扶助和保护的义务。

第一千零七十一条　非婚生子女享有与婚生子女同等的权利，任何组织或者个人不得加以危害和歧视。

不直接抚养非婚生子女的生父或者生母，应当负担未成年子女或者不能独立生活的成年子女的抚养费。

案例2　子女的配偶有赡养义务吗?

【案情简介】

原告袁大妈2022年已满七十岁，育有两个女儿袁一和袁二。现两个女儿均已成家立业。由于袁大妈的丈夫去世早，袁大妈独自将两个女儿抚养成年。两个女儿出嫁后，袁大妈便一个人生活，现在她年老体弱，常年疾病缠身，无人照料。

2022年年初，袁大妈将两个女儿诉讼至法院，要求两个女儿履行赡养义务，后来经法院调解，双方签订赡养协议，但双方均没有履行。后来，袁大妈生病住院，无人照顾，只好又将两个女儿告上法庭，要求她们承担赡养费和自己生病住院期间的医疗费。法院经过调查发现，两名被告没有经济能力，家庭开支均由两个女婿支配。于是袁大妈将两个女婿也列为被告一并告上法庭。

【法院判决】

法院经审理认为，原告的两个女儿对原告有赡养义务，女婿虽然对原告没有赡养义务，但是在原告两个女儿没有经济来源的情况下，作为赡养人的配偶应当协助赡养人履行赡养义务。法院经审理，判决原告的两个女儿每月轮流照顾原告，同时原告的两个女婿协助配合支付赡养费并负担原告住院期间的医疗费。

【律师说法】

我国法律虽未直接规定儿媳对公婆、女婿对岳父母负有赡养义务,但作为儿媳、女婿,有协助配偶履行赡养的义务。子女对父母的赡养义务是主要的、完全的,而子女配偶的协助义务则是次要的、辅助的。由于夫妻财产的共有性,当配偶难以履行赡养义务时,女婿、儿媳应该积极配合,共同承担赡养老年人的义务。

【相关法律】

《中华人民共和国老年人权益保障法》

第十四条 赡养人应当履行对老年人经济上供养、生活上照料和精神上慰藉的义务,照顾老年人的特殊需要。

赡养人是指老年人的子女以及其他依法负有赡养义务的人。

赡养人的配偶应当协助赡养人履行赡养义务。

案例3 继子女有赡养义务吗?

【案情简介】

包大爷与毛大妈于1995年登记结婚,毛大妈带着与前夫所生的儿子毛一一与包大爷共同生活。当时毛一一刚刚十岁,包大爷对照顾毛一一并不上心,但基本也尽到了抚养义务,照顾其生活直到其长大成人。包大爷与毛大妈两人婚后不久便生育一个女儿,取名包一一,2022年大学毕业,刚刚找到工作。2023年年初,包大爷与毛大妈协议离婚。年底的时候,包大爷突发中风,被紧急送往医院治疗,出院后一直在养老院静养。包大爷患病后,身体不能动弹,基本丧失了劳动能力,而且经济十分困难。包大爷住院期间无人照料,因此请求女儿包一一和继子毛一一履行赡养义务。

【法院判决】

法院经审理认为,包大爷因身患疾病送医治疗,出院后基本丧失劳动能力，身体状况太差无法进行工作，因此难以独自生活，其子女应当对其进行赡养。毛一一于十岁随母亲毛大妈与包大爷一起生活，系包大爷的继子。包大爷对毛一一进行了生活上的照料和经济上的供养，直至毛一一成年。因此，继父包大爷与继子毛一一之间成立了拟制血亲关系，毛一一对包大爷应当负有赡养扶助之义务。法院综合当地的经济水平和两名被告的收入水平，判决毛一一每月向包大爷支付八百元，包一一每月支付四百元，两人平均承担包大爷的医疗费。

【律师说法】

子女赡养父母是中华民族的传统美德，同时也是公民应尽的法定义务。本案中，重点问题是作为继子的毛一一对包大爷是否有赡养义务。根据案件事实，包大爷对毛一一尽了抚养教育的义务，因此毛一一有赡养包大爷的义务。此外，法院在判决时，会综合赡养人的实际情况决定赡养费用的数额，毛一一已经成年且有稳定收入，而包一一刚刚大学毕业，因此会酌情减少其负担的费用。

【相关法律】

《中华人民共和国民法典》

第一千零六十七条　父母不履行抚养义务的，未成年子女或者不能独立生活的成年子女，有要求父母给付抚养费的权利。

成年子女不履行赡养义务的，缺乏劳动能力或者生活困难的父母，有要求成年子女给付赡养费的权利。

第一千零七十二条第二款　继父或者继母和受其抚养教育的继子女间的权利义务关系，适用本法关于父母子女关系的规定。

案例4　养子女有赡养义务吗？

【案情简介】

张大爷与李大妈在年轻的时候是一对令人羡慕的情侣，但结婚后多年没有生养。后来，两人通过民政部门收养了一个健康的男孩。谁料收养没多久，李大妈便怀孕了，生了一个女儿，两个人非常高兴，对收养的儿子也视如己出，把两个孩子一起抚养成人。如今，张大爷和李大妈都上了年纪，身体也不好，生活十分困难。虽然儿子和女儿都有经济收入，但是两人都拒绝赡养老人。无奈之下，张大爷和李大妈只好把一对儿女告上法庭，要求他们承担赡养义务。

【法院判决】

法院经审理认为，本案中，原告与作为被告之一的儿子形成收养关系，适用法律关于父母子女关系的规定。作为被告之一的女儿系原告亲生子女，负有当然的赡养义务。鉴于原告生活困难，也无收入来源，法院结合两个被告的经济条件及当地的经济水平，判决两个被告共同每月向原告给付一定的赡养费，并承担相应的医疗费。

【律师说法】

孝敬父母是中华民族的传统美德，也是我国法律的明确规定。养子女和亲生子女的赡养义务是同等的，并不会因为是收养关系而免除。老年人在缺乏劳动能力或者生活困难的情况下，可以要求养子女承担赡养义务。

【相关法律】

《中华人民共和国民法典》

第一千零六十七条　父母不履行抚养义务的，未成年子女或者不能独立生活的成年子女，有要求父母给付抚养费的权利。

成年子女不履行赡养义务的，缺乏劳动能力或者生活困难的父母，有要求成年子女给付赡养费的权利。

第一千一百一十一条　自收养关系成立之日起，养父母与养子女间的权利义务关系，适用本法关于父母子女关系的规定；养子女与养父母的近亲属间的权利义务关系，适用本法关于子女与父母的近亲属关系的规定。

养子女与生父母以及其他近亲属间的权利义务关系，因收养关系的成立而消除。

案例 5　未办理收养手续是否负有赡养义务?

【案情简介】

多年前，高大妈与杨大爷结婚，但婚后一直没有生育，于是两人收养了一个儿子和一个女儿。由于他们身处农村，法律意识不足，那个年代收养流程也不是十分规范，因此并没有办理登记手续。收养后，高大妈和杨大爷对两个子女视如己出，对两个子女也十分照顾。现在两个子女都成年了，但经济条件都不好，靠种地为生。后来杨大爷过世了，高大妈独自一人生活。现在高大妈年纪大了，身体也不好，但两个子女都自称是养子女且经济条件不好，因此拒绝赡养高大妈。高大妈十分伤心，觉得以前对两个养子女所付出的心血都白费了，于是一纸诉状将两个养子女告上法庭，要求他们履行赡养义务。

【法院判决】

法院经审理认为，高大妈与杨大爷收养两个子女并将他们抚养成人，虽未办理收养手续，但已形成事实上的收养关系。赡养老人是中华民族的传统美德，也是子女应尽的法定义务。鉴于两个子女的经济条件不好，无法支付赡养费，法院判决由两个子女对杨大妈进行照料，判决生效后立即将杨大妈接回家中照料。

【律师说法】

近些年，老年人的赡养已经成为比较突出的社会问题，尤其是拟制血亲关系相对脆弱，产生的矛盾也较多。为了让拟制血亲的家庭树立良好的道德风尚，不仅需要道德的制约，更需要司法的保障。这种保障需要具体到个案，由于过去的制度问题，即使未正式办理收养手续，但已形成事实上的收养关系，并不能消除适用法律关于父母子女关系的规定。

【相关法律】

《中华人民共和国民法典》

第一千一百零五条　收养应当向县级以上人民政府民政部门登记。收养关系自登记之日起成立。

收养查找不到生父母的未成年人的，办理登记的民政部门应当在登记前予以公告。

收养关系当事人愿意签订收养协议的，可以签订收养协议。

收养关系当事人各方或者一方要求办理收养公证的，应当办理收养公证。

县级以上人民政府民政部门应当依法进行收养评估。

案例6　解除收养关系后是否还负有赡养义务？

【案情简介】

张大爷早年时丧偶，育有一养子叫张小小。朱大妈年轻时离异，有两个儿子随自己姓，叫朱小一和朱小二。张大爷和朱大妈在跳广场舞时相识，两人一见如故，于是便到民政局领了结婚证，生活在一起，共同抚养三个儿子。后来张大爷与张小小解除收养关系，张小小不再来看望张大爷。天有不测风云，几年后朱大妈撒手人寰，张大爷承受不了打击，心情抑郁，一病不起。张大爷的三个儿子都成年了，也有各自的收入，但都没有来照顾他，也拒绝给付赡养费。张大爷伤心欲绝，将三个儿子告上法庭，要求他们履行赡养义务。

【法院判决】

法院经审理认为，本案中，被告朱小一和朱小二长期与原告张大爷一起生活，接受原告的抚养教育，与原告之间形成继父母子女关系，对原告负有赡养义务。被告张小小系原告的养子，虽然与原告解除了收养关系，但是其经过原告抚养，且现在原告患病住院、生活困难，三名被告皆已成年，具有赡养能力，故判决三名被告根据当地经济水平和个人能力，向原告支付一定的赡养费并共同承担医疗费。

【律师说法】

在实践中，如果养子女与养父母长期生活，且接受了养父母的抚养教育，即使解除了收养关系，在养父母缺乏劳动能力又缺乏生活来源时，应当给付生活费。

【相关法律】

《中华人民共和国民法典》

第一千一百一十八条　收养关系解除后，经养父母抚养的成年养子女，对缺乏劳动能力又缺乏生活来源的养父母，应当给付生活费。因养子女成年后虐待、遗弃养父母而解除收养关系的，养父母可以要求养子女补偿收养期间支出的抚养费。

生父母要求解除收养关系的，养父母可以要求生父母适当补偿收养期间支出的抚养费；但是，因养父母虐待、遗弃养子女而解除收养关系的除外。

案例7　子女去世后，（外）孙子女是否有赡养义务？

【案情简介】

吴大爷早年离异，有一个独生儿子叫吴大，是一名装修工人。在一次高空作业过程中，吴大不慎跌落离世，其妻子独自照顾只有十岁的儿子吴小。迫于生活压力，吴大的妻子不辞而别，留下吴大爷独自照顾年幼的吴小。2020年，吴小终于大学毕业，并有了自己的工作，也顺利组建了家庭。吴大爷心里五味杂陈，高兴的是孙子吴小终于有了自己的幸福生活，难过的是吴小有了家庭后，就再也没有来探望过自己。现在吴大爷年纪大了，并身患多种疾病，生活难以自理。无奈之下，吴大爷将孙子吴小告上法庭，要求其承担赡养义务。

【法院判决】

法院经审理认为，吴大爷在儿子去世后，没有经济来源，生活也难以自理。有负担能力的（外）孙子女，对于子女已经死亡或者子女无力赡养的（外）祖父母，有赡养的义务。这时孙子吴小应该代替父亲，弥补该赡养位置的空缺，履行对吴大爷的赡养义务。综合当地的经济水平和被告吴小的经济水平，法院判决被告吴小每月向吴大爷支付一定的赡养费，并承担吴大爷平时看病的医疗费。

【律师说法】

本案涉及的问题是（外）孙子女对（外）祖父母在什么情况下有赡养义务的问题。我国法律规定的赡养义务，原则上是由子女承担，但如果存在法律规定的特殊情况，可以由（外）孙子女承担。这一规定也是为了防止在老年人失去子女或子女无力赡养时，发生老年人无人赡养的情况。况且，本案中，吴小能够健康成长离不开吴大爷的照顾，从道德角度来说，吴小也应该照料吴大爷。

【相关法律】

《中华人民共和国民法典》

第一千零七十四条　有负担能力的祖父母、外祖父母，对于父母已经死亡或者父母无力抚养的未成年孙子女、外孙子女，有抚养的义务。

有负担能力的孙子女、外孙子女，对于子女已经死亡或者子女无力赡养的祖父母、外祖父母，有赡养的义务。

第三章　养老方式的选择

案例1　老年人可以按照自己的意愿选择养老方式吗？

【案情简介】

刘大爷早年丧偶，育有一个儿子刘东东，已经长大成人，并且组建了自己的家庭，有一定的经济收入。刘大爷与儿媳并不和睦，平时很少来往，独自居住，靠自己的退休金维持生活。现在刘大爷年纪大了，身体也不好，需要经常去医院。儿子刘东东觉得早年父亲独自抚养自己非常辛苦，想把父亲接到家中照料。不料父亲坚决反对，坚持要自己居住，让儿子支付赡养费，请护工照顾自己。刘东东觉得不可理喻，明明自己可以照顾父亲，为什么要花冤枉钱去请护工，于是不再理会父亲。刘大爷见儿子不理会自己的要求，于是一纸诉状将其告上法庭，要求其支付赡养费，并按时支付医药费。

【法院判决】

法院经审理认为，本案中的被告刘东东并非不履行对原告刘大爷的赡养义务，而是双方不能就赡养方式达成一致。子女对老年人有赡养的义务，但应该尊重老年人的意愿来确定养老方式。法院综合原告的意愿和被告的经济条件，在保障家庭和谐的前提下进行调解，最终双方达成调解协议，被告刘东东每月向原告刘大爷支付赡养费四百元，并承担刘大爷平时的医药费。

【律师说法】

在赡养纠纷中，子女不履行赡养义务的案件占多数，但也存在因赡养方式而引起的纠纷。在现实生活中，由于种种原因，如老年人与子女的配偶不和睦，或者老年人自己有独居的习惯，这时子女就不能强行把老年人安置到家中照顾，而是可以选择将老年人放置养老院或者让老年人住在自己家中请人护理。为了老年人的身心健康，子女应该尊重老年人的养老意愿，这并非老年人的无理要求，而是老年人的正常需求和合法权益。

【相关法律】

《中华人民共和国老年人权益保障法》

第十五条　赡养人应当使患病的老年人及时得到治疗和护理；对经济困难的老年人，应当提供医疗费用。

对生活不能自理的老年人，赡养人应当承担照料责任；不能亲自照料的，可以按照老年人的意愿委托他人或者养老机构等照料。

案例2　老年人有权利选择质量更高的养老方式吗？

【案情简介】

吴大妈与任大爷育有三个子女，都已长大成人，并且有了自己的家庭。看着子孙满堂，老两口不胜欢喜，但也有自己的烦恼。由于性格原因，吴大妈与任大爷并不喜欢热闹，于是两人早早地就决定，待生活不能自理时去养老院养老。经过考察，两人选中了一家比较僻静的养老院，环境较好，住的老年人也不多。

随着两人年纪逐渐增长，近年来身体也越发不好，于是按照之前的计划住到了养老院。由于身体不好，要支付的医药费也越来越高，渐渐地两人的退休金难以支付这么多的费用，于是两人要求子女分担养老院的费用和医疗费用。早些年，由于吴大妈与任大爷没有帮忙照顾小孩，三个子女都有怨气，因此现在三个子女都表示经济困难，只愿意将两人接到家中照料，不愿意让他们在养老院花费更多的钱。于是吴大妈和任大爷将三个子女告上法院，要求他们支付养老院的费用和医疗费。

【法院判决】

法院经审理认为，本案中的原告年纪偏大，身体也不好，有权利要求子女承担赡养义务。原告因性格原因不愿意与儿女一起生活，应予以理解。原告的养老服务费并非十分昂贵，只是略高于当地的平均水平，且不足部分才要求子女承担，诉求尚属合理。被告表示经济困难，但有限的花费并不影响被告的正常生活。经过调解，三名被告愿意承担原告养老院费用的不足部分，并支付其产生的医疗费用。

【律师说法】

我国法律明确规定，子女对父母有赡养和扶助的法定义务。在现实生活中，会出现各种各样的情形。老年人也有追求高质量生活的权利，应结合老年人的意愿，综合考虑子女的经济情况和当地的消费水平，来确定老年人的养老方式。子女应该在合理范围内满足父母高质量生活的诉求，让父母安度晚年。老年人也应该理解子女，结合子女的收入水平，提出合理的要求，维护自己的合法权益。

【相关法律】

《中华人民共和国老年人权益保障法》

第十五条　赡养人应当使患病的老年人及时得到治疗和护理；对经济困难的老年人，应当提供医疗费用。

对生活不能自理的老年人，赡养人应当承担照料责任；不能亲自照料的，可以按照老年人的意愿委托他人或者养老机构等照料。

第十六条　赡养人应当妥善安排老年人的住房，不得强迫老年人居住或者迁居条件低劣的房屋。

老年人自有的或者承租的住房，子女或者其他亲属不得侵占，不得擅自改变产权关系或者租赁关系。

老年人自有的住房，赡养人有维修的义务。

案例3　除了物质需求，老年人能要求子女常回家看看吗?

【案情简介】

刘大爷早年离异，与前妻育有一个女儿刘乙，离异的时候女儿刚刚十岁，由前妻抚养。后来刘大爷年纪大了，身患疾病，无人照顾。现在刘乙只每月向刘大爷支付赡养费用，用于其生活开销。刘大爷明确表示不要女儿刘乙的赡养费，只要求她经常来看望自己。女儿刘乙表示，由于早年父母离婚给自己带来很大的伤害，因此不愿意照顾自己的父亲刘大爷，只愿意支付赡养费。刘大爷表示十分伤心，一纸诉状将女儿告上法庭，要求女儿履行照顾义务，至少隔天探望其一次。

【法院判决】

法院经审理认为，家庭成员之间应该相互关心照顾，子女应履行对父母经济上供养、生活上照料和精神上慰藉的义务。父女之间的多年积怨不能简单地进行对错评判，被告刘乙如今也身为母亲，应该有同理心，履行对父亲精神上慰藉的义务。作为父亲，应体谅女儿生活的艰难，不能时时以法律之义务、道德之责任严苛女儿，在相处中，应多听听女儿的意见，重建和谐的父女关系。法院判决刘乙于判决生效之日起，每月探望刘大爷两次。

【律师说法】

随着经济水平的提高，老年人对物质方面的需求逐渐不再强烈，反而更重视子女在情感上的照顾，这也是法律明确规定的。虽然法律有明确规定，但这并不是冷冰冰的判决就可以解决的，而是需要子女真心实意地去履行。老年人可以通过司法途径解决赡养纠纷，这是法律赋予老年人的权利，但不是唯一的路径。老年人也应该展示长辈的慈爱，主动关心子女，共同营造和谐的家庭关系。

【相关法律】

一、《中华人民共和国民法典》

第一千零六十七条　父母不履行抚养义务的，未成年子女或者不能独立生活的成年子女，有要求父母给付抚养费的权利。

成年子女不履行赡养义务的，缺乏劳动能力或者生活困难的父母，有要求成年子女给付赡养费的权利。

二、《中华人民共和国老年人权益保障法》

第十四条　赡养人应当履行对老年人经济上供养、生活上照料和精神上慰藉的义务，照顾老年人的特殊需要。

赡养人是指老年人的子女以及其他依法负有赡养义务的人。

赡养人的配偶应当协助赡养人履行赡养义务。

第十八条　家庭成员应当关心老年人的精神需求，不得忽视、冷落老年人。

与老年人分开居住的家庭成员，应当经常看望或者问候老年人。

用人单位应当按照国家有关规定保障赡养人探亲休假的权利。

案例4　子女去世后，（外）祖父母有权要求探望孙辈吗？

【案情简介】

张大爷和李大妈是夫妻关系，两人育有一个儿子张大大，后来张大大结婚成家，与妻子王某育有一个儿子叫张小小。两位老人十分喜欢这个小孙子，在其身上倾注了很多感情。后来由于性格不合，张大大与妻子离婚，张小小随母亲生活，但张小小和张大爷、李大妈仍然保持很好的关系。后来张大大去世，两位老人十分伤心，无处寄哀思，想去看看孙子，但被其母亲王某阻拦。无奈之下，张大爷和李大妈只好将张小小的母亲王某告上法庭，请求判令张大爷和李大妈每月可以探望孙子张小小两次。

【法院判决】

法院经审理认为，我国法律虽然没有直接规定父母之外的其他近亲属享有探望权，但（外）祖父母与（外）孙子女的关系是亲权的延伸，是基于亲子关系而衍生出来的，并不会因为父母双方的离婚或者去世而消失。本案中，张大大去世前，张大爷和李大妈已经与孙子张小小建立了较为深厚的感情，提出的探视请求合理合法，故法院判决张大爷和李大妈每月可以探望孙子张小小两次，其母亲王某予以协助。

【律师说法】

在家庭生活中，老年人的精神需求应该得到尊重，允许隔代探亲是对中华民族传统美德的继承与发扬。通常情况下，（外）祖父母在（外）孙子女的成长过程中也倾注了心血，履行了一定的抚育义务，因此其亲权也应该得到保护。这不仅能满足（外）祖父母的精神需求，对（外）孙子女的成长也能起到积极的作用。如果老年人在行使探亲权的过程中遇到阻碍，可以寻求法律途径解决。

【相关法律】

一、《中华人民共和国民法典》

第十条　处理民事纠纷，应当依照法律；法律没有规定的，可以适用习惯，但是不得违背公序良俗。

二、《中华人民共和国老年人权益保障法》

第十八条　家庭成员应当关心老年人的精神需求，不得忽视、冷落老年人。

与老年人分开居住的家庭成员，应当经常看望或者问候老年人。

第四章 赡养协议的效力

案例1 子女与老年人订立的赡养协议有效吗?

【案情简介】

孟大爷与李大妈是夫妻,两人育有三个子女孟甲、孟乙和孟丙,三个子女现在都有不错的工作。后来李大妈去世,留下孟大爷一人独自生活。随着年纪的不断增长,孟大爷感觉身体越来越吃不消,没办法照料自己。于是三个子女聚到孟大爷身边,一起商讨如何赡养孟大爷的问题。经过孟大爷同意,三个子女签了一份赡养协议,约定轮流照顾孟大爷,每个人照顾一个月,医疗费用及其他开支由三个子女均摊。协议拟订后,孟大爷与其三个子女均在上面签了字。没过多久,孟甲称因经济困难不愿意再照顾孟大爷,于是孟乙和孟丙也有了意见,都表示不愿意继续履行赡养协议。孟大爷十分无奈,于是起诉至法院,要求三个子女按照签订的协议履行对自己的赡养义务。

【法院判决】

法院经审理认为,本案中的赡养协议是四个人一起讨论后签订的,经过了老人的同意,也没有违反法律强制性,具有法律效力。每个人都应该按照协议内容履行赡养义务,不得以其他理由拒绝。于是法院作出判决,三个子女继续履行赡养协议。

【律师说法】

在生活中,为了更好地保障老年人的合法权益,子女可以签订赡养老人的协议。但签订协议时要注意,一是要经过老年人同意,二是协议的内容不得违反法律的规定。老年人与子女签订的赡养协议是有法律效力的,子女要按照协议的内容履行赡养义务。如有违反，老年人可以通过诉讼的途径要求子女履行赡养义务，维护自己的合法权益。

【相关法律】

《中华人民共和国老年人权益保障法》

第二十条　经老年人同意，赡养人之间可以就履行赡养义务签订协议。赡养协议的内容不得违反法律的规定和老年人的意愿。

基层群众性自治组织、老年人组织或者赡养人所在单位监督协议的履行。

案例2　如果子女不履行赡养协议，老年人该怎么办？

【案情简介】

王大爷早年丧偶，育有一子王甲和一女王乙，都已成年，且有自己的收入来源。不久前，王大爷不小心摔伤了，被紧急送往医院。虽然经过紧急治疗，但是由于伤势过重，王大爷下半身瘫痪了，只能在轮椅上度过余生。见到父亲这样，王甲和王乙商量，两个人轮流照顾父亲，王乙也同意了，于是两人签订了赡养协议。王甲按照协议照顾父亲一个月后，轮到王乙照顾了，她却说因为家庭经济困难，不方便照顾。无奈之下，王甲只能继续照顾生病的父亲。没过多久，王甲因工作和生活的双重压力病倒，王大爷也无人照顾了。王大爷非常无奈，只能将女儿王乙告上法庭，要求其按照赡养协议来照顾自己。

【法院判决】

法院经审理认为，王甲与被告王乙签订的赡养协议合法有效，被告王乙应该根据协议约定，履行对原告王大爷的赡养义务。因此判决被告王乙继续履行赡养协议，与王甲一起照顾王大爷。

【律师说法】

现在老年人与子女签订赡养协议的情况逐渐增多，反映了老年人权益保障意识的提高，但当赡养人不按协议履行赡养义务时，老年人也应该了解如何处理。遇到赡养人不履行赡养协议时，老年人可以向其住所地的居委会、老年人组织或者赡养人所在的单位申请，督促其履行赡养协议。如果产生纠纷，可以申请人民调解委员会或者其他有关组织进行调解。如果赡养人拒不履行赡养义务，老年人可以向法院起诉，通过司法途径保障自己的合法权益。

【相关法律】

《中华人民共和国老年人权益保障法》

第二十条　经老年人同意，赡养人之间可以就履行赡养义务签订协议。赡养协议的内容不得违反法律的规定和老年人的意愿。

基层群众性自治组织、老年人组织或者赡养人所在单位监督协议的履行。

第七十五条　老年人与家庭成员因赡养、扶养或者住房、财产等发生纠纷，可以申请人民调解委员会或者其他有关组织进行调解，也可以直接向人民法院提起诉讼。

人民调解委员会或者其他有关组织调解前款纠纷时，应当通过说服、疏导等方式化解矛盾和纠纷；对有过错的家庭成员，应当给予批评教育。

人民法院对老年人追索赡养费或者扶养费的申请，可以依法裁定先予执行。

第二编

养老服务

第五章　机构养老服务

案例 1　老年人签订服务合同后并未入住，可以退费吗？

【案情简介】

2022 年，张大爷刚满七十岁，老伴早就去世了，膝下也无儿无女。年初的时候，张大爷觉得自己身体越来越不好了，没办法照顾自己，于是联系了一家养老院，打算在那里养老。后来因为疫情，张大爷不宜再离开居所，因此没有入住那家养老院，于是与养老院协商退款。养老院与张大爷协商后约定，张大爷将该名额转让出去便可退款。后来有人入住了，但养老院未依约退款，于是张大爷将养老院告上法庭，要求其退还所有费用。

【法院判决】

法院经审理认为，该案件案情简单，于是积极组织双方进行调解，最终促成双方达成和解，养老机构退还所有费用。

【律师说法】

老年人在签订合同时，应保持审慎的态度，对服务内容及纠纷产生后的处理方式约定清楚，避免不必要的纠纷。如果遇到纠纷，可以先与对方协商解决；协商不成的，符合法定情形的，当事人可以解除合同。

【相关法律】

《中华人民共和国民法典》

第五百六十三条　有下列情形之一的，当事人可以解除合同：

（一）因不可抗力致使不能实现合同目的。

（二）在履行期限届满前，当事人一方明确表示或者以自己的行为表明不履行主要债务。

（三）当事人一方迟延履行主要债务，经催告后在合理期限内仍未履行。

（四）当事人一方迟延履行债务或者有其他违约行为致使不能实现合同目的。

（五）法律规定的其他情形。

以持续履行的债务为内容的不定期合同，当事人可以随时解除合同，但是应当在合理期限之前通知对方。

案例 2　老年人拖欠服务费，养老机构可以解除合同吗？

【案情简介】

李大爷早年丧偶，育有两个儿子李甲和李乙，现在都已经长大成人。2020 年年初，两个儿子把李大爷送进某护理中心，与该护理中心签订了养老服务协议并支付了一年的费用。从 2021 年开始，李大爷的两个儿子便不再缴纳养老服务费。李大爷身体状况越来越差，花费也越来越高。护理中心一直催促李大爷的两个儿子交费，或者将李大爷接至家中养老，但李大爷的两个儿子不为所动。2022 年年底，护理中心将李大爷和他的两个儿子一起起诉至法院，要求法院解除养老服务合同，并支付过去两年欠缴的服务费。

【法院判决】

法院经审理认为，李大爷目前的身体状况较差，无法自理，如果解除养老服务协议将使得李大爷无处可去，老无所依，与社会主义核心价值观相悖，因此暂不支持原告的诉讼请求。为了使护理中心的合法权益得到保障，法院建议变更诉讼请求为要求被告按月支付服务费。后又经过法院调解，被告同意支付相应的费用。

【律师说法】

本案中，由于被告不缴纳服务费用，未履行合同义务，原告请求解除养老服务协议无可厚非。但是，如果按照法律的规定解除养老服务协议，在子女不愿意将老年人接回家的情况下，强行让老年人离开养老机构，违背了养老机构设立的宗旨。综合考量各方利益，法院虽未支持原告解除养老服务协议的诉讼请求，但为维护原告的合法权益，进一步明确了被告的履行期限及具体的履行方式，最后以调解结案，最大限度地减少了矛盾。

【相关法律】

《中华人民共和国民法典》

第五百八十条　当事人一方不履行非金钱债务或者履行非金钱债务不符合约定的，对方可以请求履行，但是有下列情形之一的除外：

（一）法律上或者事实上不能履行。

（二）债务的标的不适于强制履行或者履行费用过高。

（三）债权人在合理期限内未请求履行。

有前款规定的除外情形之一，致使不能实现合同目的的，人民法院或者仲裁机构可以根据当事人的请求终止合同权利义务关系，但是不影响违约责任的承担。

案例3　养老机构停止经营的，该如何安置在住老年人？

【案情简介】

某养老院是某市一家特别讲究品质的养老院，许多老年人都慕名而来，选择在这里安度晚年。养老院的负责人十分负责，照顾老人十分周到。近年来，由于各种原因，生意不好做，再加上负责人的年纪越来越大，体力也跟不上了，于是决定关停养老院。很多老年人听说这个消息后非常忧心，因为他们已经习惯了这里，于是便向民政部门寻求帮助，希望有一个好的安置方案。

【律师说法】

养老机构与一般企业不同，它承担着服务老人的重大社会责任。为此，养老机构变更或者终止之前，应当充分考虑所收住老年人的权益。根据《中华人民共和国老年人权益保障法》和《养老机构管理办法》的相关规定，养老机构因变更或者终止等原因暂停、终止服务，老年人需要安置的，养老机构应当根据服务协议约定与老年人或者其代理人协商确定安置事宜。本案中，负责人在停止经营之前，应当提前与政府相关部门联系，并与老年人及其家属积极沟通，完成所收住老年人的安置工作后再依法办理终止手续。

【相关法律】

一、《中华人民共和国老年人权益保障法》

第四十六条　养老机构变更或者终止的，应当妥善安置收住的老年人，并依照规定到有关部门办理手续。有关部门应当为养老机构妥善安置老年人提供帮助。

二、《养老机构管理办法》（2020年）

第三十五条　养老机构因变更或者终止等原因暂停、终止服务的，应当在合理期限内提前书面通知老年人或者其代理人，并书面告知民政部门。

老年人需要安置的，养老机构应当根据服务协议约定与老年人或者其代理人协商确定安置事宜。民政部门应当为养老机构妥善安置老年人提供帮助。

养老机构终止服务后，应当依法清算并办理注销登记。

案例4　被托养人在养老机构内受伤，谁来负责？

【案情简介】

2022年，张大爷已过八十岁，患有精神类疾病。由于钱大爷的儿子钱多多没有时间照顾钱大爷，遂将其送进养老院，并签订了一份入住养老院的书面协议。养老院负责钱大爷的衣食住行等生活以及医疗事项，其中生活费用每个月两千元，医疗费用按实际报销。另外，钱大爷在上述协议后面补充说明：本人患有精神类疾病，如自己摔伤，与养老院无关。办理完手续，钱大爷便入住养老院了。有一天晚上，钱大爷在房间内摔倒，第二天早晨才被人发现送往医院，不幸落下残疾。钱大爷的儿子钱多多向养

老院索要医疗费，但养老院称钱大爷已经签订免责声明，据不支付医疗费。于是，钱多多将养老院诉至法院，要求养老院承担父亲钱大爷的医疗费用。

【法院判决】

法院经审理认为，养老院作为较为专业的养老机构，应当制定应对突发事件的紧急预案。养老院主张协议免责，但养老院从发现突发情况到送往医院，明显超过合理时间，导致老年人未能得到及时的治疗。这属于未履行合同的附随义务，未采取有效的协助措施，应承担相应责任，并非协议约定的免责事项。因此，法院判决养老院赔偿钱大爷医疗费、残疾赔偿金和护理费等。

【律师说法】

本案中双方当事人虽然约定了免责条款，但是注意、通知、协助等属于合同的附随义务，并不属于免责条款的内容。养老院作为专业的养老服务机构，应当充分履行合同义务，不仅要在平时进行照顾，也要在发生特殊情况时履行通知、协助、保密等附随义务。

【相关法律】

《中华人民共和国民法典》

第五百零九条　当事人应当按照约定全面履行自己的义务。

当事人应当遵循诚信原则，根据合同的性质、目的和交易习惯履行通知、协助、保密等义务。

当事人在履行合同过程中，应当避免浪费资源、污染环境和破坏生态。

案例5　被托养人在养老机构内走丢，谁来负责？

【案情简介】

周大爷早年丧偶，有三个子女，都已经长大成人。2022年，周大爷八十岁，自觉身体没有以前那么硬朗，也不想拖累子女，就主动提出住进养老院。于是三个子女共同商议，找了一家资质不错的养老院，并与养老院签订了养老协议。入住评估的时候，家属告知养老院，周大爷有脑血栓后遗症，也有走丢的经历，因此养老院把周大爷列为半自理的护理模式。

入住不久后的一天晚上，周大爷不知怎么了，就想出去走走。由于防火门不上锁，周大爷就沿着楼梯一直走到楼下，又沿着马路一直走。第二天早晨，养老院人员打扫卫生时发现周大爷的房间是空的，这才赶忙寻找。后来还是不见周大爷身影，养老院只得报警并通知家属。当天下午，警方在河道边发现周大爷，然而其已经不幸死亡。周大爷的三个子女悲痛欲绝，将养老院告上法庭，要求其赔偿经济损失。

【法院判决】

法院经审理认为，养老院作为专业的养老机构，尽到安全防护措施是最基本的义务。周大爷及其子女在与养老院签订养老协议时，已经明确告知养老院周大爷有走失的经历。养老院明知防火通道不允许上锁，但并未加强安全防护措施。虽然养老院设置了 24 小时监控，但是未及时发现老人走丢的情况。法院判决，养老院未尽到相应的注意义务，应承担经济损失的百分之六十责任，并一次性返还养老服务费及押金。

【律师说法】

由于我国进入老龄化社会，老年人的数量不断增加。为了不耽误子女的工作，选择进入养老机构养老的老年人也越来越多。本案中，养老院未尽到相应的注意和照管义务，致使老年人发生意外死亡，应当承担相应的损害赔偿责任。老年人的家属也应该提高警惕，不能把养老的事务全部寄托于养老院，平时应该多关注老年人的身体及精神状况，及时提醒养老机构制定相应的措施，避免发生令人悲痛的后果。

【相关法律】

《养老机构管理办法》（2020 年）

第十五条　养老机构应当建立入院评估制度，对老年人的身心状况进行评估，并根据评估结果确定照料护理等级。

老年人身心状况发生变化，需要变更照料护理等级的，养老机构应当重新进行评估。

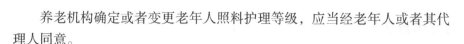

养老机构确定或者变更老年人照料护理等级，应当经老年人或者其代理人同意。

第二十八条　养老机构应当实行 24 小时值班，做好老年人安全保障工作。

养老机构应当在各出入口、接待大厅、值班室、楼道、食堂等公共场所安装视频监控设施，并妥善保管视频监控记录。

案例 6　被托养人在养老机构内死亡，谁来负责？

【案情简介】

张大爷早年离异，与前妻育有一个儿子张甲，已经长大成人，有自己的工作。2020 年左右，张大爷因为交通事故受伤，经鉴定为二级伤残，终身需要完全护理依赖。张甲照顾了张大爷几年后，实在没有精力继续照顾，便将张大爷送进了养老院。经过养老院评估，确定张大爷为完全护理型。双方签订了入住协议后，张大爷入住养老院。

入住不久后的一天，护理人员推着张大爷去到走廊，随后去食堂打饭。张大爷一个人坐在轮椅上十分无聊，看到前台有一个打火机就拿起来摆弄，不料突然引燃衣服。当时张大爷一个人在走廊，由于无法起身，也无法将身上的火扑灭，张大爷被火势包围。虽然后来养老院的人员紧急救火，同时拨打急救电话，紧急将张大爷送往医院，但是张大爷经抢救无效死亡。经医院出具的死亡证明书显示：死亡原因为多处烧伤。随后张大爷的儿子张甲将养老院诉至法院，要求其赔偿医疗费、死亡赔偿金、精神损害抚慰金等费用。

【法院判决】

法院经审理认为，张大爷与养老机构签订了服务协议，养老院作为专业的服务机构，对入住人员不仅负有生活上的照料义务，也负有管理、看护和安全保障的义务。本案中，看护人员将张大爷独自一人放在走廊，且走廊内没有其他工作人员，因此养老院未尽到合理范围内的注意义务。最后，法院判决养老院承担百分之二十的责任，并支付相应的赔偿金。

【律师说法】

在事发时，张大爷独自一个人在走廊，不能及时处理发生的意外情况，最终导致悲剧的发生。对此结果，养老机构负有管理责任，未尽到安全保障的义务，因此要承担一部分的经济损失责任，其余部分由张大爷的儿子张甲自行承担。

【相关法律】

《养老机构管理办法》（2020 年）

第二十八条　养老机构应当实行 24 小时值班，做好老年人安全保障工作。

养老机构应当在各出入口、接待大厅、值班室、楼道、食堂等公共场所安装视频监控设施，并妥善保管视频监控记录。

第三十条　养老机构应当依法履行消防安全职责，健全消防安全管理制度，实行消防工作责任制，配置消防设施、器材并定期检测、维修，开展日常防火巡查、检查，定期组织灭火和应急疏散消防安全培训。

养老机构的法定代表人或者主要负责人对本单位消防安全工作全面负责，属于消防安全重点单位的养老机构应当确定消防安全管理人，负责组织实施本单位消防安全管理工作，并报告当地消防救援机构。

案例 7　老年人发生意外时，养老机构
在什么情况下可以免责？

【案情简介】

杨大爷早年丧偶，有一个儿子杨一一，已经长大成人，有自己的事业。由于忙于事业，无暇照顾父亲，杨一一只能将父亲送进养老院。2022 年年初，杨一一与某养老院签订了托养协议，约定养老院为杨大爷提供护理、食宿等服务。如果杨大爷生病或者发生意外事故，由其自行负责。如果老人病危，养老院应及时通知杨一一。入住后，养老院并未为杨大爷建立健康档案。

　　某日，养老院致电杨一一，称杨大爷这几日状态不好，睡不着觉也吃不下饭。于是杨一一赶来养老院，与养老院的工作人员一起将杨大爷送往医院，但医院并未发现杨大爷身体有问题，杨大爷就又返回养老院了。几日后，养老院的工作人员发现杨大爷腿部浮肿，于是又再次致电杨一一，一起将杨大爷送往医院。经全身检查后，医院诊断杨大爷为右小腿上段已缺血性坏死，后病情恶化，不久后杨大爷因治疗无效而死亡。于是，杨一一将养老院告上法庭，要求其赔偿医疗费、死亡赔偿金和丧葬费。

【法院判决】

　　法院经审理认为，该养老机构未按规定为杨大爷建立健康档案，客观上存在履行瑕疵，但与杨大爷因病医治无效死亡之间不存在法律上的因果关系。在首次送医时，作为专业机构的医院尚未发现病变，将发现病变责任归于养老院显然不公。养老院已经尽到照料和通知义务，不对病变及死亡结果负责。因此法院判决，对于原告的诉讼请求不予支持。

【律师说法】

　　养老院作为专业的养老机构，提供专业的服务，照料老年人日常生活，满足其在饮食起居和医疗护理等方面的养老需求。这种专业性服务更侧重日常生活照料，而非医疗服务。虽然养老机构未按规定建立健康档案，但该履行瑕疵与被托养人因自身疾病原因医治无效死亡之间不存在法律上的因果关系，养老机构已经尽到照料、通知义务的，应认定其对被托养人死亡不承担赔偿责任。

　　作为子女，更应该切实关心老年人的身体健康，不能完全寄托于养老机构。子女平时应多探望老年人，即使无法亲自探望，也应该经常询问其身体健康状况。毕竟再专业的机构，也无法做到对每个老年人都尽善尽美。法律维护老年人的权益也是事后的手段，并不能在事发前防止悲剧的发生。

【相关法律】

《养老机构管理办法》（2020 年）

　　第十八条　养老机构应当为老年人提供饮食、起居、清洁、卫生等生活照料服务。

养老机构应当提供符合老年人住宿条件的居住用房，并配备适合老年人安全保护要求的设施、设备及用具，定期对老年人的活动场所和物品进行消毒和清洗。

养老机构提供的饮食应当符合食品安全要求、适宜老年人食用、有利于老年人营养平衡、符合民族风俗习惯。

第十九条　养老机构应当为老年人建立健康档案，开展日常保健知识宣传，做好疾病预防工作。养老机构在老年人突发危重疾病时，应当及时转送医疗机构救治并通知其紧急联系人。

养老机构可以通过设立医疗机构或者采取与周边医疗机构合作的方式，为老年人提供医疗服务。养老机构设立医疗机构的，应当按照医疗机构管理相关法律法规进行管理。

第六章　居家养老服务

案例1　老年人卧病在床，儿子不陪护也不请护工，该怎么办？

【案情简介】

王大爷和李大妈是夫妻，两人很是恩爱，可是迟迟没有孩子。李大妈在四十岁的时候终于怀上孩子，王大爷非常高兴。儿子出生后，王大爷非常疼爱自己的儿子，取名王喜喜。2022年，王喜喜二十岁，读书成绩不好，早早就出来打工了。王大爷和李大妈年纪也大了，相互之间也难以照料。有一天王大爷在楼下散步的时候不小心摔断了腿，在医院做完手术后就在家静养。李大妈刚开始还能照顾得上，但是后来实在力不从心，只能叫儿子王喜喜来照顾王大爷。王喜喜从小娇生惯养，没有伺候过人，坚决不来照顾王大爷。李大妈没办法，说实在不行就请个护工吧。王喜喜听了更不同意，不愿意花这个钱。迫于无奈，王大爷只好把儿子王喜喜告上法庭，要求其支付护理费用和相应的医疗费。

【法院判决】

法院经审理认为，本案中原告王大爷生活不能自理，配偶李大妈也难以照顾他。根据我国相关法律规定，作为赡养人的被告王喜喜，应该承担照料责任。如果不能亲自照料，可以按照老年人的意愿委托他人或者养老机构等照料。因此，法院判决被告王喜喜向原告王大爷支付护理费和相应的医疗费。

【律师说法】

在老年人生病住院、生活无法自理的时候，照顾老年人是子女应尽的法定义务。我国法律对于此类情形有明确规定：对于生活不能自理的老年人，赡养人应当承担照料责任；不能亲自照料的，可以按照老年人的意愿委托他人或者养老机构等照料。因此，当老年人生活不能自理时，既可以要求子女亲自照料，也可以要求其支付相应的护理费用，请护工或去养老机构。

【相关法律】

《中华人民共和国老年人权益保障法》

第十五条第二款　对生活不能自理的老年人，赡养人应当承担照料责任；不能亲自照料的，可以按照老年人的意愿委托他人或者养老机构等照料。

案例2　子女有义务为老年人修缮房屋吗?

【案情简介】

2022 年，王大爷已过七十岁，一直在农村生活。他早年丧偶，一个人拉扯三个儿子长大成人，三个儿子都已成家立业。儿子们长大后都很少来看他，他一个人居住显得十分孤独。最近，王大爷家里的老房子年久失修，房顶开始漏雨，王大爷晚上也睡不好。王大爷自己手脚不方便，只好打电话叫儿子回来修，没想到三个儿子都说没空，一直相互推诿。王大爷很无奈，不知如何是好。

【律师说法】

我国法律规定，赡养人应当履行对老年人经济上供养、生活上照料和精神上慰藉的义务，照顾老年人的特殊需要。老年人自有的住房，赡养人有维修的义务。在本案中，王大爷居住的房屋年久失修，开始漏雨，已经影响到王大爷的生活质量，作为子女不能不闻不问，更不能在王大爷已经提出修缮房屋的请求时充耳不闻、互相推脱。在父母年老后进行赡养、在年老父母有困难时积极帮助，不仅是道德对子女的要求，更是法律对子女义务的规定，王大爷可以向法院提起诉讼，维护自己的权益。

【相关法律】

《中华人民共和国老年人权益保障法》

第十四条 赡养人应当履行对老年人经济上供养、生活上照料和精神上慰藉的义务，照顾老年人的特殊需要。

赡养人是指老年人的子女以及其他依法负有赡养义务的人。

赡养人的配偶应当协助赡养人履行赡养义务。

第十六条 赡养人应当妥善安排老年人的住房，不得强迫老年人居住或者迁居条件低劣的房屋。

老年人自有的或者承租的住房，子女或者其他亲属不得侵占，不得擅自改变产权关系或者租赁关系。

老年人自有的住房，赡养人有维修的义务。

案例3 老小区加装电梯，低层用户可以阻止施工吗？

【案情简介】

张甲、张乙和王甲、王乙系同住在一栋居民楼一个单元的居民，该居民楼的居民年纪都很大。该单元一梯两户，共十层计二十户住户，其中张甲和张乙住十楼，王甲和王乙住一楼。2022 年年初，该单元的业主协商签订《电梯增设协议书》，同意加装所在单元电梯，由二至十楼的十八户业主按约定比例分担加装费用。同日，社区居委会依法进行了公示，期满后未收到异议。业主代表张甲、张乙依照户外电梯安装工程流程完成了一系列手续，电梯公司也取得了施工许可证并进场施工。施工期间，一楼住户王甲和王乙以个人隐私泄露、采光受阻等问题阻碍施工。负责人张甲、张乙报警协调处理无果后，遂将王甲和王乙起诉至法院，请求判令王甲和王乙停止阻碍加装电梯。

【法院判决】

法院经审理认为，当今社会老龄化日趋严重，居家养老的需要也越来越明显。受传统思想的影响，很多老年人选择社区居家养老。政府启动老旧小区加装电梯工程，着力改善人民群众的居住环境，这对于减轻儿女赡养老人的负担具有重大意义。本案中，安装电梯的手续齐全，程序合法，法院遂判决王甲、王乙自判决生效之日起立即停止对案涉电梯加装工程施工的阻碍。

【律师说法】

老旧小区加装电梯是提升居民幸福感的重要举措，能够极大地方便居民，尤其能够保障老年居民出行的便利与安全。对于依法已完成加装电梯表决、公示、许可程序的电梯加装工程，低层住户不应随意阻挠。如果低层住户以不合理的理由阻碍施工，高层住户可以通过诉讼途径，保证施工的顺利进行，维护个人的合法权益。

【相关法律】

《中华人民共和国民法典》

第二百七十八条　下列事项由业主共同决定：

（一）制定和修改业主大会议事规则。

（二）制定和修改管理规约。

（三）选举业主委员会或者更换业主委员会成员。

（四）选聘和解聘物业服务企业或者其他管理人。

（五）使用建筑物及其附属设施的维修资金。

（六）筹集建筑物及其附属设施的维修资金。

（七）改建、重建建筑物及其附属设施。

（八）改变共有部分的用途或者利用共有部分从事经营活动。

（九）有关共有和共同管理权利的其他重大事项。

业主共同决定事项，应当由专有部分面积占比三分之二以上的业主且人数占比三分之二以上的业主参与表决。决定前款第六项至第八项规定的事项，应当经参与表决专有部分面积四分之三以上的业主且参与表决人数四分之三以上的业主同意。决定前款其他事项，应当经参与表决专有部分面积过半数的业主且参与表决人数过半数的业主同意。

第二百八十八条　不动产的相邻权利人应当按照有利生产、方便生活、团结互助、公平合理的原则，正确处理相邻关系。

第七章　医疗服务体系

案例1　患者家属不签字，延误治疗导致患者死亡，医院需要承担责任吗？

【案情简介】

李大爷早年丧偶，育有两个女儿和一个儿子。女儿李甲和李乙在李大爷所在的城市工作，而儿子李丙则在省城工作，平时很少回来。2022年，李大爷年满七十岁，身体也变得越来越不好。某天晚上李大爷突发中风，被两个女儿紧急送往医院，并通知了李丙。由于病情紧急，医院告知在场的两个女儿，需要立刻对李大爷进行手术，但手术存在风险，治疗费用昂贵。两个女儿一听是这种情况，都不愿意在手术同意书上签字，说还是等李丙到了再说。医生反复催促无果，只得作罢。三个小时后，李丙赶到医院，在手术同意书上签了字。医生立刻进行手术，但由于耽误的时间过长，李大爷最终因抢救无效死亡。李丙非常难过，但又不好朝李甲和李乙发作，只好把医院告上法庭，要求医院对李大爷的死亡承担责任。

【法院判决】

本案中，李大爷因病情紧急需要马上做手术，医院已经向患者家属告知了手术风险，并说明了不及时手术可能产生的严重后果。医院在手术前要求家属在手术同意书上签字，但在场家属拒绝签字，最终因手术时间拖延导致李大爷抢救不及时而死亡。医院对此没有过错，不需要承担赔偿责任。最终法院判决，对于原告李丙的诉讼请求不予支持。

【律师说法】

在医疗过程中，任何手术都存在一定风险。因此，为了保障患者和医务人员的合法权益，手术前医生会告知患者及其家属存在的风险，患者及其家属也要就已告知的情况在手术同意书上签字确认。因患者或其家属拒绝或不配合治疗导致损害结果发生，如果医疗机构与医务人员已尽到说明、劝说义务，没有其他过错的，医疗机构和医务人员不承担赔偿责任。

【相关法律】

《中华人民共和国民法典》

第一千二百一十九条　医务人员在诊疗活动中应当向患者说明病情和医疗措施。需要实施手术、特殊检查、特殊治疗的，医务人员应当及时向患者具体说明医疗风险、替代医疗方案等情况，并取得其明确同意；不能或者不宜向患者说明的，应当向患者的近亲属说明，并取得其明确同意。

医务人员未尽到前款义务，造成患者损害的，医疗机构应当承担赔偿责任。

第一千二百二十四条　患者在诊疗活动中受到损害，有下列情形之一的，医疗机构不承担赔偿责任：

（一）患者或者其近亲属不配合医疗机构进行符合诊疗规范的诊疗。

（二）医务人员在抢救生命垂危的患者等紧急情况下已经尽到合理诊疗义务。

（三）限于当时的医疗水平难以诊疗。

前款第一项情形中，医疗机构或者其医务人员也有过错的，应当承担相应的赔偿责任。

案例2　患者处于昏迷状态，也无法联系到患者家属，医院可以对其进行手术吗？

【案情简介】

2022年，孙大爷虽然七十岁了，但是每天都坚持锻炼，身体素质还算不错。有一天天气非常炎热，孙大爷像往常一样出门散步。突然，孙大爷眼前一黑，摔倒在路边。周边群众见状，立刻将孙大爷扶了起来，并拨打了急救电话。孙大爷被救护车紧急送往医院，经初步诊断为脑出血，需

要立刻手术。因为没有家属陪伴，孙大爷也意识不清，无法联系到其家属。鉴于孙大爷的病情，如果不马上手术可能会延误最佳治疗时机，于是，经医院主要负责人批准后，医生为孙大爷进行了手术治疗。孙大爷醒来之后记不清发生了什么，几经周折医院终于联系到孙大爷的家属。孙大爷的家属来到医院后，二话不说就把孙大爷接走了，对于医院的支付费用的要求置之不理，还放话"谁让你治了？"医院负责人见状，向法院提起诉讼，要求孙大爷及其家属支付相应的医疗费。

【法院判决】

法院经审理认为，根据我国相关法律，因抢救生命垂危的患者等紧急情况，可以在经过医疗机构负责人批准后立即实施相应的医疗措施。在本案中，孙大爷因为突发脑出血已经昏迷不醒，必须立即进行手术，为了不错过最佳的救治时机，在无法与其家人取得联系的情况下，医生在经过医院负责人批准后，可以为孙大爷进行手术治疗。因此，法院判决被告孙大爷及其家属支付此次治疗的所有费用。

【律师说法】

任何医疗手术都存在一定的风险，为了保护患者的人身权益，也为了避免医疗机构陷入不必要的纠纷，医院为患者手术需要征得患者本人或者其家属的同意。但是，本着生命至上的原则，在发生紧急情况，不进行手术会有生命危险时，即使没有家属的签字同意，经医疗机构负责人批准后也可以实施治疗，产生的费用当然由患者本人及其家属承担。

【相关法律】

一、《医疗机构管理条例》（2022 年）

第三十二条　医务人员在诊疗活动中应当向患者说明病情和医疗措施。需要实施手术、特殊检查、特殊治疗的，医务人员应当及时向患者具体说明医疗风险、替代医疗方案等情况，并取得其明确同意；不能或者不宜向患者说明的，应当向患者的近亲属说明，并取得其明确同意。因抢救生命垂危的患者等紧急情况，不能取得患者或者其近亲属意见的，经医疗机构负责人或者授权的负责人批准，可以立即实施相应的医疗措施。

二、《中华人民共和国民法典》

第一千二百二十条　因抢救生命垂危的患者等紧急情况，不能取得患者或者其近亲属意见的，经医疗机构负责人或者授权的负责人批准，可以立即实施相应的医疗措施。

案例3　患者签署了同意书进行实验性临床医疗致残，医院需要赔偿吗？

【案情简介】

2022年，张阿姨才过六十岁，但最近一直感到浑身无力，跳广场舞的时候关节很疼。在家人的陪伴下，张阿姨去了几次医院，可都无法找出病因。过了半年，张阿姨实在无法忍受病痛，就去某大城市的医院治疗。经过专家会诊，确定张阿姨患了一种极为罕见的免疫性疾病。对于该疾病，医疗界还没有形成明确统一的治疗方案。医生告诉张阿姨，针对该病医院有一个新的治疗方案，但没有临床实践，属于实验性临床医疗。医生又向其告知了手术的各种风险，可能会有的其他不良后果。张阿姨认真考虑后，在手术告知书上签了字。经过治疗，张阿姨的病终于治好了，但却导致其一条腿残疾。张阿姨不能再去跳广场舞了，十分难过。她认为此次手术的后果太严重了，医院并未说明清楚，因此向法院起诉，要求医院赔偿导致自己残疾的经济损失。

【法院判决】

法院经审理认为，本案中，医院在为原告张阿姨实行实验性临床医疗前，已经明确向其告知了手术存在的各种风险，履行了全面告知义务。对此，原告张阿姨也予以认可，并签署了手术同意书。在此情况下，即便手术导致张阿姨落下了残疾，医院也不需要承担赔偿责任，故法院判决对于原告的诉讼请求不予支持。

【律师说法】

实验性临床医疗是一种处于研究状态的治疗方法，尚未被医学界认

可，它可以为治疗某种疾病提供一种全新的方式，但是，这种治疗方式有很多不确定因素，也可能存在巨大风险。在现实生活中，由于一些患者有某种疾病，在自己愿意承担风险的前提下，可以接受医疗机构实施的实验性临床医疗，但在发生意外情况的时候，并不能向医院主张赔偿。

【相关法律】

一、《中华人民共和国执业医师法》

第二十六条　医师应当如实向患者或者其家属介绍病情，但应注意避免对患者产生不利后果。

医师进行实验性临床医疗，应当经医院批准并征得患者本人或者其家属同意。

二、《医疗机构管理条例》（2022年）

第三十二条　医务人员在诊疗活动中应当向患者说明病情和医疗措施。需要实施手术、特殊检查、特殊治疗的，医务人员应当及时向患者具体说明医疗风险、替代医疗方案等情况，并取得其明确同意；不能或者不宜向患者说明的，应当向患者的近亲属说明，并取得其明确同意。因抢救生命垂危的患者等紧急情况，不能取得患者或者其近亲属意见的，经医疗机构负责人或者授权的负责人批准，可以立即实施相应的医疗措施。

三、《医疗机构管理条例实施细则》

第八十八条　条例及本细则中下列用语的含义：

诊疗活动：是指通过各种检查，使用药物、器械及手术等方法，对疾病作出判断和消除疾病、缓解病情、减轻痛苦、改善功能、延长生命、帮助患者恢复健康的活动。

医疗美容：是指使用药物以及手术、物理和其他损伤性或者侵入性手段进行的美容。

特殊检查、特殊治疗：是指具有下列情形之一的诊断、治疗活动：

（一）有一定危险性，可能产生不良后果的检查和治疗。

（二）由于患者体质特殊或者病情危笃，可能对患者产生不良后果和危险的检查和治疗。

（三）临床试验性检查和治疗。

（四）收费可能对患者造成较大经济负担的检查和治疗。

卫生技术人员：是指按照国家有关法律、法规和规章的规定取得卫生技术人员资格或者职称的人员。

技术规范：是指由国家卫生计生委、国家中医药管理局制定或者认可的与诊疗活动有关的技术标准、操作规程等规范性文件。

军队的医疗机构：是指中国人民解放军和中国人民武装警察部队编制内的医疗机构。

第三编

老年人监护

第八章 意定监护

案例1 老年人可以指定自己的监护人吗？

【案情简介】

2022年，王大爷刚满七十岁，中年丧妻，身体也不好，需要经常住院治疗。王大爷有王甲、王乙和王丙三个儿子，儿子之间关系不好，经常因为王大爷赡养和住院的问题扯皮。王大爷十分无奈，为了避免以后三个儿子产生矛盾，想趁自己清醒的时候选定一个监护人。王大爷最疼爱自己的小儿子王丙，于是让王丙陪他到公证处，咨询相关的事项。

【公证手续】

公证机构经过审查，认为王大爷神志清醒，于是受理了该公证申请。公证员首先将意定监护的法律概念、法律意义和法律效果告诉双方，王大爷明确表示愿意在自己身体健康的情况下指定小儿子王丙作为自己的监护人，待自己丧失或者部分丧失民事行为能力时，由王丙履行监护职责。

公证员向王丙告知监护人应当承担的责任，王丙明确表示愿意负责父亲将来的生活照管、医疗救治、财产管理、维权诉讼和死亡丧葬等事务。随后，公证员向甲、乙双方告知了意定监护的生效条件、监护人的职责范围、监护的具体事项、意定监护的撤销等内容。另外，王大爷可以在神志清醒的情况下以公证的形式单方面撤销监护协议，并由公证机构负责送达给王丙，此后就依法恢复成法定监护。

最后，王大爷和王丙对意定监护协议内容达成一致，公证员对协议内容进行了审查，甲、乙双方现场签字捺印。公证书出具后，王大爷和王丙各持一份。公证员于公证书出具当日，将意定监护协议上传至全国公证管理系统进行备案。

【律师说法】

我国已进入老龄社会，加强老年人权益保障和法律服务工作意义重大。《中华人民共和国民法典》将意定监护的适用人群范围扩大至所有具有完全民事行为能力的成年人，有力地保障了成年人，特别是老年人丧失或者部分丧失民事行为能力时能够有所依靠。公证机构可以根据当事人的申请，依法办理意定监护协议公证。

【相关法律】

《中华人民共和国民法典》

第三十三条　具有完全民事行为能力的成年人，可以与其近亲属、其他愿意担任监护人的个人或者组织事先协商，以书面形式确定自己的监护人，在自己丧失或者部分丧失民事行为能力时，由该监护人履行监护职责。

案例2　老年人可以变更自己的监护人吗？

【案情简介】

2022年，孙大爷年满八十四岁，身体非常不好，生活很难自理。孙大爷的父母已经去世，前些年妻子也离他而去，只剩一个女儿孙小甲与他相伴。他与女儿的关系不好，女儿也没有在身边照顾他。两年前，女儿孙小甲还在孙大爷不知情的情况下，偷偷申请对孙大爷进行行为能力鉴定，并指定自己为孙大爷的监护人。

经鉴定，法院判决宣告孙大爷为限制民事行为能力人，指定其女儿孙小甲作为监护人。孙大爷有个侄女孙小乙，平时对孙大爷照顾有加，孙大爷比较满意，与孙小乙签订了意定监护协议，并到当地公证处做了公证。现在孙大爷的侄女孙小乙向法院起诉孙小甲，请求变更孙大爷的监护人为自己。

【法院判决】

法院经审理认为，孙大爷与孙小甲没有共同生活在一起，孙小甲客观

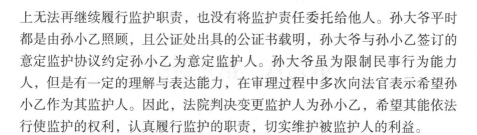

上无法再继续履行监护职责，也没有将监护责任委托给他人。孙大爷平时都是由孙小乙照顾，且公证处出具的公证书载明，孙大爷与孙小乙签订的意定监护协议约定孙小乙为意定监护人。孙大爷虽为限制民事行为能力人，但是有一定的理解与表达能力，在审理过程中多次向法官表示希望孙小乙作为其监护人。因此，法院判决变更监护人为孙小乙，希望其能依法行使监护的权利，认真履行监护的职责，切实维护被监护人的利益。

【律师说法】

许多老年人由于性格、习惯等各方面原因，并不希望自己的子女作为自己的监护人。在这种情况下，老年人可以在具备完全民事行为能力的时候，签订书面的意定监护合同，指定特定的人在自己丧失民事行为能力的时候担任其监护人。

【相关法律】

《中华人民共和国民法典》

第三十三条　具有完全民事行为能力的成年人，可以与其近亲属、其他愿意担任监护人的个人或者组织事先协商，以书面形式确定自己的监护人，在自己丧失或者部分丧失民事行为能力时，由该监护人履行监护职责。

第三十六条　监护人有下列情形之一的，人民法院根据有关个人或者组织的申请，撤销其监护人资格，安排必要的临时监护措施，并按照最有利于被监护人的原则依法指定监护人：

（一）实施严重损害被监护人身心健康的行为。

（二）怠于履行监护职责，或者无法履行监护职责且拒绝将监护职责部分或者全部委托给他人，导致被监护人处于危困状态。

（三）实施严重侵害被监护人合法权益的其他行为。

本条规定的有关个人、组织包括：其他依法具有监护资格的人，居民委员会、村民委员会、学校、医疗机构、妇女联合会、残疾人联合会、未成年人保护组织、依法设立的老年人组织、民政部门等。

前款规定的个人和民政部门以外的组织未及时向人民法院申请撤销监护人资格的，民政部门应当向人民法院申请。

第九章 指定监护

案例1 哪些人可以向法院申请担任监护人?

【案情简介】

2022年,张大妈已满六十岁,未婚未育,患有精神分裂症,存在认知障碍。张大妈的父母在世的时候曾向村委会求助,将张大妈送往医院治疗。现如今,张大妈的父母都已经过世,她也没有其他亲人,无人照料。张大妈有一个堂姐张甲甲,从小与张大妈感情很好,看到张大妈这个样子很是同情,愿意担任张大妈的监护人,照顾其安享晚年。但是,张甲甲依法属于"配偶、父母、子女、其他近亲属以外的其他愿意担任监护人的个人",其担任张大妈的监护人需要张大妈住所地村委会的书面同意。于是张甲甲向村委会申请,但村委会以没有法院的裁判文书不能出具函件为由拒绝了张甲甲的请求。张甲甲向法院起诉村委会,诉请由法院认定张大妈为限制民事行为能力人并指定自己作为张大妈的监护人。

【法院判决】

法院经审理认为,根据张甲甲的申请,法院委托司法鉴定机构对张大妈的民事行为能力进行鉴定,张大妈被评定为限制民事行为能力人,法院依法判决指定张甲甲担任张大妈的监护人。张甲甲拿着判决书再次向村委会申请,村委会据此向张甲甲出具了同意由其担任监护人的函件。

【律师说法】

随着社会进入老龄化,有精神疾病的群体同样面临变老的情况,而且比一般的老年人生活更加艰难。当老年人不能辨认或者不能完全辨认自己的行为时,其利害关系人或者有关组织,可以向人民法院申请认定其为无民事行为能力人或者限制民事行为能力人。老年人的监护人选应遵照《中华人民共和国民法典》的规定，在四类有监护能力的人中按顺序进行。原则上只有不存在前一顺序的人员或者前一顺序人员没有监护能力时，后一顺序人员才有资格成为监护人。

另外，其他愿意担任监护人的个人或者组织若想担任监护人，必须经过被监护人住所地的居民委员会、村民委员会或者民政部门同意。该类人员提出申请时，人民法院将征询上述组织对监护申请的意见，获得同意后方可指定其为监护人。

【相关法律】

《中华人民共和国民法典》

第二十四条　不能辨认或者不能完全辨认自己行为的成年人，其利害关系人或者有关组织，可以向人民法院申请认定该成年人为无民事行为能力人或者限制民事行为能力人。

被人民法院认定为无民事行为能力人或者限制民事行为能力人的，经本人、利害关系人或者有关组织申请，人民法院可以根据其智力、精神健康恢复的状况，认定该成年人恢复为限制民事行为能力人或者完全民事行为能力人。

本条规定的有关组织包括：居民委员会、村民委员会、学校、医疗机构、妇女联合会、残疾人联合会、依法设立的老年人组织、民政部门等。

第二十八条　无民事行为能力或者限制民事行为能力的成年人，由下列有监护能力的人按顺序担任监护人：

（一）配偶。

（二）父母、子女。

（三）其他近亲属。

（四）其他愿意担任监护人的个人或者组织，但是须经被监护人住所地的居民委员会、村民委员会或者民政部门同意。

案例2　福利院可以作为老年人的监护人吗?

【案情简介】

王大爷自幼智力残疾,生活无法自理,未婚未育,从小一直跟随母亲生活。王大爷母亲去世后,村委会将王大爷送进福利院,一直生活至今。王大爷如今年纪也大了,福利院为了更好地尽到监护职责,分别向民政局和王大爷所在社区居委会反映情况。经多部门协商认为,在找寻王大爷亲人无果的情况下,其继续由福利院照顾较好。福利院委托某脑科医院对王大爷的身体情况进行司法鉴定,随后福利院向法院申请依法宣告王大爷为无民事行为能力人,并指定福利院作为其合法监护人。

【法院判决】

法院经审理认为,被申请人王大爷经某脑科医院司法鉴定所法医精神病鉴定为无民事行为能力人。另外,法院主动依职权调查查明,被申请人王大爷在福利院居住生活多年,无配偶,无子女,也无其他亲属。由于王大爷长期处于无人监护状态,为更好地维护王大爷的利益,法院指定福利院作为王大爷的合法监护人。

【律师说法】

老年人是社会的弱势群体,尤其是有精神类疾病的无民事行为能力人,生活非常艰难。为了充分保护和落实无民事行为能力人的合法权益,在法定顺位监护人多年缺失、无人履行监护职责的情况下,可以指定已形成长期基本生活依赖且担负实际监护责任的社会福利机构作为监护人。这是依法保障老年人权益的有益尝试和探索,具有良好的法律效果和社会效果。

【相关法律】

《中华人民共和国民法典》

第三十六条　监护人有下列情形之一的,人民法院根据有关个人或者组织的申请，撤销其监护人资格，安排必要的临时监护措施，并按照最有利于被监护人的原则依法指定监护人：

（一）实施严重损害被监护人身心健康的行为。

（二）怠于履行监护职责，或者无法履行监护职责且拒绝将监护职责部分或者全部委托给他人，导致被监护人处于危困状态。

（三）实施严重侵害被监护人合法权益的其他行为。

本条规定的有关个人、组织包括：其他依法具有监护资格的人，居民委员会、村民委员会、学校、医疗机构、妇女联合会、残疾人联合会、未成年人保护组织、依法设立的老年人组织、民政部门等。

前款规定的个人和民政部门以外的组织未及时向人民法院申请撤销监护人资格的，民政部门应当向人民法院申请。

第十章　监护权的撤销

案例1　什么情况下可以撤销监护人的监护权？

【案情简介】

张大爷与王大妈是夫妻，两人育有两个女儿张甲和张乙。张大爷2022年去世，留下王大妈独自一人生活。渐渐地王大妈年纪也大了，记性也不好，生活不能自理。于是女儿张甲向法院申请母亲王大妈为限制民事行为能力人并指定自己为母亲的监护人。

张乙虽与张甲是亲姐妹，但是关系并不好。偶然一次，张乙发现张甲私自挪用母亲王大妈的售房款，严重侵犯了母亲的合法权益。于是张乙向法院申请，要求撤销张甲的监护人资格，并将母亲的监护人变更为自己。张甲不同意，称自己尽到了监护人应尽的责任与义务，其使用款项也是经母亲同意的，并没有任何侵犯母亲合法权益的行为。庭审过程中，王大妈虽然口齿不清，但是明确表示同意张甲用款，并负责照顾自己。

【法院判决】

本案中，虽然王大妈是限制民事行为能力人，但是从现场询问王大妈的情况看，王大妈意思表达较为清楚，其可以实施与其智力、精神健康状况相适应的民事法律行为，应最大程度尊重其真实意愿。王大妈同意张甲用款，并明确表示同意由张甲照顾自己。综上，依据现有证据和已查明的事实，张甲无严重侵害王大妈合法权益的行为，故驳回了张乙的申请。

【律师说法】

随着人口老龄化趋势日益严重，限制民事行为能力或无民事行为能力的老年人越来越多，为方便处理老年人的日常事务，越来越多的人申请为

老年人指定监护人。老年人可以在具有民事行为能力时以书面形式确定自己的监护人，以避免日后因监护权产生纠纷；在作为他人的监护人时，应充分尊重被监护人的意愿，不得侵犯被监护人的人身和财产利益。

【相关法律】

《中华人民共和国民法典》

第三十六条　监护人有下列情形之一的，人民法院根据有关个人或者组织的申请，撤销其监护人资格，安排必要的临时监护措施，并按照最有利于被监护人的原则依法指定监护人：

（一）实施严重损害被监护人身心健康的行为。

（二）怠于履行监护职责，或者无法履行监护职责且拒绝将监护职责部分或者全部委托给他人，导致被监护人处于危困状态。

（三）实施严重侵害被监护人合法权益的其他行为。

本条规定的有关个人、组织包括：其他依法具有监护资格的人，居民委员会、村民委员会、学校、医疗机构、妇女联合会、残疾人联合会、未成年人保护组织、依法设立的老年人组织、民政部门等。

前款规定的个人和民政部门以外的组织未及时向人民法院申请撤销监护人资格的，民政部门应当向人民法院申请。

案例2　哪些人可以申请撤销监护人的监护权？

【案情简介】

刘大爷与王大妈是夫妻，育有一子刘甲，现已长大成人，成家立业。平时都是刘大爷与王大妈一起住，儿子刘甲很少来看望老两口。2022年年初，村里拆迁，刘大爷与王大妈的房子被列为拆迁房，因此老两口也获得了一笔拆迁款。现在老两口年纪大了，住在养老院，精神变得迟缓，因而被宣告为无民事行为能力人。

作为刘大爷和王大妈的监护人，刘甲不仅没有经常探望老两口，反而打起了老两口用于养老的拆迁款的主意。刘甲通过多次转账，把老两口银行卡里的钱转走，导致老人没有钱再支付养老院的费用。村委会了解到这个情况后，向法院提起诉讼，申请撤销刘甲的监护人资格，指定村委会为刘大爷和王大妈的监护人。

【法院判决】

法院经审理认为，刘大爷和王大妈对拆迁款依法享有相应的权益，属于个人财产。刘甲作为刘大爷和王大妈的监护人，理应保护被监护人的人身权利、财产权利等合法权益，其在未对被监护人的生活、护理、医疗等方面进行合理安排的情况下，将被监护人的款项转移，侵害了被监护人的合法权益，依法应撤销其监护人资格。由于刘大爷和王大妈无其他近亲属，由村委会担任两人的监护人，不仅可以协调相关部门解决被监护人的生活、医疗等一系列问题，也有利于保护被监护人的身心健康和财产权利。法院遂判决撤销刘甲作为监护人的资格，指定村委会为刘大爷和王大妈的监护人。

【律师说法】

根据法律规定，当监护人实施严重侵害被监护人合法权益的行为时，人民法院可以根据有关个人或者组织的申请撤销监护人资格，有关个人和组织包括：其他依法具有监护资格的人，居民委员会、村民委员会、学校、医疗机构、妇女联合会、残疾人联合会、未成年人保护组织、依法设立的老年人组织、民政部门等。法律赋予这些组织提起撤销监护人资格诉讼的资格，符合其职能定位，对于保护被监护人的权益有良好的效果。

【相关法律】

《中华人民共和国民法典》

第三十六条 监护人有下列情形之一的，人民法院根据有关个人或者组织的申请，撤销其监护人资格，安排必要的临时监护措施，并按照最有利于被监护人的原则依法指定监护人：

（一）实施严重损害被监护人身心健康的行为。

（二）怠于履行监护职责，或者无法履行监护职责且拒绝将监护职责部分或者全部委托给他人，导致被监护人处于危困状态。

（三）实施严重侵害被监护人合法权益的其他行为。

本条规定的有关个人、组织包括：其他依法具有监护资格的人，居民委员会、村民委员会、学校、医疗机构、妇女联合会、残疾人联合会、未成年人保护组织、依法设立的老年人组织、民政部门等。

前款规定的个人和民政部门以外的组织未及时向人民法院申请撤销监护人资格的，民政部门应当向人民法院申请。

第四编

社会保障

第十一章 基本养老保险

案例1 老年人未缴满十五年养老保险，该怎么处理？

【案情简介】

2022年，王大妈刚过五十岁，没有工作，在家帮忙带小孩。王大妈已经交了两年的养老保险，但刚得知，养老保险要缴纳满十五年才能享受养老保险待遇，领取养老金。王大妈已经五十岁了，即使到六十岁也只缴纳了十年，对此王大妈非常担心。那么，如果王大妈未缴满十五年养老保险，应当如何处理呢？

【律师说法】

根据我国法律规定，参加基本养老保险的个人，达到法定退休年龄时累计缴费不足十五年的，有两种方式可以选择：一是可以缴费至满十五年，按月领取基本养老金；二是转入新型农村社会养老保险或者城镇居民社会养老保险，按照国务院规定享受相应的养老保险待遇。老年人如果遇到这样的问题，可以根据自己的经济情况，选择不同的缴纳方式。

【相关法律】

《中华人民共和国社会保险法》

第十六条　参加基本养老保险的个人，达到法定退休年龄时累计缴费满十五年的，按月领取基本养老金。

参加基本养老保险的个人，达到法定退休年龄时累计缴费不足十五年的，可以缴费至满十五年，按月领取基本养老金；也可以转入新型农村社会养老保险或者城镇居民社会养老保险，按照国务院规定享受相应的养老保险待遇。

案例 2　个人可以在退休前提前支取自己的养老金吗?

【案情简介】

2022 年，王大叔刚过五十岁，向公司提出了辞职。他年轻的时候就梦想着仗剑走天涯，如今想趁着身体还可以，有钱又有时间的时候出去旅游。但是，王大叔的妻子不同意他的想法，认为王大叔已年过半百，万一出去有点什么意外，家人将承受极大的痛苦。王大叔心想，自己一个大男人怎么能连这点事都做不到呢，于是想到了自己的养老金。王大叔不禁疑问，自己可以提前支取养老金吗?

【律师说法】

根据我国法律相关规定，只有达到法定退休年龄时累计缴费满十五年的个人，才能按月领取基本养老金。换言之，达到法定退休年龄和缴费满十五年是领取养老金的两个必备条件，二者缺一不可。同时，法律也明确规定，个人账户不得提前支取。因此未达到法定退休年龄的个人，不得提前支取个人账户中的钱。老年人在作出重大决策前，应与配偶及家人充分协商，不要贸然做一些冲动的事情。

【相关法律】

《中华人民共和国社会保险法》

第十四条　个人账户不得提前支取，记账利率不得低于银行定期存款利率，免征利息税。个人死亡的，个人账户余额可以继承。

第十六条　参加基本养老保险的个人，达到法定退休年龄时累计缴费满十五年的，按月领取基本养老金。

参加基本养老保险的个人，达到法定退休年龄时累计缴费不足十五年的，可以缴费至满十五年，按月领取基本养老金;也可以转入新型农村社会养老保险或者城镇居民社会养老保险，按照国务院规定享受相应的养老保险待遇。

案例 3　已达到退休年龄但未享受养老保险待遇，形成劳动关系吗？

【案情简介】

2022 年，李大爷刚过六十周岁，在甲公司当保安。甲公司每月向李大爷支付劳动报酬，李大爷也接受甲公司的管理安排。年末的一天，李大爷骑车外出，被一辆小型轿车撞倒，后经抢救无效死亡。李大爷的儿子向当地劳动人事争议仲裁委员会申请仲裁，要求确认李大爷与甲公司存在劳动关系。仲裁委员会作出裁决，申请人亲属李大爷生前与被申请人甲公司劳动关系依法成立。甲公司不服该仲裁裁决，认为其与李大爷不存在劳动关系，故诉至法院。

【法院判决】

法院经审理认为，用人单位与其招用的已达到或超过法定退休年龄但未享受基本养老保险待遇或领取退休金的人员发生用工争议，双方之间用工情形符合劳动关系特征的，应按劳动关系特殊情形处理。李大爷到甲公司工作时，虽已达到法定退休年龄，但其并未享受养老保险待遇或领取退休金。甲公司每月向李大爷支付劳动报酬，李大爷也接受该公司的管理安排，故双方之间已经形成了事实上的劳动关系。法院遂判决，确认甲公司与李大爷之间存在劳动关系。

【律师说法】

现实生活中，有很多农村劳动者虽然已达到法定退休年龄，但并没有享受基本养老保险待遇或领取退休金。在此情况下，建议双方从自身的利益出发，采取妥善的方法，明确双方之间是否存在雇佣关系。如形成雇佣关系的意思表示不明确，劳资双方发生用工争议，而用工情形符合劳动关系特征的，则按劳动关系特殊情形处理。

【相关法律】

《中华人民共和国劳动合同法》

第四十四条 【劳动合同的终止】有下列情形之一的，劳动合同终止：

（一）劳动合同期满的。

（二）劳动者开始依法享受基本养老保险待遇的。

（三）劳动者死亡，或者被人民法院宣告死亡或者宣告失踪的。

（四）用人单位被依法宣告破产的。

（五）用人单位被吊销营业执照、责令关闭、撤销或者用人单位决定提前解散的。

（六）法律、行政法规规定的其他情形。

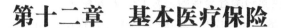

第十二章 基本医疗保险

案例1 劳动者参加新农合，用人单位可以免除缴纳医疗保险费的义务吗？

【案情简介】

何大爷与某保安公司存在劳动关系，但该公司没有为何大爷缴纳社会保险费。何大爷于2022年年初摔伤，因医治无效于几个月后去世。治疗期间，何大爷共产生四十万元医疗费用，其中符合医保报销范围的为三十万元。何大爷的亲属已经通过新型农村合作医疗（简称"新农合"）报销医疗费用三万元。后其亲属申请劳动仲裁，请求某保安公司支付医疗费四十万元。仲裁裁决后，某保安公司不服，诉至法院。

【法院判决】

法院经审理认为，何大爷共产生医疗费用四十万元，其中符合医保报销范围的为三十万元。某保安公司没有为何大爷缴纳职工基本医疗保险费，故该医保可报销的费用三十万元为某保安公司应向何大爷赔偿的医疗保险待遇损失。鉴于其亲属已经通过新农合报销了三万元，该部分应予扣除，故判决某保安公司支付医疗费二十七万元。

【律师说法】

用人单位未依法为劳动者缴纳职工基本医疗保险导致劳动者无法享受相关医疗保险待遇，劳动者可以主张用人单位赔偿相应的医疗保险待遇损失。这不仅符合《中华人民共和国社会保险法》的立法目的，维护了职工参加社会保险和享受社会保险待遇的合法权益，更可以使职工共享发展成果，促进社会和谐稳定，实现社会法的社会安全目标。

【相关法律】

《中华人民共和国社会保险法》（2018年修正）

第二十三条　职工应当参加职工基本医疗保险，由用人单位和职工按照国家规定共同缴纳基本医疗保险费。

无雇工的个体工商户、未在用人单位参加职工基本医疗保险的非全日制从业人员以及其他灵活就业人员可以参加职工基本医疗保险，由个人按照国家规定缴纳基本医疗保险费。

案例2　双方约定不缴纳社会保险费，可以免除承担产生的不利后果吗？

【案情简介】

王大妈与某清洁服务公司签订了劳动合同，同时王大妈向该清洁服务公司签署《声明》，强烈要求公司放弃为其购买所有社保，一切后果其本人自负。劳动合同期间，王大妈因病住院共产生五万元医疗费。劳动争议仲裁期间，医疗保险服务管理局进行医疗费用报销标准审核，核定属于医保统筹应支付部分的合计金额为三万元。王大妈年度累计获得新型农村合作医疗住院外诊补偿为两万元，遂要求该清洁服务公司补偿其余未报销的款项。双方因此诉讼至法院。

【法院裁判】

法院经审理认为，用人单位和劳动者不履行参加基本医疗保险的法定义务都需承担相应的法律责任，双方约定无须缴纳社会保险费并不产生免除承担不履行法定义务造成损失的法律责任的不利后果。本案中双方约定免除的社会保险费，按法律规定应由职工个人支付和用人单位负担两部分组成，该清洁服务公司与王大妈均未依法履行参加职工基本医疗保险并支付保险费的法定义务，均有过错。因此，王大妈与该清洁服务公司应对此造成的损失各自承担百分之五十的责任。王大妈在新型农村合作医疗已报销的医疗费中已经获得部分补偿，该部分损失不应再重复赔偿，故予以扣除。

【律师说法】

用人单位和职工应正确行使法定权利，履行参加基本医疗保险的法定义务，保障劳动者的合法权益。无论是用人单位还是劳动者，都应该自觉履行缴纳社会保险费用的义务，否则都将面临承担保险待遇损失的风险。

【相关法律】

《中华人民共和国社会保险法》（2018 年修正）

第二条　国家建立基本养老保险、基本医疗保险、工伤保险、失业保险、生育保险等社会保险制度，保障公民在年老、疾病、工伤、失业、生育等情况下依法从国家和社会获得物质帮助的权利。

第二十三条　职工应当参加职工基本医疗保险，由用人单位和职工按照国家规定共同缴纳基本医疗保险费。

无雇工的个体工商户、未在用人单位参加职工基本医疗保险的非全日制从业人员以及其他灵活就业人员可以参加职工基本医疗保险，由个人按照国家规定缴纳基本医疗保险费。

案例3　哪些医疗费不纳入基本医疗保险基金的支付范围?

【案情简介】

2022 年年初，陈大爷因腹痛到甲医院接受治疗，治疗过程中因医院过错导致发生医疗损害事故。经当地医学会鉴定，甲医院在医疗活动中存在术前病情评估不足的过失，该行为与陈大爷的人身损害结果存在一定因果关系，甲医院在此次医疗事故中负次要责任。后当地法院据此作出判决，酌情由甲医院对陈大爷的人身损害按百分之三十比例承担赔偿责任。

陈大爷的医疗保险经办机构为乙医疗保障管理中心，其支付了陈大爷的全部医疗费用，后乙医疗保障管理中心得知甲医院按百分之三十比例承担赔偿责任后，曾多次联系甲医院要求退还其先行支付的医疗费用，但甲医院均未退还，故乙医疗保障管理中心将甲医院诉至法院。

【法院判决】

法院经审理后认为，医疗费用依法应当由第三人负担的，第三人不支付或者无法确定第三人的，由基本医疗保险基金先行支付。基本医疗保险基金先行支付后，有权向第三人追偿。故法院判决，甲医院于本判决生效之日起十日内返还乙医疗保障管理中心支付的医疗费总额的百分之三十，并按全国银行间同业拆借中心公布的贷款市场报价利率（LPR）计算从乙医疗保障管理中心支付医疗费至甲医院实际支付之日期间的利息损失。

【律师说法】

社会保险范畴下的基本医疗保险是国家提供的基本医疗需求的基本生存性保险，是一种保障性保险。享受医疗保险的患者在接受诊疗中发生医疗损害事故的，基本医疗保险基金就已经先行垫付的医疗费用，有权按照责任比例向医疗机构进行追偿，医疗机构的责任不能因医疗保险报销医疗费用而得以减免。老年人有权享受相应的医疗保障，如遇到相应的纠纷，应及时通过法律途径解决，避免自己的合法权益受到损害。

【相关法律】

《中华人民共和国社会保险法》（2018 年修正）

第三十条 下列医疗费用不纳入基本医疗保险基金支付范围：

（一）应当从工伤保险基金中支付的。

（二）应当由第三人负担的。

（三）应当由公共卫生负担的。

（四）在境外就医的。

医疗费用依法应当由第三人负担，第三人不支付或者无法确定第三人的，由基本医疗保险基金先行支付。基本医疗保险基金先行支付后，有权向第三人追偿。

第十三章 社会救助制度

案例1 需要满足什么条件，可以享受最低生活保障？

【案情简介】

王大叔早年丧偶，只有一个女儿，如今女儿刚满十岁。除此之外，王大叔还有一个患病的弟弟，生活不能自理，也没有劳动能力。2022 年，王大叔已过五十岁，平时靠打工赚钱，一个月也就两千多元的收入，根本无力负担家庭的开支。王大叔听人说，生活困难的人可以申请最低生活保障，他想知道自己是否符合申请条件及如何申请。

【律师说法】

根据我国的政策，对于生活有困难的居民，国家可以提供最低生活保障。根据我国《社会救助暂行办法》第九条规定，国家对共同生活的家庭成员人均收入低于当地最低生活保障标准，且符合当地最低生活保障家庭财产状况规定的家庭，给予最低生活保障。而根据该办法第十条规定，各地的最低生活保障待遇，是由各省级政府确定、公布的。具体到本案例中，王大叔每月的收入只有两千多元，家庭财产也有限，还要扶养弟弟、抚养孩子，生活较为困难。王大叔可以了解一下当地申请最低生活保障待遇的标准，如果满足条件就可以申请。

【相关法律】

《社会救助暂行办法》（2019 年）

第九条 国家对共同生活的家庭成员人均收入低于当地最低生活保障标准，且符合当地最低生活保障家庭财产状况规定的家庭，给予最低生活保障。

第十条　最低生活保障标准，由省、自治区、直辖市或者设区的市级人民政府按照当地居民生活必需的费用确定、公布，并根据当地经济社会发展水平和物价变动情况适时调整。

最低生活保障家庭收入状况、财产状况的认定办法，由省、自治区、直辖市或者设区的市级人民政府按照国家有关规定制定。

第十一条　申请最低生活保障，按照下列程序办理：

（一）由共同生活的家庭成员向户籍所在地的乡镇人民政府、街道办事处提出书面申请；家庭成员申请有困难的，可以委托村民委员会、居民委员会代为提出申请。

（二）乡镇人民政府、街道办事处应当通过入户调查、邻里访问、信函索证、群众评议、信息核查等方式，对申请人的家庭收入状况、财产状况进行调查核实，提出初审意见，在申请人所在村、社区公示后报县级人民政府民政部门审批。

（三）县级人民政府民政部门经审查，对符合条件的申请予以批准，并在申请人所在村、社区公布；对不符合条件的申请不予批准，并书面向申请人说明理由。

案例2　经济困难的老年人权益受损，可以申请法律援助吗？

【案情简介】

郭大爷是一名八十岁的老人，老伴儿去世了，育有五个子女，都已长大成人。随着郭大爷身体每况愈下，医疗费用开销越来越高，照料难度也越来越大，而郭大爷的五个子女一直拒绝履行赡养义务。郭大爷无奈将五个子女起诉到法院，要求五个子女支付赡养费并轮流照顾和看护。

【法院判决】

法院在受理此案后，了解到郭大爷已年过八十，且有五个子女，却仍需要通过诉讼解决赡养问题。于是，承办法官依规启动法律援助工作机

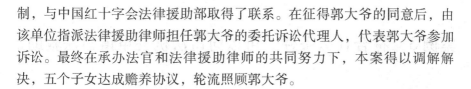

制，与中国红十字会法律援助部取得了联系。在征得郭大爷的同意后，由该单位指派法律援助律师担任郭大爷的委托诉讼代理人，代表郭大爷参加诉讼。最终在承办法官和法律援助律师的共同努力下，本案得以调解解决，五个子女达成赡养协议，轮流照顾郭大爷。

【律师说法】

赡养老年人不仅是中华民族的传统美德，也是法律规定公民的基本义务。若子女拒绝对父母履行赡养义务，不仅可能会在道义层面受到谴责，更有可能承担相应的法律责任。子女因父母赡养问题发生纠纷时，应以老年人的福祉为先，不能因纠纷而使父母老无所依，同时应尽可能友好协商解决。老年人如确因赡养无着而需要通过法律途径解决，又没有委托代理人，且诉讼能力不足的，可依法申请法律援助，由法院通过法律援助机制等方式，帮助其参与诉讼。

【相关法律】

《法律援助条例》

第十条　公民对下列需要代理的事项，因经济困难没有委托代理人的，可以向法律援助机构申请法律援助：

（一）依法请求国家赔偿的。

（二）请求给予社会保险待遇或者最低生活保障待遇的。

（三）请求发给抚恤金、救济金的。

（四）请求给付赡养费、抚养费、扶养费的。

（五）请求支付劳动报酬的。

（六）主张因见义勇为行为产生的民事权益的。

省、自治区、直辖市人民政府可以对前款规定以外的法律援助事项作出补充规定。

公民可以就本条第一款、第二款规定的事项向法律援助机构申请法律咨询。

案例3　符合什么条件，可以向司法机关申请司法救助？

【案情简介】

2022 年，王大爷虽然已经六十岁了，但是腿脚十分灵活，也闲不住，经常给乡亲们修缮房屋。年初，王大爷在给张大爷家修房顶的时候不小心从吊板上摔下，导致其重型颅脑损伤，并多处骨折。经鉴定，王大爷的伤残等级为二级伤残，已瘫痪在床，丧失劳动能力。王大爷因张大爷拒付医疗费起诉至法院。在法院审理过程中，王大爷和张大爷达成调解协议，由张大爷赔偿王大爷各项损失二十万元。张大爷家庭也不富裕，仅能拿出五万元给王大爷。王大爷现瘫痪在床，丧失劳动能力，需要终生护理，其家庭为建档立卡贫困户，于是向法院申请司法救助。

【法院判决】

法院经审查认为，王大爷因民事侵权行为致二级伤残，已瘫痪在床，丧失劳动能力，生活非常困难，为建档立卡贫困户，且相关执行案件仅能执行到少部分赔偿金。王大爷的救助申请，符合《最高人民法院关于加强和规范人民法院国家司法救助工作的意见》的规定，法院决定给予王大爷国家司法救助金十五万元。

【律师说法】

本案中，王大爷作为家庭主要劳动力，因在劳动过程中受到伤害，瘫痪在床，丧失劳动能力，致使家庭生活十分困难，属建档立卡贫困户。法院通过对王大爷进行救助，缓解其家庭经济压力，助力脱贫攻坚，体现了社会主义法治的制度优势。老年人如果遇到此类情况，可向法院申请司法救助，保障自己的基本生活。

【相关法律】

《最高人民法院关于加强和规范人民法院国家司法救助工作的意见》

第三条　当事人因生活面临急迫困难提出国家司法救助申请，符合下

列情形之一的，应当予以救助：

（一）刑事案件被害人受到犯罪侵害，造成重伤或者严重残疾，因加害人死亡或者没有赔偿能力，无法通过诉讼获得赔偿，陷入生活困难的。

（二）刑事案件被害人受到犯罪侵害危及生命，急需救治，无力承担医疗救治费用的。

（三）刑事案件被害人受到犯罪侵害而死亡，因加害人死亡或者没有赔偿能力，依靠被害人收入为主要生活来源的近亲属无法通过诉讼获得赔偿，陷入生活困难的。

（四）刑事案件被害人受到犯罪侵害，致使其财产遭受重大损失，因加害人死亡或者没有赔偿能力，无法通过诉讼获得赔偿，陷入生活困难的。

（五）举报人、证人、鉴定人因举报、作证、鉴定受到打击报复，致使其人身受到伤害或财产受到重大损失，无法通过诉讼获得赔偿，陷入生活困难的。

（六）追索赡养费、扶养费、抚育费等，因被执行人没有履行能力，申请执行人陷入生活困难的。

（七）因道路交通事故等民事侵权行为造成人身伤害，无法通过诉讼获得赔偿，受害人陷入生活困难的。

（八）人民法院根据实际情况，认为需要救助的其他人员。

涉诉信访人，其诉求具有一定合理性，但通过法律途径难以解决，且生活困难，愿意接受国家司法救助后息诉息访的，可以参照本意见予以救助。

第五编

遗产继承

第十四章　法定继承

案例1　在法定继承中，弟弟有权要求继承遗产吗？

【案情简介】

张甲有一个弟弟张乙，父母去世后，弟弟便失去管束，染上了赌瘾和酒瘾，还时不时找张甲借钱。张甲看不惯弟弟的行为，劝阻无效后便不再和他来往。2022年年初，张甲心脏病发作，家人将他送到医院，经抢救无效去世。张甲早年丧偶，育有一个儿子张小。张小刚刚处理完父亲张甲的后事，张乙便找上门，提出自己是张甲的弟弟，理应分得遗产。那么，在这种情况下，张乙可以要求继承遗产吗？

【律师说法】

张甲去世时并没有留下遗嘱，他的遗产继承人只能通过法定继承的规则确定。根据法律规定，配偶、子女、父母为第一顺序继承人，兄弟姐妹、祖父母、外祖父母为第二顺序继承人。当被继承人没有第一顺序继承人时，才可以由第二顺序继承人进行继承。换言之，被继承人死亡时没有配偶、子女、父母的，才能由其兄弟姐妹来继承遗产。张甲的儿子张小为第一顺序继承人，而张乙是张甲的弟弟，只能作为第二顺序继承人。在存在第一顺序继承人的前提下，第二顺序继承人不能继承遗产。因此，遗产只能由张小继承，张乙没有资格继承。

【相关法律】

《中华人民共和国民法典》

第一千一百二十七条　遗产按照下列顺序继承：

（一）第一顺序：配偶、子女、父母。

（二）第二顺序：兄弟姐妹、祖父母、外祖父母。

继承开始后，由第一顺序继承人继承，第二顺序继承人不继承；没有第一顺序继承人继承的，由第二顺序继承人继承。

本编所称子女，包括婚生子女、非婚生子女、养子女和有扶养关系的继子女。

本编所称父母，包括生父母、养父母和有扶养关系的继父母。

本编所称兄弟姐妹，包括同父母的兄弟姐妹、同父异母或者同母异父的兄弟姐妹、养兄弟姐妹、有扶养关系的继兄弟姐妹。

案例2　互有继承关系的人在意外中同时死亡，遗产如何继承？

【案情简介】

2022年的某个周末，张甲与妻子王乙前往海边旅游，不慎落水。经过确认，判定两人当场溺亡，但无法判断两人死亡先后顺序。两人没有孩子，张甲的父母也都已过世，两人唯一的亲人只有王乙的父亲。请问，张甲与王乙的遗产该如何继承？

【律师说法】

相互有继承关系的两人在同一事件中死亡，根据规定，难以确定死亡时间的，推定没有其他继承人的人先死亡。在本案中，张甲与王乙在同一起事故中不幸去世，无法判定两人究竟谁先死亡。由于两人是夫妻关系，互为继承人，除了王乙，张甲没有其他继承人，此时应当推定张甲先于王乙死亡。张甲死亡后，其全部遗产由王乙继承。而后王乙死亡，她自己的全部遗产，以及从张甲那里继承的遗产，都应当由她的父亲继承。

【相关法律】

《中华人民共和国民法典》

第一千一百二十一条　继承从被继承人死亡时开始。

相互有继承关系的数人在同一事件中死亡，难以确定死亡时间的，推定没有其他继承人的人先死亡。都有其他继承人，辈份不同的，推定长辈先死亡；辈份相同的，推定同时死亡，相互不发生继承。

案例 3　儿子去世了，儿媳腹中的胎儿还拥有继承权吗？

【案情简介】

何大爷和妻子辛辛苦苦把儿子何甲抚养大，儿子何甲长大成人后和张乙结婚，婚后张乙怀孕了。2022 年的一天，何甲下班途中不幸遭遇车祸去世，留下挺着大肚子的张乙。何大爷和妻子立刻霸占儿子的财产，张乙提出自己肚子里的孩子也应有一份，但何大爷却认为孩子尚未出生，没有资格继承遗产。

【律师说法】

《中华人民共和国民法典》继承编将尚未出生的胎儿视为能够继承遗产的个体，规定遗产分割时，应当保留胎儿的继承份额。胎儿娩出时是死体的，保留的份额按照法定继承办理。由此可知，本案中，张乙腹中的胎儿依照法律享有继承权，在分割何甲的遗产时，应当为该胎儿保留继承份额。

【相关法律】

一、《中华人民共和国民法典》

第一千一百五十五条　遗产分割时，应当保留胎儿的继承份额。胎儿娩出时是死体的，保留的份额按照法定继承办理。

二、《最高人民法院关于适用〈中华人民共和国民法典〉继承编的解释（一）》

第三十一条第一款　应当为胎儿保留的遗产份额没有保留的，应从继承人所继承的遗产中扣回。

案例 4　妻子出走后，是否还能主张继承丈夫的财产？

【案情简介】

周大妈与蔡大爷结婚后育有一子蔡甲。2000 年左右的一天，周大妈离家出走了，多年没有音信。在此期间，蔡大爷生病多年，一直由儿子蔡甲照顾。2022 年年初，周大妈回到家中，发现蔡大爷刚刚车祸去世，儿子蔡甲也不认自己了。周大妈主张分割蔡大爷的遗产，但儿子蔡甲不同意。于是周大妈将儿子蔡甲告上法庭，要求分割蔡大爷的遗产。

【法院判决】

法院经审理认为，周大妈与蔡大爷系夫妻关系，周大妈作为蔡大爷的配偶，本应依法享有继承权。但是，周大妈离家出走多年，直至蔡大爷去世才回来。周大妈作为妻子，未尽到夫妻之间的扶助义务，作为母亲，亦未对儿子蔡甲尽到抚养照顾义务，对家庭更无任何贡献。故综合考虑以上情节，法院判定周大妈无权继承蔡大爷的遗产。

【律师说法】

按照权利义务相一致的原则，夫妻一方在取得配偶继承权的同时，亦应与配偶相互扶助，尽到对子女、对家庭的抚养、照料义务。蔡大爷生前周大妈未尽到夫妻之间的扶助义务，蔡大爷死后周大妈却要继承蔡大爷的遗产，于情、于理、于法，其主张均不应得到支持。

【相关法律】

《中华人民共和国民法典》

第一千一百二十五条　继承人有下列行为之一的，丧失继承权：

（一）故意杀害被继承人。

（二）为争夺遗产而杀害其他继承人。

（三）遗弃被继承人，或者虐待被继承人情节严重。

（四）伪造、篡改、隐匿或者销毁遗嘱，情节严重。

（五）以欺诈、胁迫手段迫使或者妨碍被继承人设立、变更或者撤回遗嘱，情节严重。

继承人有前款第三项至第五项行为，确有悔改表现，被继承人表示宽恕或者事后在遗嘱中将其列为继承人的，该继承人不丧失继承权。

受遗赠人有本条第一款规定行为的，丧失受遗赠权。

案例5　继女对继父的遗产是否具有继承权？

【案情简介】

高甲年轻时一直拼命工作，没有成家。在一次商务活动中，高甲认识了对方公司的商务代表李乙。在相处中，高甲得知李乙刚刚离婚，独自带着女儿方方生活。两人互生情愫，没过多久便步入婚姻的殿堂。婚后高甲对方方视如己出，对方方的抚养十分上心，方方长大后也经常来看望高甲。然而，不幸的是，没过多久妻子李乙去世了。多年后，高甲也去世了。遗产分割时，高甲的弟弟高乙主张，方方并非高甲所生，无权继承遗产。请问，方方如何主张自己的权益？

【律师说法】

继女是否能继承继父的遗产，主要看继父与继女之间是否已经形成了扶养关系。《中华人民共和国民法典》规定的有继承权的子女不仅包括亲生子女，也包括法律拟制的子女；规定中的"有扶养关系"，不仅包括继父母对继子女的抚养，也包括继子女对继父母的赡养。本案中，高甲对方方视如己出，履行了抚养义务。方方长大后，也经常来看望高甲。由此可见，高甲与方方之间已经形成了事实扶养关系，符合法律规定的继子女享有继承权的条件，方方有权继承高甲的财产。

【相关法律】

《中华人民共和国民法典》
第一千一百二十七条　遗产按照下列顺序继承：
（一）第一顺序：配偶、子女、父母。

（二）第二顺序：兄弟姐妹、祖父母、外祖父母。

继承开始后，由第一顺序继承人继承，第二顺序继承人不继承；没有第一顺序继承人继承的，由第二顺序继承人继承。

本编所称子女，包括婚生子女、非婚生子女、养子女和有扶养关系的继子女。

本编所称父母，包括生父母、养父母和有扶养关系的继父母。

本编所称兄弟姐妹，包括同父母的兄弟姐妹、同父异母或者同母异父的兄弟姐妹、养兄弟姐妹、有扶养关系的继兄弟姐妹。

第十五章 遗嘱继承

案例1 遗嘱继承和法定继承，哪一个具有优先效力？

【案情简介】

赵大爷与王大妈是夫妻，育有两个孩子，女儿叫赵甲，儿子叫赵乙。赵甲从小就成绩优秀，每年都是学校的三好学生，人人夸赞。而赵乙不仅不爱学习，还经常和同学打架，三天两头被老师请家长。赵甲大学毕业后有一份不错的工作，赵乙则不再读书。

随着年龄的增大，老两口身体越来越不好。2020年年初，赵大爷被诊断为癌症，期间都是女儿赵甲来看望他，儿子赵乙都没来看望过。弥留之际，赵大爷留下遗嘱，将所有财产留给了妻子王大妈和女儿赵甲。赵大爷过世后，赵乙拒绝承认赵大爷的遗嘱，声称自己是法定继承人，有权继承遗产。那么，赵大爷的遗产该如何继承呢？

【律师说法】

本案主要涉及遗嘱继承与法定继承之间何者具有优先性的问题。我国法律规定，继承开始后，按照法定继承办理；有遗嘱的，按照遗嘱继承办理。出于对过世者真实意愿的尊重，遗嘱继承的法律效力是明显优于法定继承的。在被继承人留有遗嘱的情况下，除非是法律规定的例外情形，否则应当按照遗嘱进行遗产分割。赵乙虽然是赵大爷的法定继承人，但是赵大爷并没有在遗嘱中为赵乙留下份额，因此赵乙无权继承赵大爷的遗产。

【相关法律】

《中华人民共和国民法典》

第一千一百二十三条 继承开始后，按照法定继承办理；有遗嘱的，按照遗嘱继承或者遗赠办理；有遗赠扶养协议的，按照协议办理。

案例2　患有轻度阿尔茨海默病的老年人可以设立遗嘱吗？

【案情简介】

2022年，李大妈七十五岁，早年丧偶，育有一个女儿李甲和一个儿子李乙。最近她发现自己的记忆力越来越差。女儿李甲觉得母亲情况不对劲，便带其到医院做检查，医生确定李大妈患有轻度阿尔茨海默病。回家后，李大妈心想趁着清醒分配好自己的财产。于是，李大妈在女儿的陪同下立下了一份遗嘱，将自己的房屋留给儿子李乙，二十万元现金和金银首饰留给女儿李甲，并签上了自己的名字。请问，李大妈在患有阿尔茨海默病的情况下所订立的遗嘱具有法律效力吗？

【律师说法】

根据我国法律规定，遗嘱的有效要件主要有四个：一是遗嘱人立遗嘱时必须具备完全民事行为能力；二是遗嘱人在立遗嘱时意思表示必须真实；三是遗嘱的内容不得违反法律和社会公德；四是遗嘱的形式必须符合《中华人民共和国民法典》继承编的规定。由此可见，在本案中，李大妈的遗嘱是符合后三个要件的，要确定李大妈的遗嘱有没有效力，关键要看立遗嘱时李大妈是否有完全民事行为能力。案例中的李大妈在订立遗嘱时患有阿尔茨海默病，但她还处在病情的早期阶段，并没有很明显的病征，只有记忆力减退的情况出现。在这种情况下，阿尔茨海默病并不足以影响李大妈对自己行为的辨认和控制能力，可以断定李大妈是完全民事行为能力人。因此，只要遗嘱的形式符合法律规定，李大妈订立的遗嘱就是合法有效的。

【相关法律】

一、《中华人民共和国民法典》

第一千一百四十三条第一款　无民事行为能力人或者限制民事行为能

力人所立的遗嘱无效。

二、《最高人民法院关于适用〈中华人民共和国民法典〉继承编的解释（一）》

第二十八条　遗嘱人立遗嘱时必须具有完全民事行为能力。

无民事行为能力人或者限制民事行为能力人所立的遗嘱，即使其本人后来具有完全民事行为能力，仍属无效遗嘱。遗嘱人立遗嘱时具有完全民事行为能力，后来成为无民事行为能力人或者限制民事行为能力人的，不影响遗嘱的效力。

案例 3　将遗产赠与福利院的遗嘱有效吗？

【案情简介】

老江与妻子育有两个儿子，儿子长大后，先后离开他们前往大城市工作。两个儿子走后，就再也没有回家看过他们一眼。2022 年年初，老江下楼时不慎摔伤导致脑出血，情况十分危急，老江的妻子给两个儿子打电话让他们回家看看，两个儿子不仅不回来，还急着问遗产打算怎么分配。脱离生命危险后，老江对两个儿子彻底寒了心。他与妻子商量，等他去世后，将个人的全部财产都捐给福利院。于是，老江订立了一份将遗产赠与福利院的遗嘱。半年后，老江病逝，那么他订立的遗嘱具有法律上的效力吗？

【律师说法】

《中华人民共和国民法典》规定，自然人可以立遗嘱将个人财产赠与国家、集体或者法定继承人以外的组织、个人。遗嘱人在立遗嘱时，对于遗产的分配具有高度的自由性，只要不违反法律的限制规定，遗嘱人可以选择将遗产留给任何组织、个人。同时，遗嘱人在分配遗产时，不应将具有特殊困难的继承人弃之不顾。在本案中，老江的两个儿子均有自己的工作与收入来源，并不属于法律规定的限制情形的情况，老江有权决定不将遗产分配给他们。因此，老江订立的遗嘱是合法有效的。

【相关法律】

《中华人民共和国民法典》

第一千一百三十三条　自然人可以依照本法规定立遗嘱处分个人财产，并可以指定遗嘱执行人。

自然人可以立遗嘱将个人财产指定由法定继承人中的一人或者数人继承。

自然人可以立遗嘱将个人财产赠与国家、集体或者法定继承人以外的组织、个人。

自然人可以依法设立遗嘱信托。

第一千一百四十一条　遗嘱应当为缺乏劳动能力又没有生活来源的继承人保留必要的遗产份额。

案例4　临终时的口头遗嘱有效吗？

【案情简介】

王大爷年轻时饮食不规律，肠胃不好，现在年纪大了，更是时常胃疼。王大爷去医院检查，医生叮嘱他，一定要好好爱护自己的胃，平时注意清淡饮食，千万不要喝酒。2022年吃年夜饭时，王大爷趁着高兴劲儿，忍不住多喝了几杯白酒。没想到当天夜里，王大爷就因为胃出血被送进了急诊，由于出血量过大，医生也回天乏术。王大爷在弥留之际请医生和护士作见证，口头上对遗产进行了分配。那么，王大爷此时所订立的口头遗嘱有法律效力吗？

【律师说法】

根据我国法律规定，公民有权通过多种方式订立遗嘱，而口头遗嘱就是其中的一种。但是，由于口头遗嘱非常容易被篡改和伪造，因此需要法律对其进行严格的限制。口头遗嘱的生效条件有三个：一是必须在遗嘱人危急情况下订立；二是现场应当有两个以上见证人；三是危急情况解除后，遗嘱人能够以其他形式立遗嘱的，口头遗嘱即告失效。在本案中，王

大爷因胃出血被送进医院抢救，但抢救无效，王大爷即将去世。此种情况完全符合法律所规定的"危急情况"，王大爷是可以订立口头遗嘱的。王大爷立遗嘱时，现场有医生和护士作见证，这一点也符合法律对于口头遗嘱见证人的规定。由此可见，王大爷订立的遗嘱是合法有效的。

【相关法律】

《中华人民共和国民法典》

第一千一百三十八条　遗嘱人在危急情况下，可以立口头遗嘱。口头遗嘱应当有两个以上见证人在场见证。危急情况消除后，遗嘱人能够以书面或者录音录像形式立遗嘱的，所立的口头遗嘱无效。

案例5　遗嘱公证后又自行修改，哪份有效？

【案情简介】

2022年，高大爷七十岁，二十年前就患上了慢性关节炎，现在年纪大了，行动愈加不方便，需要有人照顾。为了让儿子和女儿好好照顾自己，高大爷与他们签订了赡养协议，并提前拟定了遗嘱，将财产平均分配给两人，且到公证机关进行了公证。女儿将高大爷照顾得很好，但儿子却想，反正遗嘱已经公证了遗产是自己的，没必要再去伺候人了，于是千方百计逃避赡养义务。高大爷很寒心，便自行修改了遗嘱，将大部分遗产留给女儿。那么，高大爷修改后的遗嘱有法律效力吗？

【律师说法】

为了能够更好地保障遗嘱人订立遗嘱的自主性，《中华人民共和国民法典》中删除了原来公证遗嘱效力最优的相关规定。法律规定，遗嘱人可以撤回、变更自己所立的遗嘱……立有数份遗嘱，内容相抵触的，以最后的遗嘱为准。在我国，公证遗嘱不再具有优先效力，无论遗嘱人的遗嘱是否进行过公证，只要其所订立的最后一份遗嘱是有效遗嘱，就应以该份遗嘱为准进行继承。在本案中，高大爷先是订立了一份公证遗嘱，后来又修改了遗嘱内容。根据法律的规定，只要修改后的遗嘱不违背法律和公序良俗，并且符合法律规定的遗嘱的形式要件，就应当以修改后的遗嘱作为高大爷的真实意愿。

【相关法律】

《中华人民共和国民法典》

第一千一百四十二条　遗嘱人可以撤回、变更自己所立的遗嘱。

立遗嘱后，遗嘱人实施与遗嘱内容相反的民事法律行为的，视为对遗嘱相关内容的撤回。

立有数份遗嘱，内容相抵触的，以最后的遗嘱为准。

案例6　独自录制的视频遗嘱有法律效力吗?

【案情简介】

王大妈患有糖尿病已经很多年了，为了维持血糖，每天都需要使用药物。随着年纪的增大，王大妈出现了一系列糖尿病并发症。2022 年的一天，医生告诉王大妈，她随时都有可能因为并发症去世。王大妈听后，决定早早地把自己的身后事安排好，以防日后儿女起争执。于是，王大妈瞒着儿女，用手机录下了一段视频，在视频中对自己的财产进行了分配。请问，王大妈独自录制的视频遗嘱是一份合法有效的遗嘱吗?

【律师说法】

视频遗嘱具有便利性和清晰性等多种优点，能够满足不同人群订立遗嘱的需要。但是，在视频遗嘱中只出现遗嘱人的情况下，无法判断其是否出于真实意愿。我国法律规定，以录音录像形式订立的遗嘱，应当有两个以上见证人在场见证。遗嘱人和见证人应当在录音录像中记录其姓名或者肖像，以及年、月、日。在本案中，王大妈自己一个人订立了录音录像遗嘱，由于订立遗嘱时并没有见证人见证，法律无法推定王大妈的意愿是否自由真实，因此王大妈订立的这份遗嘱是无效的。

【相关法律】

《中华人民共和国民法典》

第一千一百三十七条　以录音录像形式立的遗嘱，应当有两个以上见证人在场见证。遗嘱人和见证人应当在录音录像中记录其姓名或者肖像，以及年、月、日。

第十六章　遗赠扶养协议

案例1　遗嘱和遗赠扶养协议，哪一个具有优先效力？

【案情简介】

　　王大爷的儿子小王在外地工作，很少回家。老伴去世后，王大爷便独自一人居住。近来他深感自己年纪大了，说不定什么时候就会去世，于是他便立下一份遗嘱，将自己所有的财产留给儿子小王继承。当地居委会得知王大爷一个人住，便安排了工作人员小张过来照顾他。王大爷心想儿子不在身边，不如让小张照顾自己，于是与小张签订了遗赠扶养协议，约定如果小张能经常来看望他，且在他死后为他好好操办丧事，便将自己的积蓄赠与小张。请问，在王大爷的遗嘱和遗赠扶养协议内容冲突的情况下，哪份更具有优先效力呢？

【律师说法】

　　我国法律规定，如果遗嘱与遗赠扶养协议内容发生冲突，遗赠扶养协议的效力更为优先。在本案中，王大爷先是订立了一份遗嘱，写明自己的全部财产由儿子小王继承，而后又与小张签订了遗赠扶养协议，约定将积蓄留给小张。很显然，王大爷订立的遗嘱与遗赠扶养协议的内容发生了抵触。依据法律的规定，此时遗赠扶养协议具有优先效力。

【相关法律】

　　《最高人民法院关于适用〈中华人民共和国民法典〉继承编的解释（一）》

　　第三条　被继承人生前与他人订有遗赠扶养协议，同时又立有遗嘱的，继承开始后，如果遗赠扶养协议与遗嘱没有抵触，遗产分别按协议和

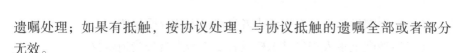

遗嘱处理；如果有抵触，按协议处理，与协议抵触的遗嘱全部或者部分无效。

案例2　怎么处理受遗赠人丧失遗赠权的遗产？

【案情简介】

王大爷早年丧妻，唯一的儿子也在两年前去世。孑然一身的王大爷悲痛交加，身体越来越差，便雇用了保姆小张来照顾他的日常生活。小张将王大爷的生活打理得井井有条。久而久之，王大爷对小张产生了感情。小张很快和王大爷谈起了恋爱，哄着王大爷立下遗嘱，在王大爷死后将房子赠送给她。王大爷立下遗嘱后，小张每天都睡不安稳，生怕房子的事出现什么变故，于是决定给王大爷下毒，这样就能提前得到他的房子了。王大爷毒发身亡后，小张被警方控制，以故意杀人罪被提起公诉，且丧失了王大爷遗产的受遗赠权。那么，在这种情况下，王大爷的遗产该如何处理呢？

【律师说法】

受遗赠人丧失受遗赠权的，其应受遗赠的部分按照法定继承办理。在本案中，小张故意杀害王大爷，她的行为不仅触犯了法律，也违反了社会的公序良俗，因此，小张丧失受遗赠的权利。小张丧失受遗赠权后，王大爷遗产中应赠与小张的房屋应当按照法定继承办理。但是，王大爷已经失去了所有亲人，没有其他法定继承人存在，他的遗产将无人继承或受遗赠。无人继承又无人受遗赠的遗产归国家所有，用于公益事业；死者生前是集体所有制组织成员的，归所在集体所有制组织所有。综上，王大爷的遗产应当归国家所有。

【相关法律】

《中华人民共和国民法典》

第一千一百五十四条　有下列情形之一的，遗产中的有关部分按照法定继承办理：

（一）遗嘱继承人放弃继承或者受遗赠人放弃受遗赠。

（二）遗嘱继承人丧失继承权或者受遗赠人丧失受遗赠权。

第一千一百六十条　无人继承又无人受遗赠的遗产，归国家所有，用于公益事业；死者生前是集体所有制组织成员的，归所在集体所有制组织所有。

案例3　什么情况下，老年人有权解除遗赠扶养协议？

【案情简介】

李大爷终身未婚配，没有子女，独自一人居住。为了养老，李大爷与侄子李甲甲签订协议并进行了公证：由李甲甲出资翻新李大爷的房屋，并留给李大爷一间房子，当李大爷生活不能自理时，由李甲甲照顾。房屋翻建后，李甲甲却拒绝让李大爷居住，并另行建造了一间临时房子给李大爷住。李大爷诉至法院，要求解除双方签订的遗赠扶养协议。

【法院判决】

法院经审理认为，本案中的协议约定了李甲甲负有对李大爷生养死葬的义务，李大爷死后财产由李甲甲继承，符合遗赠扶养协议的法律构成要件。李甲甲按照协议约定翻建房屋，但未按照协议约定妥善照顾李大爷居住，未履行协议的附随义务，李大爷有权要求解除遗赠扶养协议，法院遂判决解除李大爷与李甲甲的遗赠扶养协议。

【律师说法】

公民可以与扶养人签订遗赠扶养协议。遗赠扶养协议属于双方法律行为，是有偿法律行为，在订立时生效，非依法律规定或取得对方同意，不得擅自变更或解除。在遗赠扶养协议内容与遗嘱有抵触时，按照协议处理，与协议抵触的遗嘱全部或部分无效。因此，遗赠扶养协议的法律效力高于法定继承、遗嘱继承、遗赠。按照协议，扶养人承担该公民生养死葬的义务，享有受遗赠的权利。遗赠扶养协议要求扶养人履行相应的扶养义务，以作为享受遗赠的条件。扶养人无正当理由不履行，致协议解除的，

不能享有受遗赠的权利。

【相关法律】

《中华人民共和国民法典》

第一千一百二十三条　继承开始后，按照法定继承办理；有遗嘱的，按照遗嘱继承或者遗赠办理；有遗赠扶养协议的，按照协议办理。

第一千一百五十八条　自然人可以与继承人以外的组织或者个人签订遗赠扶养协议。按照协议，该组织或者个人承担该自然人生养死葬的义务，享有受遗赠的权利。

第六编

老年人婚姻

第十七章　婚姻自由

案例1　老年人有结婚的自由

【案情简介】

2022年，庞老太刚过八十岁，先后有过两次婚姻。她与第一任丈夫育有一子张一，与第二任丈夫育有一子李二，两个儿子都已成家，有稳定的收入来源。如今两任丈夫都已去世，留下庞老太孑然一身。当时庞老太与第二任丈夫结婚的时候，遭到了儿子张一的强烈反对。张一甚至放言，要是庞老太再婚，将不再承担赡养义务。现在庞老太生活困难，身体也不好，但张一对当年庞老太再婚的事情耿耿于怀，不肯承担赡养义务。李二看到张一撒手不管，也不肯赡养庞老太。无奈之下，庞老太只好把两个儿子告上法庭，请求判令两个儿子支付赡养费。

【法院判决】

法院经审理认为，成年子女应履行对父母的赡养义务，赡养包括经济上的供养、生活上的照料和精神上的慰藉。两名被告皆为原告的子女，应在日常生活中多关心、照顾老年人，考虑老年人的情感需求。根据被告的年龄、收入情况及原告实际生活需求，判决两名被告于判决生效之日起每月向原告支付一定的赡养费。

【律师说法】

近年来，长辈干预子女婚姻的情况变少，而子女干涉长辈婚姻的情况变多，尤其是老年人的再婚问题，成为社会的一大焦点。许多子女甚至以拒绝赡养作为威胁，阻止父母再婚，或者以父母再婚为由，拒绝履行赡养义务。赡养人的赡养义务不会因老年人的婚姻关系变化而消除，老年人有权利追求自己晚年的幸福婚姻。

【相关法律】

一、《中华人民共和国民法典》

第一千零四十六条　结婚应当男女双方完全自愿，禁止任何一方对另一方加以强迫，禁止任何组织或者个人加以干涉。

第一千零六十九条　子女应当尊重父母的婚姻权利，不得干涉父母离婚、再婚以及婚后的生活。子女对父母的赡养义务，不因父母的婚姻关系变化而终止。

二、《中华人民共和国老年人权益保障法》

第二十一条　老年人的婚姻自由受法律保护。子女或者其他亲属不得干涉老年人离婚、再婚及婚后的生活。

赡养人的赡养义务不因老年人的婚姻关系变化而消除。

案例2　老年人有离婚的自由

【案情简介】

王大妈与张大爷于2012年结婚，两人都是再婚，婚后没有共同生育子女。王大妈再婚之前没有子女，张大爷再婚之前有三个子女，都已经长大成人，有自己的工作和家庭。两人结婚后，也算是相敬如宾，共同抚育张大爷再婚之前的三个子女。2022年年初，张大爷患病住院，王大妈一直在床边照顾。不久后，王大妈查出患有心脏病，但张大爷和其三个子女都不见人影，这让王大妈十分寒心。出院后，王大妈偶然发现在自己生病住院期间，张大爷偷偷转移两人的共同存款，一气之下王大妈离家出走，搬进了养老院，从此与张大爷不再往来。王大妈越想越气，于是一纸诉状将张大爷诉至法院，要求离婚并分割两人的共同财产。

【法院判决】

法院经审理认为，两位老人年纪较大，离婚会严重伤害两个人的感情，于是对两位老人进行调解，但王大妈坚持离婚，不愿和解。考虑到两

位老人矛盾较大，夫妻感情确已破裂，不准予离婚反而不利于双方今后的生活，故法院判决两人离婚，将两人的共同存款按适当比例分割。

【律师说法】

近年来，老年人的离婚案件屡见不鲜，从某种程度上反映出老年人越来越注重个人的生活品质和精神追求，对于婚姻质量有了更高的要求。在审理涉老年人离婚案件时，既要对他们有足够的耐心，通过细致的讲解使其充分了解离婚的法律后果，也要尊重老年人的情感诉求和婚姻自由意愿，对于多次请求离婚或者经调解后仍坚持要求离婚的，应当根据案件实际情况依法作出判决，真正做到保障老年人的婚姻自由。

【相关法律】

《中华人民共和国民法典》

第一千零七十九条　夫妻一方要求离婚的，可以由有关组织进行调解或者直接向人民法院提起离婚诉讼。

人民法院审理离婚案件，应当进行调解；如果感情确已破裂，调解无效的，应当准予离婚。

有下列情形之一，调解无效的，应当准予离婚：

（一）重婚或者与他人同居。

（二）实施家庭暴力或者虐待、遗弃家庭成员。

（三）有赌博、吸毒等恶习屡教不改。

（四）因感情不和分居满二年。

（五）其他导致夫妻感情破裂的情形。

一方被宣告失踪，另一方提起离婚诉讼的，应当准予离婚。

经人民法院判决不准离婚后，双方又分居满一年，一方再次提起离婚诉讼的，应当准予离婚。

第一千零八十七条　离婚时，夫妻的共同财产由双方协议处理；协议不成的，由人民法院根据财产的具体情况，按照照顾子女、女方和无过错方权益的原则判决。

对夫或者妻在家庭土地承包经营中享有的权益等，应当依法予以保护。

案例3 经过离婚冷静期，还会判决离婚吗？

【案情简介】

宋大妈与刘大爷早年是通过相亲认识的，没过多久两人就结婚了，但两个人对彼此的认识不充分，婚后经常吵架。婚后两人育有一子，可是刘大爷的脾气并没有因此变好，反而变本加厉，经常打骂孩子。这么多年过去了，孩子也长大了，宋大妈不想再忍受这样的婚姻，于是起诉离婚，但遭到了刘大爷的强烈反对，他通过自残等极端方式威胁宋大妈。无奈之下，宋大妈只好撤回起诉。在儿子的支持下，2022年年初，宋大妈再次来到法院起诉离婚。

【法院判决】

法院经审理认为，鉴于刘大爷在早年以及离婚诉讼期间有极端的行为，经审查后立即发出人身安全保护令，并向双方辖区派出所、镇政府和村委会送达。同时给予离婚冷静期一个月，通知双方冷静期内避免见面，刘大爷不能骚扰宋大妈及其家人的生活，防止矛盾进一步激化。过了一个月，再次调解无效，于是法院依法判决两个人离婚。

【律师说法】

离婚冷静期的设置是为了防止双方矛盾进一步恶化，具有化解矛盾的作用，同时也给双方一定的时间考虑清楚。毕竟婚姻是人生大事，去留的背后牵扯着许多问题。对于防止冲动离婚，冷静期是必要的；而对于感情确实破裂，无和好可能的，则应依法判决离婚。

【相关法律】

《中华人民共和国民法典》

第一千零七十九条 夫妻一方要求离婚的，可以由有关组织进行调解或者直接向人民法院提起离婚诉讼。

人民法院审理离婚案件，应当进行调解；如果感情确已破裂，调解无

效的，应当准予离婚。

有下列情形之一，调解无效的，应当准予离婚：

（一）重婚或者与他人同居。

（二）实施家庭暴力或者虐待、遗弃家庭成员。

（三）有赌博、吸毒等恶习屡教不改。

（四）因感情不和分居满二年。

（五）其他导致夫妻感情破裂的情形。

一方被宣告失踪，另一方提起离婚诉讼的，应当准予离婚。

经人民法院判决不准离婚后，双方又分居满一年，一方再次提起离婚诉讼的，应当准予离婚。

第十八章 夫妻共同财产

案例1 财产协议的作用是什么？

【案情简介】

2000 年，李大爷与关大妈相识并结婚，两人都是再婚，婚后没有再生育子女。李大爷再婚前和前任生育了两个儿子，关大妈再婚前和前任生育了两个女儿。2010 年，李大爷和关大妈签订了一份关于婚前和婚后房产权属的书面协议，对两个人名下的四套房产做了约定。第一套是双方婚后购买的，登记在李大爷名下，归李大爷所有；第二套是李大爷婚后独资购买的，登记在关大妈名下，归关大妈所有；第三套是李大爷婚前的福利房，登记在李大爷名下，归李大爷所有；第四套是关大妈福利房置换所得，登记在双方名下，约定归关大妈所有。双方在婚姻存续期间，都有权利住这四套房。2020 年，李大爷起诉离婚，关大妈同意离婚，但主张关于房屋产权的协议是受到胁迫签订，并非真实意思表示，要求对上述四套房产重新进行分割。

【法院判决】

法院经审理认为，维系婚姻关系的基础是感情，根据双方的陈述，可见双方的感情确已破裂，故支持李大爷的诉讼请求。关于财产分割问题，法院认为双方签订的关于婚前和婚后房产权属的书面协议不违反法律和行政法规的强制性规定，也没有侵犯到别人的权益，应认定协议有效。关于关大妈主张的签订协议属于胁迫，因未提供受到胁迫的证据，法院不予支持。综上，法院判决两人离婚，婚前和婚后房产权属的书面协议有效。

【律师说法】

在现代社会，老年人再婚的情况越来越普遍，这是老年人追求幸福的权利，也是社会进步的表现。从法律层面来讲，老年人不敢再婚，或者再婚后不敢轻易离婚，源于老年人对财产归属问题不清楚。财产归属问题既包括离婚财产分割，也包括双方或者一方去世后可能发生的继承纠纷。为了避免产生财产纠纷，老年人可以在结婚前厘清自己的财产，签订婚前财产协议；或者在婚后对财产协议进行明确的约定，最大限度地避免矛盾的发生。

【相关法律】

《中华人民共和国民法典》

第一千零六十五条　男女双方可以约定婚姻关系存续期间所得的财产以及婚前财产归各自所有、共同所有或者部分各自所有、部分共同所有。约定应当采用书面形式。没有约定或者约定不明确的，适用本法第一千零六十二条、第一千零六十三条的规定。

夫妻对婚姻关系存续期间所得的财产以及婚前财产的约定，对双方具有法律约束力。

夫妻对婚姻关系存续期间所得的财产约定归各自所有，夫或者妻一方对外所负的债务，相对人知道该约定的，以夫或者妻一方的个人财产清偿。

第一千零六十二条　夫妻在婚姻关系存续期间所得的下列财产，为夫妻的共同财产，归夫妻共同所有：

（一）工资、奖金、劳务报酬。

（二）生产、经营、投资的收益。

（三）知识产权的收益。

（四）继承或者受赠的财产，但是本法第一千零六十三条第三项规定的除外。

（五）其他应当归共同所有的财产。

夫妻对共同财产，有平等的处理权。

第一千零六十三条　下列财产为夫妻一方的个人财产：

（一）一方的婚前财产。

（二）一方因受到人身损害获得的赔偿或者补偿。

（三）遗嘱或者赠与合同中确定只归一方的财产。

（四）一方专用的生活用品。

（五）其他应当归一方的财产。

案例2　为家庭付出较多的一方，离婚时可以获得经济补偿吗？

【案情简介】

2000年左右，李大爷与王大妈通过相亲认识，两人虽然结婚了，但是感情并不深，婚后两人育有两个儿子，一直由王大妈照料。王大妈结婚后一直没有工作，家庭支出一直由李大爷负担。后来李大爷和王大妈因感情实在不合，于是开始分居。王大妈以夫妻感情确已破裂为由，向法院提起诉讼，请求判令解除双方的婚姻关系并由李大爷支付家务经济补偿二十万元。

【法院判决】

法院经审理认为，双方因家庭琐事发生矛盾，王大妈在诉讼中认为双方感情确已破裂，应当准予离婚。关于家务经济补偿问题，李大爷与王大妈婚后育有二子，王大妈自婚后没有工作，且一直照料两个儿子，可认定其在抚育子女方面承担了较多的义务，有权要求李大爷予以补偿。关于补偿金额，综合考虑双方的婚姻关系存续时间、王大妈的劳动时间、李大爷的负担能力等，法院支持王大妈对于家务经济补偿的诉讼请求，判决李大爷给付王大妈家务经济补偿二十万元。

【律师说法】

本案肯定了家务劳动价值，确定离婚时为家庭付出较多的一方可获得经济补偿。夫妻关系存续期间，一方因照顾老年人、抚育子女等需要，而将更多时间与精力投入到无偿的家务劳动中，为家庭生活提供服务和便利的同时，也影响甚至放弃了自身的职业发展。为家庭整体考虑而失去了自我发展机会，理应获得相应的经济补偿。

【相关法律】

《中华人民共和国民法典》

第一千零八十八条　夫妻一方因抚育子女、照料老年人、协助另一方工作等负担较多义务的，离婚时有权向另一方请求补偿，另一方应当给予补偿。具体办法由双方协议；协议不成的，由人民法院判决。

第十九章　夫妻共同债务

案例1　没有用于夫妻共同生活，可以认定为
夫妻共同债务吗？

【案情简介】

李大爷在2022年年初与某银行签订了一份个人消费借款合同，向银行借款十万元，贷款用途为"家庭装修"。年底，李大爷身亡。银行以贷款用途为"家庭装修"为由，认为该资金是用于夫妻共同日常生活，符合夫妻共同债务的法律特征，遂将李大爷的妻子王大妈和儿子李小小诉至法院，要求王大妈承担这笔"夫妻共同债务"，李小小在继承遗产范围内承担责任。李小小对此并不认可，他出示了王大妈的残疾证，证实其有智力缺陷，无法得知该贷款的用途。另外，李大爷生前的聊天记录显示其贷款是为了赌博，而非家庭装修。因此，王大妈和李小小认为，银行起诉的这笔贷款并没有用于家庭生活，不应认定为夫妻共同债务。

【法院判决】

法院经审理认为，银行与李大爷的借款合同合法有效，银行有权依据合同约定要求李大爷归还所欠全部借款本息。王大妈系智力残障人士，实际无法得知李大爷的借款情况，也无证据证明案涉款项实际用于夫妻共同生活，结合李小小的当庭陈述及其提供的相关微信记录，对于李大爷的十万元债务，不宜认定为夫妻共同债务。遂判决因债务人李大爷死亡，其法定继承人王大妈、李小小在继承的遗产范围内对上述债务承担还款责任。

【律师说法】

婚姻关系存续期间的债务是否属于夫妻共同债务，应从夫妻有无举债

合意及夫妻是否分享债务利益两个方面判断。李大爷以个人名义在婚姻关系存续期间借款十万元用于"家庭装修",看似符合家庭日常生活需要,但结合李小小提供的聊天记录等证据,该借款实际被用于赌博等个人挥霍行为,并非用于夫妻共同生活或共同生产经营,不宜认定为夫妻共同债务。

【相关法律】

《中华人民共和国民法典》

第一千零六十四条 夫妻双方共同签名或者夫妻一方事后追认等共同意思表示所负的债务,以及夫妻一方在婚姻关系存续期间以个人名义为家庭日常生活需要所负的债务,属于夫妻共同债务。

夫妻一方在婚姻关系存续期间以个人名义超出家庭日常生活需要所负的债务,不属于夫妻共同债务;但是,债权人能够证明该债务用于夫妻共同生活、共同生产经营或者基于夫妻双方共同意思表示的除外。

案例 2 为恶意逃避债务,通过离婚协议 分割财产有效吗?

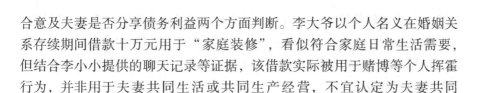

【案情简介】

2020 年左右,王大爷因生意资金周转向好兄弟张大爷借款。后来王大爷生意失败,陷入低谷期。张大爷刚开始碍于兄弟情面,不好意思催要借款,但是王大爷完全不提这件事了。2022 年年初,张大爷看到王大爷开着豪车去旅游,才知道原来王大爷早就翻身了,但就是不还自己的借款。张大爷了解到实情后十分生气,于是催王大爷还款。果不其然,王大爷拒不还款。于是张大爷向法院起诉,要求王大爷归还借款及相应的利息。王大爷知道后,于次日到民政局和妻子协议离婚,约定双方所有的房屋、车辆等财产均归妻子所有。张大爷很疑惑,自己还能追回自己的借款吗?

【法院判决】

法院经审理认为,王大爷夫妻恶意串通,试图通过协议离婚转移财产的方式造成无履行债务能力的假象以逃避承担保证责任的行为，不仅侵害了债权人的利益，也违背了诚实信用原则。据此，法院认定王大爷与妻子协议离婚时对于财产分割的约定无效。张大爷与王大爷借贷纠纷一案，法院判决王大爷应当承担相应的清偿债务责任。

【律师说法】

根据我国的法律，民事主体行使权利、履行义务均应遵循诚实信用原则，对自身权利的自由处分，应以不损害国家、集体和第三人利益为前提。夫妻双方通过离婚恶意串通，约定将共同财产归一方所有，造成夫妻另一方无履行债务能力的假象，以逃避债务，损害了债权人的合法权益。对债务人以离婚财产分割为名恶意逃避债务的行为，债权人一旦知晓，可申请人民法院确认该行为无效。

【相关法律】

《中华人民共和国民法典》

第一百五十四条　行为人与相对人恶意串通，损害他人合法权益的民事法律行为无效。

第一千零六十四条　夫妻双方共同签名或者夫妻一方事后追认等共同意思表示所负的债务，以及夫妻一方在婚姻关系存续期间以个人名义为家庭日常生活需要所负的债务，属于夫妻共同债务。

夫妻一方在婚姻关系存续期间以个人名义超出家庭日常生活需要所负的债务，不属于夫妻共同债务；但是，债权人能够证明该债务用于夫妻共同生活、共同生产经营或者基于夫妻双方共同意思表示的除外。

案例3　夫妻一方出轨，与第三方签订的赠与合同有效吗？

【案情简介】

朱大妈和陆大爷在2000年结婚，在结婚二十周年之际，朱大妈发现丈夫陆大爷与李大妈有婚外情。由于工作原因，陆大爷经常需要与客户应

酬。在一次酒会上，陆大爷与李大妈结识，两人迅速发展为情人关系并同居。随后不久，李大妈与陆大爷生育一个儿子，陆大爷将在某地购买的一套价值五十万元的商品房和一辆价值三十万元的轿车赠送给李大妈。朱大妈知道这件事后十分愤怒，向法院起诉，要求李大妈返还购房款和购车款共计八十万元。

【法院判决】

法院经审理认为，朱大妈与陆大爷未对夫妻共同财产做出特别约定，因此二人在婚姻关系存续期间取得的财产属于夫妻共同所有，夫妻二人有平等的处理权。陆大爷赠与李大妈的房屋和汽车属于夫妻共同财产，陆大爷擅自将夫妻共同财产赠与李大妈，侵犯了夫妻共同财产权，其行为应属无效。遂判决李大妈向朱大妈返还八十万元。

【律师说法】

夫妻之间应当互相忠实，互相尊重，婚外同居违反了我国法律一夫一妻的基本制度，有损社会公序良俗，为法律所禁止。共同共有最典型的形式是夫妻共有，共同共有人对共有的不动产或者动产应不分份额地共同享有所有权，夫妻对共有财产享有平等的处理权，配偶一方的共同财产权应得到法律的保护。如果赠与人的赠与行为损害了配偶一方的财产权益，配偶一方以赠与行为侵犯其夫妻共同财产权为由起诉主张返还的，应当予以支持。作为他人婚姻的"第三者"，既要受到社会道德的谴责，亦无法得到法律的保护。

【相关法律】

《中华人民共和国民法典》

第一千零四十三条　家庭应当树立优良家风，弘扬家庭美德，重视家庭文明建设。

夫妻应当互相忠实，互相尊重，互相关爱；家庭成员应当敬老爱幼，互相帮助，维护平等、和睦、文明的婚姻家庭关系。

第一千零六十二条　夫妻在婚姻关系存续期间所得的下列财产，为夫妻的共同财产，归夫妻共同所有：

（一）工资、奖金、劳务报酬。

（二）生产、经营、投资的收益。

（三）知识产权的收益。

（四）继承或者受赠的财产，但是本法第一千零六十三条第三项规定的除外。

（五）其他应当归共同所有的财产。

夫妻对共同财产，有平等的处理权。

第二十章　夫妻之间的扶养义务

案例1　夫妻一方生活很困难，另一方应支付生活费吗?

【案情简介】

关大妈早年丧偶，育有一个儿子，已经成年，但经济条件不好。朱大爷也已丧偶，育有三个儿子，都已成年，有固定的收入。后来经人介绍，关大妈和朱大爷相识，并到民政局办理了结婚登记，关大妈也搬到朱大爷家里共同生活。婚后两人共同买了一套房子，登记在两个人名下。刚开始两人相互陪伴，朱大爷负责一切生活开支，关大妈负责照顾朱大爷的生活。后来，随着两人年龄不断增长，关大妈无力继续照顾朱大爷。两个人身体也变得不好，生活中渐渐多了很多矛盾。有一次两人发生争吵，关大妈一气之下离家独自租房居住。关大妈由于身患重大疾病，也无经济来源，要求变卖房产支付医疗费。朱大爷拒绝变卖房产，也不支付医疗费和生活费。于是关大妈向法院起诉，要求分割共同财产，并要求朱大爷每月支付一定的生活费。

【法院判决】

法院经审理认为，被告朱大爷和原告关大妈系夫妻，且原告现在身患重大疾病，无收入来源，而被告不同意支付相关医疗费用，也不同意支付扶养费用。经过法院工作人员对被告进行普法教育，被告意识到自己未尽到夫妻之间的扶养义务，同意支付医疗费，并每月给予原告一定的生活费，最后该案遂调解处理。

【律师说法】

生活中除了存在子女赡养父母的问题，也存在夫妻之间的扶养问题。

夫妻之间相互扶养，既是权利也是义务，这也适用于老年人之间的婚姻。作为一起生活的伴侣，夫妻在生活上应当相互照料、相互供养，尤其在一方年老、患病、丧失劳动能力或没有固定经济收入的情况下，有扶养能力的配偶，更应主动扶助对方。当一方患有重大疾病，另一方拒绝支付医疗费时，患病一方可以申请分割共同财产。

【相关法律】

《中华人民共和国民法典》

第一千零五十九条　夫妻有相互扶养的义务。

需要扶养的一方，在另一方不履行扶养义务时，有要求其给付扶养费的权利。

第一千零六十六条　婚姻关系存续期间，有下列情形之一的，夫妻一方可以向人民法院请求分割共同财产：

（一）一方有隐藏、转移、变卖、毁损、挥霍夫妻共同财产或者伪造夫妻共同债务等严重损害夫妻共同财产利益的行为。

（二）一方负有法定扶养义务的人患重大疾病需要医治，另一方不同意支付相关医疗费用。

案例2　夫妻一方患重大疾病，另一方应支付医疗费吗？

【案情简介】

孟大妈与何大爷于2010年登记结婚，婚后不久即分居生活。孟大妈因患有精神疾病多次住院治疗，后又因癌症入院治疗。对此，何大爷不管不问，也拒绝支付医疗费。2022年年初，孟大妈诉至法院，要求何大爷支付已发生的医疗费，并按月支付扶养费。

【法院判决】

法院经审理认为，夫妻有互相扶养的义务。一方不履行扶养义务时，需要扶养的一方，有要求对方给付扶养费的权利。孟大妈因患重疾致贫，且无法工作，也没有生活来源，符合法律规定的被扶养人范围和条件。何大爷作为孟大妈的丈夫，在具备扶养能力的情况下应当承担扶养义务。遂判决何大爷负担孟大妈的医疗费，并每月给付孟大妈一定的扶养费。

【律师说法】

近年来，因夫妻一方患病导致夫妻感情淡化、因意外事故导致婚姻难以维系，一方不尽扶养义务的纠纷层出不穷。婚内扶养义务不仅仅是一个道德问题，更是夫妻之间的法定义务，一方不履行扶养义务时，需要扶养的一方有要求对方给付扶养费的权利。

【相关法律】

《中华人民共和国民法典》

第一千零五十九条 夫妻有相互扶养的义务。

需要扶养的一方，在另一方不履行扶养义务时，有要求其给付扶养费的权利。

第一千零六十六条 婚姻关系存续期间，有下列情形之一的，夫妻一方可以向人民法院请求分割共同财产：

（一）一方有隐藏、转移、变卖、毁损、挥霍夫妻共同财产或者伪造夫妻共同债务等严重损害夫妻共同财产利益的行为。

（二）一方负有法定扶养义务的人患重大疾病需要医治，另一方不同意支付相关医疗费用。

第七编

人身伤害

第二十一章　家庭暴力

案例1　老年人遭遇家庭暴力，该如何保护自己？

【案情简介】

2022年，李大妈刚过六十岁，王大爷六十五岁，两人结婚四十年了，育有两名子女，都已经成年。王大爷的脾气特别差，结婚这么多年，经常因为一些小事打骂李大妈。如今两个人都这么大年纪了，王大爷还是改不了这个脾气，继续实施家庭暴力。2022年的一天，王大爷再一次动手，导致李大妈手指骨折。李大妈终于不忍了，向法院起诉离婚。

【法院判决】

法院受理该案件后，考虑到双方均已年老，需相互扶持、照顾，多次对被告王大爷进行劝导，希望双方能够和好。被告王大爷虽有悔改之意，但原告态度坚决，坚持离婚，后经办案人与两人子女了解情况，因被告长期存在家庭暴力行为，故法院判决两人离婚。

【律师说法】

对于家庭中的弱势群体，尤其是老年人来说，有可能被子女或者伴侣实施家庭暴力。对此，我国法律坚决予以制止。如果老年人在生活中遇到家庭暴力，不应该忍受，而应拿起法律的武器，保护自身的生命健康安全。

【相关法律】

《中华人民共和国民法典》

第一千零四十二条　禁止包办、买卖婚姻和其他干涉婚姻自由的行为。禁止借婚姻索取财物。

禁止重婚。禁止有配偶者与他人同居。

禁止家庭暴力。禁止家庭成员间的虐待和遗弃。

第一千零七十九条　夫妻一方要求离婚的，可以由有关组织进行调解或者直接向人民法院提起离婚诉讼。

人民法院审理离婚案件，应当进行调解；如果感情确已破裂，调解无效的，应当准予离婚。

有下列情形之一，调解无效的，应当准予离婚：

（一）重婚或者与他人同居。

（二）实施家庭暴力或者虐待、遗弃家庭成员。

（三）有赌博、吸毒等恶习屡教不改。

（四）因感情不和分居满二年。

（五）其他导致夫妻感情破裂的情形。

一方被宣告失踪，另一方提起离婚诉讼的，应当准予离婚。

经人民法院判决不准离婚后，双方又分居满一年，一方再次提起离婚诉讼的，应当准予离婚。

第一千零九十一条　有下列情形之一，导致离婚的，无过错方有权请求损害赔偿：

（一）重婚。

（二）与他人同居。

（三）实施家庭暴力。

（四）虐待、遗弃家庭成员。

（五）有其他重大过错。

案例2　子女遭遇家庭暴力，该如何保护自己？

【案情简介】

张明与妻子婚后育有一个女儿叫张小明，后来两人因感情不和离婚，女儿张小明随父亲张明生活。张明平时喜欢喝酒，也喜欢赌博，每次赌博输了就喝得大醉，然后殴打女儿张小明。张小明为了躲避家庭暴力，在外

126

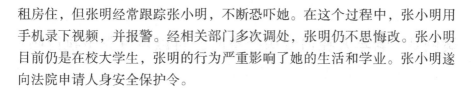

租房住，但张明经常跟踪张小明，不断恐吓她。在这个过程中，张小明用手机录下视频，并报警。经相关部门多次调处，张明仍不思悔改。张小明目前仍是在校大学生，张明的行为严重影响了她的生活和学业。张小明遂向法院申请人身安全保护令。

【法院判决】

法院经过审理作出裁定：（1）禁止张明对张小明实施家庭暴力；（2）禁止张明骚扰、跟踪、接触、威胁、殴打张小明。裁定作出之后，张明未实施违反裁定的行为。

【律师说法】

由于家庭暴力发生在家庭成员之间，具有非常强的隐蔽性，难以为外人知悉。人们基于"家丑不可外扬"的观念，缺乏自我保护意识，导致取证不及时。在本案中，张小明为家庭暴力受害人如何保留证据做了很好的示范，她在遭受家庭暴力后及时报警并向相关职能机构求助，保存了相应的证据。在向法院申请人身安全保护令时张小明第一时间提供了完整有效的家庭暴力证据，使得法院能够及时发出人身安全保护令，有效地维护了自己的合法权益。

【相关法律】

《中华人民共和国反家庭暴力法》

第二十三条　当事人因遭受家庭暴力或者面临家庭暴力的现实危险，向人民法院申请人身安全保护令的，人民法院应当受理。

当事人是无民事行为能力人、限制民事行为能力人，或者因受到强制、威吓等原因无法申请人身安全保护令的，其近亲属、公安机关、妇女联合会、居民委员会、村民委员会、救助管理机构可以代为申请。

第二十九条　人身安全保护令可以包括下列措施：

（一）禁止被申请人实施家庭暴力。

（二）禁止被申请人骚扰、跟踪、接触申请人及其相关近亲属。

（三）责令被申请人迁出申请人住所。

（四）保护申请人人身安全的其他措施。

案例3 老年人在追索医疗费时，可以申请先予执行吗？

【案情简介】

2022年的一天，张大爷在务工过程中受伤，以提供劳务者受害责任纠纷将工地负责人王某和某公司告上法庭，要求其赔偿医疗费及其他损失，并向法院申请先予执行医疗费三十万元。张大爷正处于康复治疗的关键时期，且家庭生活极为困难，无其他经济来源。法院迅速作出先予执行民事裁定，判定王某、某公司于裁定送达之日起五日内支付申请人张大爷医疗费三十万元。履行期限届满后，王某、某公司并未履行给付义务，于是张大爷向法院申请强制执行。

【法院判决】

王某、某公司应当积极履行生效法律文书确定的给付义务。在执行程序中，法院第一时间通过系统依法冻结被执行人的银行账户。经多次沟通释法，并告知申请人亟须治疗的现状，王某承诺配合法院执行，并于立案后三日将款项交至法院。目前，该案已全部执行完毕。

【律师说法】

先予执行制度是保护老年人合法权益的有力法律措施之一。根据法律规定，先予执行适用于追索赡养费、抚养费、抚恤金、医疗费用等案件。老年人在遇到相关情况时，可根据自身情况及时向人民法院申请先予执行，以维护自身的合法权益。

【相关法律】

《中华人民共和国民事诉讼法》

第一百零九条 人民法院对下列案件，根据当事人的申请，可以裁定先予执行：

（一）追索赡养费、扶养费、抚养费、抚恤金、医疗费用的。

（二）追索劳动报酬的。

（三）因情况紧急需要先予执行的。

第二十二章　交通事故

案例1　致无偿搭乘人损害，驾驶员要负赔偿责任吗？

【案情简介】

2022年年初，司机甲驾驶非营运的小型汽车在某路口与司机乙驾驶的小型汽车发生碰撞，致两辆车损坏，导致无偿搭乘司机甲驾驶的车辆的陈大爷受伤。经公安局交警部门认定，司机甲和司机乙负事故的同等责任，陈大爷无责任。事故发生后，陈大爷住院治疗，后经鉴定构成九级伤残。司机甲驾驶的小型汽车在某保险公司投保了交强险和商业三者险（一百万元以内），事故发生在保险期限内。陈大爷起诉请求判令司机甲、司机乙和某保险公司赔偿医疗费等各项费用共三十万元。

【法院判决】

法院经审理认为，本案是机动车之间发生的交通事故纠纷，司机甲和司机乙负事故的同等责任，陈大爷无责任，司机甲和司机乙应向陈大爷承担相应的赔偿责任。司机甲驾驶非营运机动车允许陈大爷无偿搭乘同行，发生交通事故并造成陈大爷受伤，司机甲在事故中虽有责任，但与陈大爷系好意搭乘关系，依法应当减轻其赔偿责任。最后经过计算，由保险公司在保险额度内支付相关费用。

【律师说法】

好意同乘是指行为人出于助人的善意允许他人免费搭乘自己车辆的行为。如果在好意同乘过程中车辆发生交通事故造成搭乘人损害，让驾驶人承担全部责任有失公平，也不利于鼓励人民群众善意助人。本案通过溯及适用《中华人民共和国民法典》的规定，既保护了无偿搭乘人的合法权益，也弘扬了我国助人为乐的传统美德，维护了民事主体之间的信赖关系，有利于倡导友善、文明、和谐的社会主义核心价值观。

【相关法律】

《中华人民共和国民法典》

第一千二百一十七条　非营运机动车发生交通事故造成无偿搭乘人损害，属于该机动车一方责任的，应当减轻其赔偿责任，但是机动车使用人有故意或者重大过失的除外。

案例2　老年人超过退休年龄，还可以主张误工费吗？

【案情简介】

2022 年年初，李大爷乘坐一辆轿车回家，路上该轿车被一辆货车追尾，导致李大爷受伤。经交警部门认定，货车司机承担该次事故的主要责任，轿车司机承担该次事故的次要责任，乘客李大爷不承担事故责任。货车司机在甲保险公司投保了交强险及商业三者险（一百万元以内），轿车司机在乙保险公司投保了乘客乘坐险（每座一万元），该次事故发生在以上保险责任期限内。受害人李大爷属于已超过法定退休年龄的农村居民，在该次交通事故发生前依靠自己的劳动维持生活，于是向法院起诉要求司机及保险公司赔偿医疗费、交通费、护理费、后续治疗费、误工费等共计二十万余元。

【法院判决】

法院经审理认为，李大爷虽已超过法定退休年龄，但有证据证明该次交通事故发生前仍依靠自己的劳动维持生活，该次交通事故的发生导致其收入减少，李大爷主张的误工费应予支持。遂判决甲保险公司承担交通事故赔偿款十五万元，乙保险公司承担交通事故赔偿款一万元，两名司机按照实际情况承担相应赔偿。

【律师说法】

现实生活中，六十岁以上的老年人接受返聘工作或从事雇工、农业生

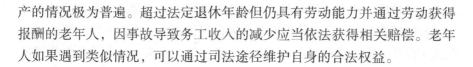

产的情况极为普遍。超过法定退休年龄但仍具有劳动能力并通过劳动获得报酬的老年人，因事故导致务工收入的减少应当依法获得相关赔偿。老年人如果遇到类似情况，可以通过司法途径维护自身的合法权益。

【相关法律】

《中华人民共和国老年人权益保障法》

第七十条　老年人参加劳动的合法收入受法律保护。

任何单位和个人不得安排老年人从事危害其身心健康的劳动或者危险作业。

案例3　老年人凭证免费乘坐公交车受伤，公交公司可以免责吗？

【案情简介】

李大爷在2022年退休，平时喜欢坐公交车到处游玩。年初的时候，李大爷持老年证免费乘坐甲公交公司的公交车时，遭遇该车与另外一辆小轿车碰撞的交通事故，李大爷因此事故受伤。出院后，李大爷要求甲公交公司承担损失，但公交公司拒绝承担，称李大爷未购票，且在交通事故中公交车司机不承担责任。李大爷遂起诉至法院，要求甲公交公司赔偿医疗费、护理费、交通费等。

【法院判决】

法院经审理认为，李大爷乘坐甲公交公司所有的公交车，双方即形成客运合同关系，公交公司有义务将李大爷安全送至目的地。现李大爷在甲公交公司的公交车上受伤，甲公交公司应当承担损害赔偿责任。李大爷属于按照规定可以免票乘坐公交车的旅客，未购票不能构成抗辩事由。因此，法院判决甲公交公司赔偿李大爷因此事故产生的相关费用。

【律师说法】

日常生活中，老年人在乘坐公共交通工具时受伤的情况时有发生，受伤者除了依据《中华人民共和国侵权责任法》的规定要求交通事故的责任方承担赔偿责任外，还可依据客运合同向提供旅客运输服务的公交公司主张损害赔偿。李大爷乘车途中因交通事故受伤，作为承运人的公交公司虽非交通事故责任方，但依据其与李大爷之间的客运合同关系，其仍负有对李大爷的经济损失先行赔付的义务。

【相关法律】

《中华人民共和国民法典》

第八百二十三条　承运人应当对运输过程中旅客的伤亡承担赔偿责任；但是，伤亡是旅客自身健康原因造成的或者承运人证明伤亡是旅客故意、重大过失造成的除外。

前款规定适用于按照规定免票、持优待票或者经承运人许可搭乘的无票旅客。

第八编

合同维权

第八章

合同飞对

第二十三章　旅游合同

案例1　否认签订合同的为其员工，就可以不退费吗？

【案情简介】

2022 年年底，于大爷打算出境旅游，于是到某旅行社咨询相应事宜。店内有几位老大爷也在咨询此事，听到于大爷与旅行社的张经理沟通十分娴熟，纷纷请其帮忙处理旅游合同事宜。于大爷欣然同意，作为代表与张经理签订合同并通过微信转账至其账户。随后，张经理将带有合同专用章的电子版合同发送给每一个人，于大爷作为代表签字予以确认。合同对签约双方、旅游产品名称、旅游日期、旅游费用等进行约定，并附有游客身份信息和旅游行程单。后来因为疫情原因，老人们皆未出行。于大爷与旅行社沟通退款事宜，但旅行社称张经理并非其员工，无权代理及收取旅游费用。于是，老人们纷纷将旅行社诉至法院，要求旅行社退还费用。

【法院判决】

法院经审理认为，原告于大爷代表众人向法院起诉，受理法院认为，本案中，于大爷所代表的二十位老年人向张经理支付旅游费用及多次修改合同后，均及时收到电子合同，合同均有旅行社的签章，张经理承诺减免的旅游费用也与合同一致，于大爷等人有理由相信张经理系旅行社员工，其签订旅游合同及交付旅游款项系善意且无过失。张经理的行为具有已被授予代理权的外观，致使于大爷等人相信其有权代理而支付旅游费用，应发生与有权代理同样的法律效力，故判决旅行社向于大爷等人返还上述费用。

【律师说法】

随着社会的发展，老龄团体追求愉悦生活的愿望更加强烈，退休后，老年人闲暇时间较多，约上好友外出旅游成为常态，而在旅游中遭受损失投诉无门时只能走法律途径，维权困难成为此类案件的特点。此类案件的及时、妥善处理，有利于切实保护老年人的权益。本案的处理能有效引导旅游机构依法订立合同，规范签约行为，自觉遵守市场交易秩序。同时提醒老年人在签订旅游合同时，要注意审查相对人是否有相应的代理权和签约资质，并及时通过诉讼途径维护自身权益。

【相关法律】

《中华人民共和国民法典》

第一百七十二条　行为人没有代理权、超越代理权或者代理权终止后，仍然实施代理行为，相对人有理由相信行为人有代理权的，代理行为有效。

案例 2　旅游过程中，谁负有安全保障义务？

【案情简介】

2022 年，王大爷六十岁，与某旅行社签订了团队境内旅游合同。在旅游过程中，旅行团到达一处某旅游公司经营的景点，因游客过多，路面狭窄不平，导致王大爷被挤摔倒受伤。王大爷的伤情经鉴定被评定为十级伤残，护理费、营养费和治疗费预计三万元。王大爷诉至法院，请求判决某旅行社和某旅游公司赔偿其人身损害损失。

【法院判决】

法院经审理认为，某旅游公司作为涉案景区的经营者，某旅行社作为旅游经营者，依法对包括王大爷在内的游客特别是老年旅行团游客负有人身财产安全保障义务。一是该景点存在明显的通行安全隐患。二是某旅行社未对旅游风险、必要的安全注意事项和应对措施尽到告知义务。据此，

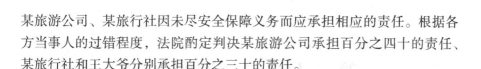

某旅游公司、某旅行社因未尽安全保障义务而应承担相应的责任。根据各方当事人的过错程度，法院酌定判决某旅游公司承担百分之四十的责任、某旅行社和王大爷分别承担百分之三十的责任。

【律师说法】

随着社会的发展，老年人闲暇时间外出旅游成为常态，而在旅游中遭受损失投诉无门时只能走法律途径，维权困难成为此类案件的特点。老年人在外出旅游时要选择品牌较好、管理规范的旅行社，依法订立合同，规范签约行为，遇到纠纷时及时通过诉讼途径维护自身权益。

【相关法律】

《中华人民共和国民法典》

第一千一百九十八条　宾馆、商场、银行、车站、机场、体育场馆、娱乐场所等经营场所、公共场所的经营者、管理者或者群众性活动的组织者，未尽到安全保障义务，造成他人损害的，应当承担侵权责任。

因第三人的行为造成他人损害的，由第三人承担侵权责任；经营者、管理者或者组织者未尽到安全保障义务的，承担相应的补充责任。经营者、管理者或者组织者承担补充责任后，可以向第三人追偿。

第二十四章　保险合同

案例1　格式合同发生争议该怎么处理?

【案情简介】

2022年年初,李大妈与甲保险公司签订保险合同,投保人、被保险人均为李大妈。合同约定重大疾病保险理赔范围包括良性脑肿瘤,并将心脑血管等疾病排除在保障范围内。2023年年初,李大妈因头痛被送往医院住院治疗,被诊断为左侧前交通动脉瘤和高血压,花费医疗费用二十万元。李大妈出院后,向甲保险公司申请理赔遭到拒绝,遂诉至法院,请求甲保险公司赔付住院医疗费二十万元。

【法院判决】

法院经审理认为,保险条款对良性脑肿瘤的定义和保障范围进行了表述。关于左侧前交通动脉瘤是否属于良性脑肿瘤的范畴,双方当事人的理解产生了分歧。良性脑肿瘤系医学专业名词,李大妈作为非专业人士,一般只会根据常理来判断,案涉保险合同中亦未将前交通动脉瘤排除在良性脑肿瘤之外。甲保险公司辩解称左侧前交通动脉瘤不属于重大疾病中的良性脑肿瘤,依据不足。据此,法院判决甲保险公司支付李大妈相应的重大疾病保险金。

【律师说法】

老年人由于法律知识不足,在签订保险合同的时候容易被误导。老年人平时应多了解自己的身体状况,在签订保险合同时应对不明白的条款进行询问,确保能理解合同的准确含义。

【相关法律】

一、《中华人民共和国民法典》

第四百九十六条　格式条款是当事人为了重复使用而预先拟定，并在订立合同时未与对方协商的条款。

采用格式条款订立合同的，提供格式条款的一方应当遵循公平原则确定当事人之间的权利和义务，并采取合理的方式提示对方注意免除或者减轻其责任等与对方有重大利害关系的条款，按照对方的要求，对该条款予以说明。提供格式条款的一方未履行提示或者说明义务，致使对方没有注意或者理解与其有重大利害关系的条款的，对方可以主张该条款不成为合同的内容。

第四百九十八条　对格式条款的理解发生争议的，应当按照通常理解予以解释。对格式条款有两种以上解释的，应当作出不利于提供格式条款一方的解释。格式条款和非格式条款不一致的，应当采用非格式条款。

二、《中华人民共和国保险法》

第三十条　采用保险人提供的格式条款订立的保险合同，保险人与投保人、被保险人或者受益人对合同条款有争议的，应当按照通常理解予以解释。对合同条款有两种以上解释的，人民法院或者仲裁机构应当作出有利于被保险人和受益人的解释。

案例2　如何理解保险合同的告知义务?

【案情简介】

2021年，王大爷与乙保险公司签订了《老年防癌险保险单》，约定在本合同保险期间，如果被保险人在等待期后在医院经具有相应资质的医生初次确诊罹患本合同约定的癌症，且因该癌症在医院接受相关治疗的，对被保险人因此所发生的相关必需且合理的医疗费用，在扣除约定的免赔额后，保险人依照合同约定的赔偿比例，在保险单载明的保险金额内赔偿被保险人癌症医疗保险金。

2022年年初，王大爷到某三甲医院治疗，被诊断为气管肿瘤。出院后，王大爷向乙保险公司提出索赔，但乙保险公司以王大爷在投保时未告知有慢性支气管炎而拒绝赔付。王大爷将乙保险公司诉至法院，请求乙保险公司继续履行保险合同，并支付相应的医疗费用。

【法院判决】

法院经审理认为，《老年防癌险保险单》载明的健康告知中并无询问被保险人是否患有慢性支气管炎的选项。因此，投保人王大爷与保险人乙保险公司签订保险合同系双方自愿协商，属双方真实意思表示，未违反法律法规的强制性规定，应属合法有效。王大爷被诊断为气管肿瘤，依据双方签订的合同约定，遂判决乙保险公司继续履行合同，并向王大爷支付相应的医疗费用。

【律师说法】

现在罹患癌症的人越来越多，商业保险公司也推出了不同种类的老年人防癌险产品。因防癌险降低了健康告知的门槛，高血压、糖尿病等某些基础病患者无须体检也可投保，在一定程度上缓解了老年人治癌贵的问题，对社会和谐稳定以及经济持续健康发展意义重大。但正是因为老年人防癌险投保门槛低，也为后续的保险合同纠纷埋下不少隐患。《中华人民共和国保险法》第十六条规定了保险人的合同解除权，但同时又限制了解除权的行使，在制度上平衡了保险人与投保人的利益。

【相关法律】

《中华人民共和国保险法》

第十六条　订立保险合同，保险人就保险标的或者被保险人的有关情况提出询问的，投保人应当如实告知。

投保人故意或者因重大过失未履行前款规定的如实告知义务，足以影响保险人决定是否同意承保或者提高保险费率的，保险人有权解除合同。

前款规定的合同解除权，自保险人知道有解除事由之日起，超过三十日不行使而消灭。自合同成立之日起超过二年的，保险人不得解除合同；发生保险事故的，保险人应当承担赔偿或者给付保险金的责任。

投保人故意不履行如实告知义务的，保险人对于合同解除前发生的保险事故，不承担赔偿或者给付保险金的责任，并不退还保险费。

　　投保人因重大过失未履行如实告知义务，对保险事故的发生有严重影响的，保险人对于合同解除前发生的保险事故，不承担赔偿或者给付保险金的责任，但应当退还保险费。

　　保险人在合同订立时已经知道投保人未如实告知的情况的，保险人不得解除合同；发生保险事故的，保险人应当承担赔偿或者给付保险金的责任。

　　保险事故是指保险合同约定的保险责任范围内的事故。

第二十五章　房屋合同

案例 1　以明显不合理低价买卖房屋，合同有效吗？

【案情简介】

2022 年，王大爷七十岁，将他的大哥诉至法院，要求其协助房屋过户。事情源于十年前的一个房屋买卖协议。当时王大爷的大哥将一所房子卖给王大爷，价款二万元，由司法所和居民委员会盖章见证，邻居三人签名证实。王大爷将钱给了大哥，大哥出具了收据，也把房屋所有权证、国有土地使用证交给了王大爷，但是没有办理房屋产权变更登记手续。王大爷的大哥认可房屋买卖事实，但认为当时因女儿动手术要用钱，低价出售基于胁迫，认为协议可撤销。

【法院判决】

法院经审理认为，案涉房屋买卖协议经司法所、多位邻居见证以及所在社区确认，系双方真实意思表示，合同已实际履行，房价也不属于明显不合理的低价，遂判决王大爷的大哥协助王大爷办理案涉房屋的不动产过户登记手续。

【律师说法】

判断是否属于明显不合理低价买卖房屋，不应以今时房价作为参考，而应结合当时的房屋出售市场价格及房屋状态综合考量，以切实保障老年人的物权。

【相关法律】

《中华人民共和国民法典》

第一百四十三条 具备下列条件的民事法律行为有效：

（一）行为人具有相应的民事行为能力。

（二）意思表示真实。

（三）不违反法律、行政法规的强制性规定，不违背公序良俗。

案例2 老年人在租住老年公寓时应注意哪些问题？

【案情简介】

2022年，黄大爷七十岁，为使自己老有所居，与某公司签订了一份公寓租赁合同，向该公司承租某公寓，租期十年。黄大爷入住公寓后，每逢下雨天都很吵，导致其无法入睡，其向该公司反映了两年，但该问题仍未得到解决。于是黄大爷将该公司诉至法院，要求解除合同，并退还剩余租金和押金。

【法院判决】

经审理法院主持调解，当事人双方自愿达成调解协议，某公司同意解除合同并向黄大爷退还押金及剩余租期租金。

【律师说法】

近年来，养老公寓成为新兴的养老方式，越来越多的老年人选择长期租赁养老公寓生活。老年人在签订协议过程中，应注意自己的权利及对方的义务，以及解除协议的条件，确保自己的合法权益得到有效保护。

【相关法律】

《中华人民共和国民事诉讼法》

第一百条 调解达成协议，人民法院应当制作调解书。调解书应当写明诉讼请求、案件的事实和调解结果。

调解书由审判人员、书记员署名,加盖人民法院印章,送达双方当事人。

调解书经双方当事人签收后,即具有法律效力。

第九编

防骗系列

第二十六章　养老诈骗

案例1　以提供"养老服务"为名集资诈骗

【案情简介】

2022年，被告人王甲、王乙、王丙共谋以开展"养老服务"之名实施非法集资，先后成立多家养老服务有限公司。三人明知所谓的"养老基地"不可能建成使用，仍以提供"养老服务"的名义进行融资。他们三人采取打电话、发传单、开推介会的方式，加上小礼品的诱惑，吸引大量老年人前来参观考察。在推介会上，三人承诺只要缴纳养老费，便可享受每月百分之三的高额收益，而且还可以享有"养老基地"优先居住权。一年的时间，三人通过与老年人签订所谓的预存款协议，收取近百名老年人共计上千万元的资金。除支付必要的开支外，剩余的资金三人分赃。

【法院判决】

法院经审理认为，被告人王甲、王乙、王丙以非法占有为目的，以诈骗方法非法集资，数额特别巨大，其行为已构成集资诈骗罪。法院根据三名被告在共同犯罪中起的作用和其他量刑情节，判处相应的刑期；责令三名被告退赔集资参与人的经济损失。

【律师说法】

本案中，三名被告以提供"养老服务"为名侵害老年人的合法权益，主要利用老年人寻求养老保障的心理，承诺高息回报、享受"养老基地"优先居住权等，诱骗老年人大额预存消费投资，实施非法集资。广大老年人应选择具有正规资质的养老服务机构，发现犯罪分子以提供"养老服务"为名进行非法集资的，要不听、不信、不参与，并及时向有关部门提供线索。

【相关法律】

《中华人民共和国刑法》

第一百九十二条 【集资诈骗罪】以非法占有为目的，使用诈骗方法非法集资，数额较大的，处三年以上七年以下有期徒刑，并处罚金；数额巨大或者有其他严重情节的，处七年以上有期徒刑或者无期徒刑，并处罚金或者没收财产。

单位犯前款罪的，对单位判处罚金，并对其直接负责的主管人员和其他直接责任人员，依照前款的规定处罚。

案例 2 以代办"养老保险"为名骗取钱财

【案情简介】

张甲原来是某社保部门的临时工作人员，比较了解社保部门内部的工作流程。张乙知道张甲曾在社保部门工作，找其帮忙补交职工养老保险。张甲明知自己没有能力帮助他人办理，仍谎称可通过挂靠企业的方式办理。张甲把这种方式告诉了张乙，后与张乙合作，先后骗取包括多名老年人的逾百万元资金。两人所骗钱款除极少数为被害人缴纳灵活就业保险以获取被害人信任外，其余均用于个人挥霍。

【法院判决】

法院经审理认为，被告人张甲和张乙以非法占有为目的，采用虚构事实、隐瞒真相的方式骗取他人财物，数额特别巨大，其行为已构成诈骗罪，应予惩处。法院根据量刑情节，依法判处两名被告以对应的刑期；责令两人退赔各被害人的经济损失。

【律师说法】

本案中，两名被告以代办"养老保险"为名侵害老年人的合法权益，主要表现为谎称认识社保局等部门工作人员或者冒充银行、保险机构工作

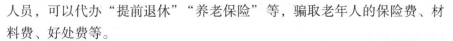

人员，可以代办"提前退休""养老保险"等，骗取老年人的保险费、材料费、好处费等。

因此，老年人在办理养老、医疗保险时，应通过相关部门、网站、社区、村委会等了解国家和当地政策规定，到相关部门按照程序依规办理，不要轻易相信他人能代办养老、医疗保险而把费用交给他人；明知不符合办理条件的不要企图通过"找关系""走后门"等方式违规办理，不要轻信通过熟人可以省钱进行办理等谎言，避免让犯罪分子有机可乘，让自己遭受巨大经济损失。

【相关法律】

《中华人民共和国刑法》

第二百六十六条　【诈骗罪】诈骗公私财物，数额较大的，处三年以下有期徒刑、拘役或者管制，并处或者单处罚金；数额巨大或者有其他严重情节的，处三年以上十年以下有期徒刑，并处罚金；数额特别巨大或者有其他特别严重情节的，处十年以上有期徒刑或者无期徒刑，并处罚金或者没收财产。本法另有规定的，依照规定。

案例3　以代办"社会保险"为名骗取钱财

【案情简介】

2022 年年初，王甲得知王乙欲购买养老保险，便谎称可以帮助其购买养老保险，并可分期支付保险费用，到期可领取养老金。从年初到现在近一年的时间，王乙共向王甲转账两万元。王甲收到钱款后将钱用于个人生活花销，不久便被抓获归案。案发后，王甲积极返还被害人王乙全部钱款，并取得其谅解。

【法院判决】

法院经审理认为，被告人王甲以非法占有为目的，虚构事实，隐瞒真相，骗取他人财物，数额较大，其行为构成诈骗罪。被告人王甲应全部赔偿被害人的经济损失，鉴于其自愿认罪认罚，遂采纳检察院的量刑建议，判决王甲犯诈骗罪，判处相应的刑期，并处罚金人民币二万元。

【律师说法】

在本案中，被告人王甲谎称有能力以特殊条件、特殊手段、特殊关系帮助王乙办理养老保险，进而骗取被害人王乙的钱财用于自己花销，这是当前诈骗老年人钱财的一种常见套路。老年朋友切勿轻信他人能代办代缴"社会保险"项目，在办理相关业务时一定要先了解相关政策，通过正规途径办理，切勿轻信所谓的"认识内部人员""社保内部指标""代办补缴社会保险费""无材料补缴社会保险费"等谎言，避免上当受骗。

【相关法律】

《中华人民共和国刑法》

第二百六十六条 【诈骗罪】诈骗公私财物，数额较大的，处三年以下有期徒刑、拘役或者管制，并处或者单处罚金；数额巨大或者有其他严重情节的，处三年以上十年以下有期徒刑，并处罚金；数额特别巨大或者有其他特别严重情节的，处十年以上有期徒刑或者无期徒刑，并处罚金或者没收财产。本法另有规定的，依照规定。

案例4 以预定养老公寓床位为名非法集资

【案情简介】

2021年年初，钱甲对外经营养老公寓，以收取费用作为日常经营资金，但因经营不善而背负大量债务。为了能快速赚钱还债，钱甲于是组织营销团队，通过发放"投资养老"传单、开展讲座、组织聚餐等方式，宣传其名下养老公寓等项目，承诺现在预定床位，缴纳预订金能够获得年化7%～12%的利息，后期入住也可享受优惠价格，以吸引中老年人签订预定养老服务合同、缴纳预订金。短短一年时间就骗了千余人，吸收资金过亿。上述资金中，绝大部分被钱甲个人任意支配使用，仅有很小一部分用于养老公寓等的日常经营活动。

【法院判决】

法院经审理后，以集资诈骗罪判处钱甲有期徒刑十五年，并处罚金四十万元；以非法吸收公众存款罪判处他的团队成员有期徒刑八年至二年不等，并处罚金。

【律师说法】

老年人要防范以缴纳预订金享受养老服务的推销陷阱，以享受定期高额回报，或者若干年后返还全部预订金并享受免费入住、免费度假旅游等为幌子，收取预订金、投资款等养老"促销"，实际上是吸收公众资金的金融活动，没有取得国务院金融管理部门的依法许可，不能擅自开展。对于此类非法营销，老年人要抵制诱惑，谨防受骗，否则这些预先缴纳的资金因不受任何监管，可能被经营者随意支配使用，给资金安全带来重大风险隐患，容易遭受巨大损失。

【相关法律】

《中华人民共和国刑法》

第一百七十六条 【非法吸收公众存款罪】非法吸收公众存款或者变相吸收公众存款，扰乱金融秩序的，处三年以下有期徒刑或者拘役，并处或者单处罚金；数额巨大或者有其他严重情节的，处三年以上十年以下有期徒刑，并处罚金；数额特别巨大或者有其他特别严重情节的，处十年以上有期徒刑，并处罚金。

单位犯前款罪的，对单位判处罚金，并对其直接负责的主管人员和其他直接责任人员，依照前款的规定处罚。

案例 5 冒充国家工作人员办理"养老抚恤金"

【案情简介】

2021 年年底，王甲指使王乙通过互联网购买老年人个人信息万余条。获取个人信息后，王甲指使其所雇用的多人分工冒充国务院扶贫办、药监局、民政局等部门的工作人员给老年人打电话，了解其身体、家庭、收入情况，逐步取得其信任，再以帮助办理"养老抚恤金""慢性病补贴""扶贫款"等虚假名目，收取材料费、保证金、异地转让金等费用，骗取老年人钱财。至今年年初案发，王甲共骗得四十名老年人共计五百万余元。诈骗所得大部分被王甲用于个人挥霍。

【法院判决】

经法院审理，依法对王甲以诈骗罪判处有期徒刑十一年，并处罚金八万元；对王乙以和其他人侵犯公民个人信息罪判处有期徒刑三年，并处罚金二万元。

【律师说法】

养老诈骗犯罪具有很强的迷惑性，当有人打着国家工作人员的旗号来电时，老年人很容易相信。平时老年朋友应多关注类似的案例，提高辨别真假工作人员的能力，避免自己的财产遭受损失。

【相关法律】

《中华人民共和国刑法》

第二百五十三条之一 【侵犯公民个人信息罪】违反国家有关规定，向他人出售或者提供公民个人信息，情节严重的，处三年以下有期徒刑或者拘役，并处或者单处罚金；情节特别严重的，处三年以上七年以下有期徒刑，并处罚金。

违反国家有关规定，将在履行职责或者提供服务过程中获得的公民个人信息，出售或者提供给他人的，依照前款的规定从重处罚。

窃取或者以其他方法非法获取公民个人信息的，依照第一款的规定处罚。

单位犯前三款罪的，对单位判处罚金，并对其直接负责的主管人员和其他直接责任人员，依照各该款的规定处罚。

第二十七章　医疗诈骗

案例1　以"保健品返现"为名对老年人实施诈骗

【案情简介】

从2022年开始，张甲非法获取老年人信息，伙同张乙、张丙冒充国家工作人员、保健品公司工作人员等，通过电话联系已购买保健品的老年人，虚构购买保健品可享受国家高额补贴或返现、过去购买的保健品可予退款等事实，诱使老年人继续给付钱款，骗取十余名老年人共计人民币一百万元。

【法院判决】

法院经审理后作出判决，被告人张甲、张乙、张丙犯诈骗罪，分别被判处相应的有期徒刑十年，并处罚金。

【律师说法】

在本案中，被告人张甲谎称购买保健品可以享受国家高额补贴，充分利用了某些老年人喜欢占便宜的心理，进而骗取被害人钱财，用于自己花销，这是当前诈骗老年人钱财的一种常见套路。

【相关法律】

《中华人民共和国刑法》

第二百六十六条　【诈骗罪】诈骗公私财物，数额较大的，处三年以下有期徒刑、拘役或者管制，并处或者单处罚金；数额巨大或者有其他严重情节的，处三年以上十年以下有期徒刑，并处罚金；数额特别巨大或者有其他特别严重情节的，处十年以上有期徒刑或者无期徒刑，并处罚金或者没收财产。本法另有规定的，依照规定。

案例2 以"代请护工"等为名对老年人实施诈骗

【案情简介】

2022年，吴甲利用其担任某养老院经理的身份主动接近入住的老年人，对老年人嘘寒问暖，骗取老年人的信任，后以代请护工、办理养老院入住代为缴费、养老院推出优惠活动代为缴款为由，骗取数名老年人共计人民币百万余元，主要用于个人挥霍，后被警方抓获。

【法院判决】

法院经审理后作出判决，被告人吴甲犯诈骗罪被判处有期徒刑五年，并处罚金人民币五万元；犯招摇撞骗罪被判处有期徒刑一年，合并执行有期徒刑五年八个月，并处罚金人民币五万元。

【律师说法】

随着我国老龄人口不断增加，养老机构已成为我国养老体系的重要组成部分，加强其内部管理十分重要。可以通过对从业人员开展法制教育、帮助孤寡老人做好财物管理、加强入住老年人防诈骗提醒等措施，助力其堵塞管理漏洞，为老年人营造安心的养老环境。

【相关法律】

《中华人民共和国刑法》

第二百六十六条 【诈骗罪】诈骗公私财物，数额较大的，处三年以下有期徒刑、拘役或者管制，并处或者单处罚金；数额巨大或者有其他严重情节的，处三年以上十年以下有期徒刑，并处罚金；数额特别巨大或者有其他特别严重情节的，处十年以上有期徒刑或者无期徒刑，并处罚金或者没收财产。本法另有规定的，依照规定。

第二百七十九条 【招摇撞骗罪】冒充国家机关工作人员招摇撞骗的，处三年以下有期徒刑、拘役、管制或者剥夺政治权利；情节严重的，处三年以上十年以下有期徒刑。

　　冒充人民警察招摇撞骗的，依照前款的规定从重处罚。

案例3　以安排"名医诊疗"为名实施诈骗

【案情简介】

　　2022年，陈甲在某地成立多家公司，以老年人为主要对象进行保健品销售。陈甲对公司员工实行统一管理。陈甲通过团队掌控整个犯罪集团，对各个平台实行网格化管理。期间，陈甲通过安排员工冒充知名医学专家进行门诊咨询，假冒医务人员进行虚假检测、伪造检测报告，虚假宣传公司销售的免疫球蛋白等保健品能够预防和治疗心脑血管疾病、癌症与肿瘤、糖尿病等，引诱被害人高价购买保健品。至今年案发，陈甲组织、领导的犯罪集团实施诈骗活动所诈骗资金金额达千万余元。

【法院判决】

　　法院经审理认为，被告人陈甲以非法占有为目的，采取虚构事实、隐瞒真相的手段，骗取他人财物，其行为已构成诈骗罪。陈甲是犯罪集团首要分子，应按照集团所犯的全部罪行处罚。其诈骗数额达千万余元，应认定为"数额特别巨大"。据此，法院以诈骗罪判处被告人陈甲有期徒刑十四年，并处罚金人民币八百万元。

【律师说法】

　　随着生活水平的提高，"花钱买健康"的观念逐步深入人心。一些不法分子抓住老年人有保健需求的心理，先采用免费体检、"专家"义诊、免费旅游等方式吸引老年人参与，再通过虚假诊疗、伪造检测报告、夸大宣传保健品功能等手段，向老年人高价销售保健品，以达到骗取财物的目的。

【相关法律】

　　《中华人民共和国刑法》

　　第二百六十六条　【诈骗罪】诈骗公私财物，数额较大的，处三年以下有期徒刑、拘役或者管制，并处或者单处罚金；数额巨大或者有其他严重情节的，处三年以上十年以下有期徒刑，并处罚金；数额特别巨大或者有其他特别严重情节的，处十年以上有期徒刑或者无期徒刑，并处罚金或者没收财产。本法另有规定的，依照规定。

案例4 以开展"养老帮扶"为名实施诈骗

【案情简介】

张甲成立了一家医疗公司，伙同张乙、张丙等人组成犯罪组织，引诱老年人参加"健康讲座、免费健康咨询"活动，三人谎称是国内知名医院的医生，对老年人进行义诊帮扶，骗取被害人的信任，并通过现场看病、开药的方式，将低价购进的保健品当作特效药品高价销售给被害人。三人通过上述方式，骗取一百余名老年人共计人民币一百万元。

【法院判决】

法院经审理认为，被告人张甲以非法占有为目的，伙同他人通过虚构事实、隐瞒真相的手段，骗取多名被害人财物，数额特别巨大，其行为已构成诈骗罪，应依法惩处。张甲系组织、领导犯罪集团的首要分子，应按照集团所犯的全部罪行处罚。据此，依法以诈骗罪判处张甲有期徒刑十二年，并处罚金人民币十二万元；责令张甲继续退赔各被害人经济损失。

【律师说法】

本案中，被告人张甲等以开展"养老帮扶"为名，通过假借义务诊疗、心理关爱、直播陪护、慈善捐助、志愿服务、组织文化活动等形式获得老年人的信任，对老年人实施诈骗。被告人张甲在互联网低价购进保健品，招募大量业务员，以免费医疗咨询、义务诊疗等为噱头拉拢老年人参加讲座，冒充知名三甲医院的名医举办讲座，为老年人"号脉""看病"等，获取老年人信任后夸大其病情，虚构保健品为特效药品，高价出售给老年人，骗取老年人的钱款。老年人就医须到正规医院，切莫病急乱投医，不要轻信所谓的免费讲座、免费诊疗，更不要高价购买非正规药品、

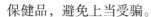

保健品，避免上当受骗。

【相关法律】

《中华人民共和国刑法》

第二百六十六条 【诈骗罪】诈骗公私财物，数额较大的，处三年以下有期徒刑、拘役或者管制，并处或者单处罚金；数额巨大或者有其他严重情节的，处三年以上十年以下有期徒刑，并处罚金；数额特别巨大或者有其他特别严重情节的，处十年以上有期徒刑或者无期徒刑，并处罚金或者没收财产。本法另有规定的，依照规定。

第二十八章 投资诈骗

案例1 以投资"养老项目"为名非法集资

【案情简介】

张甲成立某养老服务公司，通过发放宣传单、召开推介等方式，公开宣传交费后可以享受老年公寓住房优惠，并承诺以高额福利消费卡、货币等方式返本付息，非法吸收数十名老年人两百余万元。所吸收资金被张甲用于消费支出、提现支取或挪作他用。案发后，张甲利用涉案公司账上余款、委托其他公司代管的资金及老年公寓内物品折价转让后所得资金退还集资参与人。

【法院判决】

法院经审理认为，被告人张甲违反国家金融管理法律规定，通过发宣传单、开推介会等方式公开宣传，并承诺在一定期限内还本付息，向社会不特定老年对象吸收资金，数额巨大，其行为已构成非法吸收公众存款罪。据此，法院依法以非法吸收公众存款罪判处张甲有期徒刑四年，并处罚金人民币五万元；退赔各集资参与人。

【律师说法】

本案被告人以投资"养老项目"为名，以开办养老院、购买养老公寓、入股养生基地等为由，以售后定期返点、高额分红为诱饵，诱骗老年人参与投资。犯罪分子打着投资养老公寓、入股养生基地等幌子，诱骗老年人投资，骗取老年人钱财。老年人要谨慎投资高额返利项目，多与子女沟通商量，投资养老项目时要"三看一抵制"：一看养老项目是否有登记、备案；二看养老项目是否真实合法；三看养老项目收益是否符合市场规

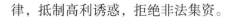

律，抵制高利诱惑，拒绝非法集资。

【相关法律】

《中华人民共和国刑法》

第一百七十六条　【非法吸收公众存款罪】非法吸收公众存款或者变相吸收公众存款，扰乱金融秩序的，处三年以下有期徒刑或者拘役，并处或者单处罚金；数额巨大或者有其他严重情节的，处三年以上十年以下有期徒刑，并处罚金；数额特别巨大或者有其他特别严重情节的，处十年以上有期徒刑，并处罚金。

单位犯前款罪的，对单位判处罚金，并对其直接负责的主管人员和其他直接责任人员，依照前款的规定处罚。

案例2　以"溢价回购"手段之名集资诈骗

【案情简介】

王甲冒用他人名义，注册成立某商贸有限公司，专门以退休、有闲钱的老年群体为对象，组织员工将低价购买的纪念币、邮票等物品渲染成具有收藏价值的艺术品，诱骗老年群体购买并承诺一年后溢价百分之二十回购。为了加强宣传，王甲组织公司员工到老年人经常聚集的小区、公园、菜市场等场所，以免费分发鸡蛋、洗衣液等方式，配合虚假宣传，获取老年人的关注并拉近与老年人的关系；同时定期组织老年人参加公司的"拍卖会"，导演"拍卖"公司收藏品的骗局。案发时，王甲共非法吸收资金两百万余元，仅向部分老年人返还本金及收益十万余元，其余部分供个人挥霍。

【法院判决】

公安机关以王甲涉嫌集资诈骗罪移送起诉。在审查起诉过程中，王甲认罪认罚，并签署具结书。检察院以集资诈骗罪对王甲提起公诉，并依法提出确定刑量刑建议，法院采纳了检察机关的量刑建议，以集资诈骗罪判处王甲有期徒刑七年，并处罚金五万元。

【律师说法】

不法分子利用老年人需要亲情关怀、缺乏投资专业知识等特点，通过对老年人嘘寒问暖、上门服务等方式，骗取老年人的信任，向其灌输各种错误的投资理财观念，以达到骗取老年人财物的最终目的。对于这种虚假伪善的"亲情关怀"，老年人要注意识别防范，不能轻易将养老钱托付他人。同时，为人子女，要多关心老年人的生活近况，勤联系、多关注、善提醒。

【相关法律】

《中华人民共和国刑法》

第一百九十二条 【集资诈骗罪】以非法占有为目的，使用诈骗方法非法集资，数额较大的，处三年以上七年以下有期徒刑，并处罚金；数额巨大或者有其他严重情节的，处七年以上有期徒刑或者无期徒刑，并处罚金或者没收财产。

单位犯前款罪的，对单位判处罚金，并对其直接负责的主管人员和其他直接责任人员，依照前款的规定处罚。

案例3 以投资"墓园项目"为名实施诈骗

【案情简介】

孙甲未经有关部门依法批准，通过在朋友圈发布信息，发放宣传资料，在报单中心办公室向集资参与人宣讲、口口相传等多种方式，向社会公开宣传"墓园"等项目的运作模式、投资收益等内容，向集资参与人承诺投资一万元每天就能够收益一百零七元，向社会公众公开吸收资金。截至案发时，孙甲实际造成集资参与人共损失五百余万元。

【法院判决】

法院经审理认为，被告人孙甲违反国家金融管理法律规定，向社会公众吸收资金，扰乱国家金融秩序，数额巨大，其行为已构成非法吸收公众

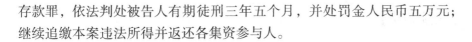

存款罪，依法判处被告人有期徒刑三年五个月，并处罚金人民币五万元；继续追缴本案违法所得并返还各集资参与人。

【律师说法】

本案被告人以投资"墓园项目"为名，以投资后定期返现、高额分红为诱饵，诱骗老年人进行投资。老年人在晚年生活中往往会为自己的身后之事做准备，近年来墓地价格走高，供不应求，更提升了老年人对墓地的关注度。老年人要谨慎参与投资，不要轻信高额返现项目，多和子女进行沟通。投资时要对项目背景、公司资质进行充分了解，抵制高利诱惑，守牢自己的钱袋子。

【相关法律】

《中华人民共和国刑法》

第一百七十六条 【非法吸收公众存款罪】非法吸收公众存款或者变相吸收公众存款，扰乱金融秩序的，处三年以下有期徒刑或者拘役，并处或者单处罚金；数额巨大或者有其他严重情节的，处三年以上十年以下有期徒刑，并处罚金；数额特别巨大或者有其他特别严重情节的，处十年以上有期徒刑，并处罚金。

单位犯前款罪的，对单位判处罚金，并对其直接负责的主管人员和其他直接责任人员，依照前款的规定处罚。

案例4 以"民族资产解冻"为名进行诈骗

【案情简介】

2022年，王甲、王乙通过非法手段购买了大量公民的电话号码等个人信息，并给被害人打电话、发信息，谎称是"民族资产解冻"的工作人员，虚构20世纪遗留在海外的巨额民族资产已被国家解冻，现在要将其作为善款基金向社会发放，只要缴纳报名费，就可以参与并分得一笔资金。两人还伪造了"民族资产解冻"的相关文件，通过手机微信分别发送给多名被害人。信以为真的被害人纷纷将集资手续费转账给两人。

【法院判决】

法院经审理后认为，被告王甲、王乙以非法占有为目的，虚构事实，多次骗取老年人的财物，其行为已构成诈骗罪，遂对王甲判处有期徒刑五年，并处罚金人民币三万元；对王乙判处有期徒刑四年，并处罚金人民币三万元，责令两名被告人退赔被害人经济损失。

【律师说法】

近年来，以"民族资产解冻"等为幌子诈骗老年人财物的报道屡见不鲜。老年人心中的爱国情怀被激起，不自觉就上了骗子的当，应注意防范。

【相关法律】

《中华人民共和国刑法》

第二百六十六条 【诈骗罪】诈骗公私财物，数额较大的，处三年以下有期徒刑、拘役或者管制，并处或者单处罚金；数额巨大或者有其他严重情节的，处三年以上十年以下有期徒刑，并处罚金；数额特别巨大或者有其他特别严重情节的，处十年以上有期徒刑或者无期徒刑，并处罚金或者没收财产。本法另有规定的，依照规定。

第十编

财产保护

第二十九章 居住权

案例1 丧偶后无处可去，可以继续住在配偶的房屋吗？

【案情简介】

王大爷与刘大妈早年结婚时非常贫穷，但通过两人的努力，在大城市购置了房产，并且生养了三个子女。不幸的是，刘大妈前几年去世了，留下王大爷一人生活。随着年纪的增长，王大爷自觉身体越来越不好，想提前安排自己的财产，于是通过赠与的方式，将房产过户给三个子女，并让三个子女出具承诺书，承诺王大爷在世期间有权无偿居住，续弦也可以居住，但都无权处置。

后来王大爷与李大妈登记结婚，一起居住在这个房屋中。没过多久，王大爷离世，留下李大妈一人在这个房屋内居住。王大爷的三名子女见父亲离世便不再想遵守承诺，让李大妈搬离房屋，但李大妈拒绝搬离。于是王大爷的三名子女起诉至法院，要求李大妈搬离房屋。

【法院判决】

法院经审理认为，王大爷的三名子女在取得房屋所有权时做出的承诺系其真实意思表示，且不违反法律强制性规定，根据该承诺，李大妈享有继续在案涉房屋居住的权利，王大爷的三名子女应按承诺履行其义务。同时，李大妈也不存在违反承诺书中对案涉房屋出租、出售、出借的行为，故对王大爷的三名子女要求李大妈立即返还其名下案涉房屋的请求不予支持，判决驳回三人的诉讼请求。

【律师说法】

物权人将房产赠与他人，受赠人承诺允许赠与人及其再婚配偶继续居住使用房屋至去世。在当时的法律规定下，该承诺应视为附条件的赠与。本案纠纷发生时我国法律并未直接对居住权作出规定，在此情况下，应充分尊重当事人的意思自治。

《中华人民共和国民法典》颁布实施后，对居住权作出了明确的规定，不动产过户后，原物权人继续使用不动产，保留房屋居住使用权的赠与即可视为设立居住权的合同，新产权人亦无权单方撤销该合同。这种制度设计有利于解决老年人赡养、婚姻家庭生活中涉及的房产问题，有利于实现老有所居的社会目标。

【相关法律】

《中华人民共和国民法典》

第三百六十六条　居住权人有权按照合同约定，对他人的住宅享有占有、使用的用益物权，以满足生活居住的需要。

案例2　祖母将房产赠与孙子后，是否有权继续居住？

【案例简介】

2022年，何大妈刚过六十岁，早年丧偶，育有一子何大大。何大大非常争气，大学毕业后顺利找到了工作，并结婚生子，家庭十分美满。何大大的儿子叫何小小，自小和祖母何大妈非常亲密。何大妈也很喜欢这个孙子，于是将名下的房产赠与孙子何小小。后来何大大不幸离世，何大大的妻子带着何小小生活。何小小四岁的时候，何大大的妻子以何小小及其法定代理人的名义向人民法院起诉，请求判令何大妈腾空交还其赠与的房屋，并支付租金损失。

【法院判决】

法院经审理认为，何小小受赠与取得房屋产权时年纪很小，根据生活常理，何大妈将家庭重要资产全部赠与何小小显然是基于双方存在祖孙关系。即便双方没有明确约定赠与人有继续居住的权利，基于人民群众朴素的价值观和善良品质考虑，何大妈年逾六十岁，且已丧偶，何大大的妻子以何小小法定代理人的名义向人民法院起诉，要求何大妈迁出房屋，明显有违社会伦理和家庭道德，亦缺乏法律依据，不应予以支持。故判决驳回何小小的全部诉讼请求。

【律师说法】

长辈对晚辈的疼爱是人类最朴素的情感，也是中华民族源远流长的传统美德。祖母在将房屋赠与孙子之后，是否仍有权在该房屋继续居住，不仅要考虑法律，更应考虑伦理道德。何小小虽享有案涉房屋所有权，但何大妈在该房屋内居住是基于双方存在赠与关系、祖孙关系以及长期共同生活的客观事实，如以所有权人享有的物权请求权而剥夺六旬老人的居住权益，显然有违人之常情和社会伦理，也不符合《中华人民共和国民法典》对居住权设立的初衷。

【相关法律】

《中华人民共和国民法典》

第三百六十六条　居住权人有权按照合同约定，对他人的住宅享有占有、使用的用益物权，以满足生活居住的需要。

案例3　未经老年人同意，子女签订的赡养协议可以处置其房产吗？

【案情简介】

陈大妈早年丧偶，育有三个子女：陈甲、陈乙和陈丙。随着年龄的增长，陈大妈身体越来越不好。2022年年初，陈大妈的三个子女经过协商，一起签订了赡养母亲协议书，约定每个人每年给陈大妈一定的赡养费，并对陈大妈名下的一套住房进行处理，但是并未得到陈大妈的首肯。后来陈大妈住进了养老院，期间只有陈甲去看望陈大妈并支付赡养费。因陈乙、陈丙长期不支付赡养费，陈甲便将两人告上法庭，要求他们按照之前签订的赡养协议补足之前的赡养费，并对陈大妈的房屋进行售卖。

【法院判决】

法院经审理认为，本案所涉赡养协议除了规定每个子女每年缴纳一定的赡养费外，主要针对的是被赡养人陈大妈现住房屋出售后价款的处置与分配，如果判决各子女按协议履行并处置房屋，不利于被赡养人居住权益的保护。因此，法院只支持了原告补足赡养费的请求，驳回了其他诉讼请求。

【律师说法】

子女签订赡养协议，应经被赡养人同意，尤其是涉及处置被赡养人的合法权益时。本案中，子女签订的赡养协议涉及处置被赡养人的房屋，不利于被赡养人的居住权的保护，有悖于我国让老年人老有所依的政策。如果遇到赡养人不遵守赡养协议的情况，履行者可以根据赡养协议向法院起诉，但不能随意侵害被赡养人的合法权益。

【相关法律】

《中华人民共和国老年人权益保障法》

第二十条　经老年人同意，赡养人之间可以就履行赡养义务签订协议。赡养协议的内容不得违反法律的规定和老年人的意愿。

基层群众性自治组织、老年人组织或者赡养人所在单位监督协议的履行。

第二十二条　老年人对个人的财产，依法享有占有、使用、收益和处分的权利，子女或者其他亲属不得干涉，不得以窃取、骗取、强行索取等方式侵犯老年人的财产权益。

老年人有依法继承父母、配偶、子女或者其他亲属遗产的权利，有接受赠与的权利。子女或者其他亲属不得侵占、抢夺、转移、隐匿或者损毁应当由老年人继承或者接受赠与的财产。

老年人以遗嘱处分财产，应当依法为老年配偶保留必要的份额。

第七十五条　老年人与家庭成员因赡养、扶养或者住房、财产等发生纠纷，可以申请人民调解委员会或者其他有关组织进行调解，也可以直接向人民法院提起诉讼。

人民调解委员会或者其他有关组织调解前款纠纷时，应当通过说服、疏导等方式化解矛盾和纠纷；对有过错的家庭成员，应当给予批评教育。

人民法院对老年人追索赡养费或者扶养费的申请，可以依法裁定先予执行。

第三十章　银行业务

案例1　老年人购买理财产品，金融机构有风险告知义务吗？

【案情简介】

2022年年初，六十岁的王大爷在某银行购买了一百万元的理财产品，包括甲、乙两种产品各五十万元的金额，其签订的风险揭示书载明："……不是我行发行的理财产品……可能产生风险，无法实现预期投资收益……投资风险由您自行承担……"经过该银行测评，王大爷风险承受能力为平衡型，甲产品为低风险产品，乙产品为高风险产品，高于王大爷的风险承受能力。王大爷签署了电子版风险揭示书，后获得收益十万元。年底的时候，王大爷申请赎回理财产品，但甲产品价值只剩三十万元，乙产品价值只剩十万元。王大爷算了算，加上年初已获得的十万元，以及现在甲、乙产品的价值，一共才五十万元。看到自己的资产"缩水"一半，王大爷觉得自己被套路了，于是向法院提起诉讼，要求银行返还自己共计一百万元的资金。

【法院判决】

法院经审理认为，王大爷与银行签订的资产管理合同及风险揭示书等均系银行依循的规范性文件或自身制定的格式合同，不足以作为双方就案涉金融产品相关情况充分沟通的凭证。银行对王大爷做出的风险承受能力评估为平衡型，但甲产品为低风险产品，而乙产品为高风险产品。因此，该银行违反提示说明义务，未证实购买该产品与王大爷情况及自身意愿达到充分适当匹配的程度；同时，王大爷有投资理财经验，应当知晓签字确认行为效力，亦应对投资损失承担一定的责任。故判决银行赔偿王大爷十万元。

【律师说法】

随着经济快速发展和人口老龄化程度加剧，针对老年群众的金融理财产品层出不穷。老年人在购买理财产品时，一定要充分了解产品的风险及收益。虽然银行有告知义务，但是老年人有一定的生活经验，也应对自己的投资行为负责。

案例2 老年人办理金融业务，金融机构有风险提示义务吗？

【案情简介】

2022年，王大爷七十岁，某日他听从骗子的要求，去银行开通了手机银行和电子密码器。王大爷在甲银行网点工作人员的协助下开通了手机银行和电子密码器。开通后王大爷把密码给了骗子，导致卡内资金被转走。王大爷认为自己在办理业务的时候银行工作人员没有尽到提醒义务，明显存在重大失误，应对该起电信诈骗负一定责任，遂起诉至法院，要求甲银行赔偿其资金损失。

【法院判决】

法院经审理认为，王大爷轻信诈骗电话后泄露密码，导致账户里的钱被转走，是资金损失的直接原因。但是，甲银行在为王大爷开通非柜面转账业务时，未就相关风险履行告知义务，也存在一定过错。经综合考虑，法院认为王大爷对损失承担主要责任，甲银行承担部分赔偿责任，酌定甲银行赔偿王大爷百分之二十的资金损失。

【律师说法】

老年人对智能手机操作不熟悉，缺乏基本安全防范意识，容易上当受骗。金融机构在开展业务时应结合老年人的认知能力充分履行告知义务和风险提示义务，在老年人等重点人群办理较高风险业务时应当给予更多的关注和帮助，防止老年人上当受骗。老年人自身也应该多了解相关风险，避免遭受财产损失。

案例3　金融机构向消费者做出的固定收益承诺有效吗？

【案情简介】

2022 年，王大爷刚过六十岁，2021 年年初，他在银行认购了某商业保理公司的理财产品六百万元，合约期限为一年，五百万元以上的理财产品收益为百分之十。2022 年年初理财产品到期，但保理公司未按约定支付认购款和利息。王大爷遂诉至法院，请求商业保理公司返还认购本金六百万元并按承诺的年化收益率百分之十支付利息。

【法院判决】

法院经审理认为，某商业保理公司通过地方交易场所将应收账款分割成理财产品向若干个普通投资者发行以融入资金，是一种变相吸收存款、募集社会资金从事保理业务的行为。同时，该商业保理公司明知其发行的应收账款收益权所依据的应收账款不真实，却隐瞒真实情况，向金融消费者王大爷做出固定收益的承诺，给王大爷造成损失。因此，法院判决某商业保理公司应返还王大爷六百万元，并按承诺的预期收益率即年利率百分之十计算利息。

【律师说法】

老年人比较欠缺金融知识，风险意识和维权能力相对薄弱，保护老年人金融消费安全的需求日益突出。本案依法认定某商业保理公司的经营模式属于变相吸收存款，并判令发行人承担赔偿责任，有效保护了老年金融消费者的合法权益。

第三十一章　啃老问题

案例 1　子女强行啃老，老年人该怎么办?

【案情简介】

李大妈早年丧偶，独自一人生活，靠自己的退休金维持生计，育有一个女儿李甲，但两人感情不好，很少来往。2022 年年初，李大妈的女儿李甲将其带至农村信用社，对其账户进行挂失，取出其存款二十万元并存入自己的账户。李大妈是文盲，在办理上述柜台业务时均由其女儿李甲操作，材料办完后李甲让李大妈捺完印后再交给银行业务员。整个过程中，李大妈与业务员未进行交流。没过多久，李大妈发现自己的银行卡取不出钱，才知道钱被女儿李甲取走了。于是，李大妈将女儿李甲告上法庭，要求其返还上述款项。李甲抗辩称这是母亲李大妈对自己的赠与。

【法院判决】

法院经审理认为，李大妈对女儿李甲将其存款取出并转移的事实并不知情。李甲在未取得李大妈同意的情况下，擅自将李大妈的存款转移到个人账户占有，其行为侵害了李大妈的财产所有权，应当返还存款。关于李甲认为案涉存款系李大妈赠与自己的抗辩，并无相关证据予以证实，且根据李大妈的陈述，李甲取得其存款的行为并非出于其自愿给付，故对李甲的抗辩不予采信。法院判决李甲返还李大妈二十万元。

【律师说法】

老年人由于身体原因，不能有效地管理自己的财产，导致有的子女趁机侵占父母的财产，甚至不乏采用窃取、骗取、强行索取等方式侵犯父母的财产权益。当老年人遇到子女"强行啃老"的情况时，应拿起法律的武器，保护自身合法的财产权益。

【相关法律】

《中华人民共和国民法典》

第三条　民事主体的人身权利、财产权利以及其他合法权益受法律保护，任何组织或者个人不得侵犯。

第三十四条　监护人的职责是代理被监护人实施民事法律行为，保护被监护人的人身权利、财产权利以及其他合法权益等。

监护人依法履行监护职责产生的权利，受法律保护。

监护人不履行监护职责或者侵害被监护人合法权益的，应当承担法律责任。

因发生突发事件等紧急情况，监护人暂时无法履行监护职责，被监护人的生活处于无人照料状态的，被监护人住所地的居民委员会、村民委员会或者民政部门应当为被监护人安排必要的临时生活照料措施。

案例2　父母有权拒绝成年子女啃老吗？

【案情简介】

杨大爷与李大妈是夫妻，两人育有一子杨小小，杨小小出生后一直随父母在农村同一房屋中居住生活。杨小小自幼娇生惯养，长大后更是长期沉迷于赌博，欠下巨额赌债。杨大爷与李大妈的年纪渐渐大了，也没有太多的经济来源，仅靠微薄的收入为生。2022年，杨小小年满三十岁，不仅不出去工作，反而在家里混吃混喝，甚至还偷偷拿杨大爷与李大妈的信用卡套现。杨大爷与李大妈非常生气，不允许杨小小再住在家里。杨小小反而以自己自出生以来一直与父母在一起居住生活，双方形成事实上的共同居住关系，从而对案涉房屋享有居住权为由，将杨大爷和李大妈诉至法院，请求判决其对该房屋享有居住的权利。

【法院判决】

法院经审理认为，杨小小成年后具有完全民事行为能力和劳动能力，

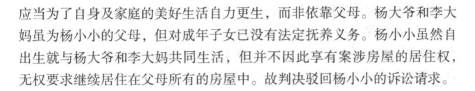

应当为了自身及家庭的美好生活自力更生，而非依靠父母。杨大爷和李大妈虽为杨小小的父母，但对成年子女已没有法定抚养义务。杨小小虽然自出生就与杨大爷和李大妈共同生活，但并不因此享有案涉房屋的居住权，无权要求继续居住在父母所有的房屋中。故判决驳回杨小小的诉讼请求。

【律师说法】

我国法律规定，父母对未成年子女负有抚养、教育和保护的义务。成年子女对父母负有赡养、扶助和保护的义务。对于有劳动能力的成年子女，父母不再负担抚养义务。如果父母自愿向成年子女提供物质帮助，这是父母自愿处分自己财产的权利；如果父母不愿意或者没有能力向成年子女提供物质帮助，子女强行"啃老"，就侵害了父母的民事权利，父母有权拒绝。

【相关法律】

《中华人民共和国民法典》

第二十六条　父母对未成年子女负有抚养、教育和保护的义务。

成年子女对父母负有赡养、扶助和保护的义务。

案例3　成年大学生有权要求父母支付抚养费吗？

【案情简介】

2022年，小王十九岁，是一名刚入学不久的大学生，就读于某地的大学。小王的父母由于感情不和，在小王未成年的时候两人就离婚了。两人约定小王由母亲黄阿姨抚养，父亲王大叔每个月付给小王五百块的生活费。至于小王产生的学费、医疗费等，由两人均摊。在小王刚满十八周岁的时候，父亲给他过了一个难忘的生日。那一天，父亲语重心长地对他说："你已经成年了，是一个真正的男人了。"小王听后十分振奋，觉得自己确实成熟了。次月初，小王发现父亲没有如约给自己汇生活费。小王由于和母亲一起生活，生活没有受太大影响，因此也没有在意这件事。

步入大学没多久，小王的开支越来越大。母亲在开学之初给他的费用已所剩不多，但他也没法再向年迈的母亲开口要钱，于是又向父亲索要生活费。父亲只说了一句"我不会再给你生活费了"，说完就挂了。小王再次拨打父亲的电话时已无法接通。迫于生活的压力，小王只好向法院起诉，要求父亲王大叔支付自己生活费和学费等费用。

【法院判决】

法院经审理认为，原告小王已年满十八周岁，系完全民事行为能力人，且已完成高中学业，不符合法律规定的未成年或者不能独立生活的成年子女的范围，其父亲王大叔已无承担其抚养费的法定义务。原告小王可以通过申请助学贷款、获取助学金与奖学金或者勤工俭学等方式解决上大学期间所需的费用。综上，法院依法判决驳回原告小王的全部诉讼请求。

【律师说法】

我国法律规定，父母对子女有抚养、教育的义务，父母不履行抚养义务的，未成年子女或不能独立生活的成年子女，有要求父母给付抚养费的权利。这里的不能独立生活的成年子女是指尚在校接受高中及以下学历教育，或者丧失、部分丧失劳动能力等非因主观原因而无法维持正常生活的成年子女。因此，尽管目前我国大部分大学生都是依靠父母的经济支持完成大学学业，但从法律层面上来讲，已年满十八周岁的大学生，具备完全的民事行为能力，父母已没有法定的抚养义务。大学生应提高自己的独立意识，通过勤工俭学或者争取奖学金的方式解决自己的经济问题，而不是单纯地依赖父母。

【相关法律】

《中华人民共和国民法典》

第二十六条　父母对未成年子女负有抚养、教育和保护的义务。

成年子女对父母负有赡养、扶助和保护的义务。

第一千零六十七条　父母不履行抚养义务的，未成年子女或者不能独立生活的成年子女，有要求父母给付抚养费的权利。

成年子女不履行赡养义务的，缺乏劳动能力或者生活困难的父母，有要求成年子女给付赡养费的权利。

案例4 成年大学生有权要求父母按照离婚协议支付抚养费吗？

【案情简介】

王强和李小是夫妻，两人有一个儿子叫王小强。2018年，两人因感情不和协议离婚。离婚时王小强刚满十四周岁，根据离婚协议，王小强由父亲王强抚养，但由母亲李小代养王小强四年，王小强上大学、结婚费用全部由王强承担。协议签订后，王小强一直随母亲生活，2022年满十八周岁，进入大学学习。大学期间，王小强需要缴纳学费、住宿费、职业培训费等，还有一大笔的生活费，但是王小强的父亲一直没有支付其费用。王小强多次向父亲索要以上费用，但是父亲王强一直拒绝支付。无奈之下，王小强向法院提起诉讼，要求父亲支付学费、住宿费、培训费、生活费共计十万元。

【法院判决】

法院经审理认为，本案系基于原告王小强的母亲李小与被告王强离婚时所达成的离婚协议中关于子女抚养和教育费用约定的履行问题而产生的纠纷。本案中，原告王小强与被告王强关于抚养及抚养费的承担方式、承担时间的约定不违反法律规定，且该约定系原告王小强与被告王强的真实意思表示，内容并不违反其他法律的禁止性规定。被告王强应当按照约定承担向原告王小强支付大学期间必要的生活费及教育费的民事责任。原告王小强没有提供证据证明职业培训属于上大学期间的必要开支，被告王强可以不承担这部分费用。故法院综合原告王小强就读学校所在地的消费水平以及被告王强的收入等情况，判决被告王强向原告王小强支付相应的费用。

【律师说法】

随着我国高等教育的逐渐普及，上大学越来越成为适龄青少年的普遍选择。就我国社会传统习惯而言，没有经济独立的子女就读大学的费用，一般由有经济能力的父母支付。本案中，李小与王强签订的离婚协议是双方真实意思表示，双方对于孩子上大学学费、生活费和结婚费用的约定，是其离婚协议的一部分。这种约定不违反法律的禁止性规定，合法有效，依法应当得到法律的支持和认可。

【相关法律】

《中华人民共和国民法典》

第一千零八十五条　离婚后，子女由一方直接抚养的，另一方应当负担部分或者全部抚养费。负担费用的多少和期限的长短，由双方协议；协议不成的，由人民法院判决。

前款规定的协议或者判决，不妨碍子女在必要时向父母任何一方提出超过协议或者判决原定数额的合理要求。

第三十二章　人寿保单

案例 1　年老父母给女儿买的大额保单，
　　　　离婚后女婿能分走吗?

【案例简介】

　　年老的刘总夫妇育有一女，女儿交往了一个男朋友，男方家境一般，刘总夫妇觉得两家"门不当，户不对"，表示强烈反对。执拗的女儿趁家里人不注意，与男友偷偷领了结婚证，刘总夫妇只能被迫接受这个女婿。女儿结婚后，刘总为爱女购买了一份大额保险。好景不长，两人结婚不到三年，男方主动提出要离婚。刘总夫妇原本就不看好这门婚事，见女婿坚决要离婚，也就没有劝阻。可女儿死活不同意离婚，协商无果，男方只能到法院起诉。可刘总一家怎么也没料到，男方居然在离婚诉求中提出：不仅要离婚，还要分割夫妻共同财产，其中包括刘总为女儿购买的大额保单。

　　【保单架构设计1】刘总为投保人，刘总女儿为被保险人。
　　解析：此保单架构下，保单的现金价值属于刘总，刘总拥有保单控制权，所以保单不会被分割。在保险理赔前，其财产属性表现为保险的现金价值。

【相关法律】

　　《关于适用〈中华人民共和国保险法〉若干问题的解释（三）》
　　第十六条　保险合同解除时，投保人与被保险人、受益人为不同主体，被保险人或者受益人要求退还保险单的现金价值的，人民法院不予支持，但保险合同另有约定的除外。

【保单架构设计2】刘总女儿为投保人和被保险人。

解析：此保单架构关键点在于刘总女儿为投保人，在婚姻存续期间购买的保单被认定为"夫妻共同财产"，所以会被分割。在此种情况下，虽然保费是父母给的，但是刘总夫妇给的钱没有明确的证明路径，这笔保费和刘总女儿在婚姻存续期间的婚后收入混同，视作夫妻共同所有。

【相关法律】

《中华人民共和国民法典》

第一千零六十二条 【夫妻共同财产】夫妻在婚姻关系存续期间所得的下列财产，为夫妻的共同财产，归夫妻共同所有：

（一）工资、奖金、劳务报酬。

（二）生产、经营、投资的收益。

（三）知识产权的收益。

（四）继承或者受赠的财产，但是本法第一千零六十三条第三项规定的除外。

（五）其他应当归共同所有的财产。

夫妻对共同财产，有平等的处理权。

【保单架构设计3】刘总女儿为投保人和被保险人，保费全部来自刘总，且父女之间签订赠与协议，约定保费单方赠与刘总女儿个人所有。

解析：此保单架构下，刘总女儿作为投保人拥有保单的财产属性，但父女之间签订了保费"赠与协议"，符合法律规定的"个人财产"，故不分割。在婚姻风险发生时，赠与协议的签署能确保保费是给婚内的子女个人的，与其配偶无关，属于个人财产。

【相关法律】

《中华人民共和国民法典》

第一千零六十三条 【夫妻个人财产】下列财产为夫妻一方的个人财产：

（一）一方的婚前财产。

（二）一方因受到人身损害获得的赔偿或者补偿。

（三）遗嘱或者赠与合同中确定只归一方的财产。

（四）一方专用的生活用品。

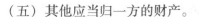

（五）其他应当归一方的财产。

案例2 实现晚年优渥养老及资产定向传承，人寿保单如何规划？

【案例简介】

2022 年，王总夫妇年满五十五周岁，有一独子小王十八岁。王总夫妇感情和睦，白手起家经营一家服装公司。经过多年打拼，公司运营情况良好，王总夫妇家境殷实，总资产超过亿元，其中金融资产约三千万元。与专业的保险人员沟通后，王总夫妇决定通过年金保险和增额终身寿险来提升未来的养老品质，以实现家企资产隔离、定向传承的心愿。

【保单架构设计1】王总夫妇为投保人、被保险人各投保一份年金保险，生存金受益人为王总夫妇，身故受益人为小王。

解析：此保单架构设计适用于王总夫妇优渥养老的规划。王总夫妇牢牢掌控保单，以合同的方式约定领取生存年金，源源不断领取一笔专属、专款、稳定、持续与生命等长的现金流。同时，生前实现部分资产的传承，小王作为身故受益人，未来领取身故金的手续相比存款、证券、房产、股权等继承简便快捷，指定了受益人的保险理赔金的领取不需要继承公证，传承性和私密性优于其他金融产品。

【保单架构设计2】王总父母或者小王为投保人、王总夫妇为被保险人，身故受益人为小王，规划一份终身寿险、年金保险均可。

解析：此保单架构设计适用于王总夫妇构建家企资产部分隔离。许多创一代的企业主，大多都是白手起家，夫妻共同创业，基本都是采用"家庭式管理"来运营企业，普遍在家族企业的股权设置上和公私财产混同上没有风险意识。王总夫妇在企业财务状况良好的时候，拿出一部分独立于企业家夫妻双方之外，建立一个安全的资金池，在家庭和企业之间构筑一道防火墙，实现一部分家庭财富保全功能。通过合理的人寿保单规划设计，提前将一笔资金赠与风险较低的父母，或者成年的子女，以父母或成年子女作为投保人，以企业主夫或妻为被保险人，以子女为身故受益人。如果以王总父母为投保人，为避免未来父母离世、保单被法定继承的风险，可以事先立一份遗嘱，在遗嘱中指定新的保单投保人。

【保单架构设计3】 王总夫妇为投保人，小王为被保险人，身故受益人为王总夫妇，投保一份年金保险。

解析：此保单架构设计适用于子女未来婚姻资产规划，往往出现在男女双方家庭状况差距大、父母不怎么喜欢未来的女婿/儿媳妇的情况下，以及再婚人士也有这样的需求。如果是父母为孩子的婚姻风险做筹划，以父母为投保人，以自己的孩子为被保险人，购买一份年金保险，身故受益人指定为第三代。这样就保证了财富永远在自己的血亲系统这边。如果还没有第三代，则先指定父母自己为身故受益人，等以后有了第三代，变更身故受益人为第三代。孩子在婚姻关系存续期间取得的年金，宜作为夫妻共同财产；孩子取得的身故保险金，宜作为他的个人财产。怎么理解呢？如果买的是年金，小两口感情好，那么这一段时间领取的年金归小两口共同所有；如果离婚了，以后领取的年金只归孩子所有，保单的现金价值也不受孩子婚姻关系的影响；如果父母去世，孩子领到的身故保险金，不管有没有离婚，都属于他个人所有。

【保单架构设计4】 王总夫妇为投保人、被保险人，受益人为小王，投保一份终身寿险保险。

解析：此种保单结构设计适合于资产定向传承和遗产税筹划。根据《中华人民共和国保险法》第四十二条相关规定，以父母为投保人、被保险人，以孩子为受益人购买一份终身寿险，因为指定了受益人，实现资产有控制权的传承，身故保险金不是遗产，自然不缴纳未来可能开征的遗产税。这份保单设计对遗产税规划的意义在于：通过缴纳保费使总资产缩水，减少应税资产，从而降低应征税遗产净额。在小王百年之后为小小王留有一笔免债免税的专属资金，实现一份金融工具使用三代。

【相关法律】

《中华人民共和国保险法》

第四十二条 被保险人死亡后，有下列情形之一的，保险金作为被保

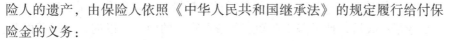

险人的遗产，由保险人依照《中华人民共和国继承法》的规定履行给付保险金的义务：

（一）没有指定受益人，或者受益人指定不明无法确定的。

（二）受益人先于被保险人死亡，没有其他受益人。

案例3 老年人财富"隔代传承"给孙子，用保单的优势在哪里？

【案例简介】

老张是典型的隔代亲，孙子聪明好学、活泼可爱，而且是自己一手带大的，老张夫妇对他十分的疼爱，希望将来百年归老后，将自己的财产传承给孙子。老张的房产已经办理了赠与过户的手续，在与保险专业人士交流之后，老张决定通过购买一份增额终身寿险的方式将现金资产进行传承。

【保单架构设计】老张作为保单投保人、被保险人，孙子作为身故受益人。

解析：采用人寿保险的方式来实现现金资产的隔代传承，既能够充分体现老张的个人意愿，也因为保险合同中明确指定的身故受益人，确保现金"安全且稳定增值"给付到老张最疼爱的孙子手上，成为"定向传承工具"的首选。通过选择人寿保险实现财富传承，有以下五大优势。

（1）在世时掌控保单现金价值。目前老张身体状况良好，其健在时作为投保人就可以控制整个保单的财产属性——现金价值，随时可通过"保单贷款或者减保取现"的方式，实现资金的灵活周转。

（2）孙子领取保险金时方便快捷。老张百年归老之后，孙子不需要经过老张其他继承人的同意，不用面对遗嘱继承流程中获得全部继承人同意的麻烦，直接向保险公司申请保险金即可。这一传承方式的私密性非常高，也能避免家庭内部矛盾。

（3）受益人可以随时变更。人寿保险当中的身故受益人是可以随时变更的，如果哪一天老张想法改变，可以随时变更身故受益人。受益人为多人时，还可以灵活调整受益人的受益比例。

（4）无遗嘱失效风险。如果是通过遗嘱给孙子留现金，属于遗赠。也就是老张身故后，孙子需要在知道爷爷遗嘱后的两个月以内，向爷爷的其他继承人明确告知自己接受继承；如果孙子没有明确表示接受，两个月后就视为放弃继承，导致爷爷的遗嘱失效。但通过保单指定受益人为孙子时，其不需要在知道遗嘱后的两个月内明确作出接受继承的表示，也就不会有失效的风险。

（5）有效预防孙子婚姻风险中的财产损失。随着医疗技术的发展，人民生活水平的提高，百岁老人将会越来越常见，即便等到以后孙子成家立业，在其婚姻存续期间老张百年归老后，孙子通过人寿保单领取到的保险金宜认定为其个人财产。

【相关法律】

一、《最高人民法院关于保险金能否作为被保险人遗产的批复》

根据我国保险法规有关条文规定的精神，人身保险金能否列入被保险人的遗产，取决于被保险人是否指定了受益人。指定了受益人的，被保险人死亡后，其人身保险金应付给受益人；未指定受益人的，被保险人死亡后，其人身保险金应作为遗产处理，可以用来清偿债务或者赔偿。

二、《中华人民共和国民法典》继承编

第一千一百二十四条　受遗赠人应当在知道受遗赠后六十日内，作出接受或者放弃受遗赠的表示；到期没有表示的，视为放弃受遗赠。

三、《第八次全国法院民事商事审判工作会议纪要》

婚姻关系存续期间，夫妻一方作为被保险人依据意外伤害保险合同、健康保险合同获得的具有人身性质的保险金，或者夫妻一方作为受益人依据以死亡为给付条件的人寿保险合同获得的保险金，宜认定为个人财产，但双方另有约定的除外。婚姻关系存续期间，夫妻一方依据以生存到一定年龄为给付条件的具有现金价值的保险合同获得的保险金，宜认定为夫妻共同财产，但双方另有约定的除外。

附录

1. 中共中央　国务院印发《国家积极应对人口老龄化中长期规划》（2019 年）*

为积极应对人口老龄化，按照党的十九大决策部署，近日，中共中央、国务院印发了《国家积极应对人口老龄化中长期规划》（以下简称《规划》）。《规划》近期至 2022 年，中期至 2035 年，远期展望至 2050 年，是到本世纪中叶我国积极应对人口老龄化的战略性、综合性、指导性文件。

《规划》指出，人口老龄化是社会发展的重要趋势，是人类文明进步的体现，也是今后较长一段时期我国的基本国情。人口老龄化对经济运行全领域、社会建设各环节、社会文化多方面乃至国家综合实力和国际竞争力，都具有深远影响，挑战与机遇并存。

《规划》强调，积极应对人口老龄化，是贯彻以人民为中心的发展思想的内在要求，是实现经济高质量发展的必要保障，是维护国家安全和社会和谐稳定的重要举措。要按照经济高质量发展的要求，坚持以供给侧结构性改革为主线，构建管长远的制度框架，制定见实效的重大政策，坚持积极应对、共建共享、量力适度、创新开放的基本原则，走出一条中国特色应对人口老龄化道路。

《规划》明确了积极应对人口老龄化的战略目标，即积极应对人口老龄化的制度基础持续巩固，财富储备日益充沛，人力资本不断提升，科技支撑更加有力，产品和服务丰富优质，社会环境宜居友好，经济社会发展始终与人口老龄化进程相适应，顺利建成社会主义现代化强国，实现中华民族伟大复兴的中国梦。到 2022 年，我国积极应对人口老龄化的制度框架初步建立；到 2035 年，积极应对人口老龄化的制度安排更加科学有效；到本世纪中叶，与社会主义现代化强国相适应的应对人口老龄化制度安排成熟完备。

《规划》从 5 个方面部署了应对人口老龄化的具体工作任务。

一是夯实应对人口老龄化的社会财富储备。通过扩大总量、优化结

---

* 2019 年 11 月，中共中央、国务院印发《国家积极应对人口老龄化中长期规划》。

构、提高效益，实现经济发展与人口老龄化相适应。通过完善国民收入分配体系，优化政府、企业、居民之间的分配格局，稳步增加养老财富储备。健全更加公平更可持续的社会保障制度，持续增进全体人民的福祉水平。

二是改善人口老龄化背景下的劳动力有效供给。通过提高出生人口素质、提升新增劳动力质量、构建老有所学的终身学习体系，提高我国人力资源整体素质。推进人力资源开发利用，实现更高质量和更加充分就业，确保积极应对人口老龄化的人力资源总量足、素质高。

三是打造高质量的养老服务和产品供给体系。积极推进健康中国建设，建立和完善包括健康教育、预防保健、疾病诊治、康复护理、长期照护、安宁疗护的综合、连续的老年健康服务体系。健全以居家为基础、社区为依托、机构充分发展、医养有机结合的多层次养老服务体系，多渠道、多领域扩大适老产品和服务供给，提升产品和服务质量。

四是强化应对人口老龄化的科技创新能力。深入实施创新驱动发展战略，把技术创新作为积极应对人口老龄化的第一动力和战略支撑，全面提升国民经济产业体系智能化水平。提高老年服务科技化、信息化水平，加大老年健康科技支撑力度，加强老年辅助技术研发和应用。

五是构建养老、孝老、敬老的社会环境。强化应对人口老龄化的法治环境，保障老年人合法权益。构建家庭支持体系，建设老年友好型社会，形成老年人、家庭、社会、政府共同参与的良好氛围。

《规划》要求，坚持党对积极应对人口老龄化工作的领导，坚持党政主要负责人亲自抓、负总责，强化各级政府落实规划的主体责任，进一步完善组织协调机制。推进国际合作，推动与"一带一路"相关国家开展应对人口老龄化的政策对话和项目对接。选择有特点和代表性的区域进行应对人口老龄化工作综合创新试点。建立健全工作机制、实施监管和考核问责制度，强化对规划实施的监督，确保规划落实。

2. 《中共中央 国务院关于加强新时代老龄 工作的意见》（2021 年）[*]

有效应对我国人口老龄化，事关国家发展全局，事关亿万百姓福祉，事关社会和谐稳定，对于全面建设社会主义现代化国家具有重要意义。为实施积极应对人口老龄化国家战略，加强新时代老龄工作，提升广大老年人的获得感、幸福感、安全感，现提出如下意见。

一、总体要求

（一）指导思想。以习近平新时代中国特色社会主义思想为指导，深入贯彻党的十九大和十九届二中、三中、四中、五中、六中全会精神，加强党对老龄工作的全面领导，坚持以人民为中心，将老龄事业发展纳入统筹推进"五位一体"总体布局和协调推进"四个全面"战略布局，实施积极应对人口老龄化国家战略，把积极老龄观、健康老龄化理念融入经济社会发展全过程，加快建立健全相关政策体系和制度框架，大力弘扬中华民族孝亲敬老传统美德，促进老年人养老服务、健康服务、社会保障、社会参与、权益保障等统筹发展，推动老龄事业高质量发展，走出一条中国特色积极应对人口老龄化道路。

（二）工作原则。

——坚持党委领导、各方参与。在党委领导下，充分发挥政府在推进老龄事业发展中的主导作用，社会参与，全民行动，提供基本公益性产品和服务。充分发挥市场机制作用，提供多元化产品和服务。注重发挥家庭养老、个人自我养老的作用，形成多元主体责任共担、老龄化风险梯次应对、老龄事业人人参与的新局面。

——坚持系统谋划、综合施策。坚持应对人口老龄化和促进经济社会发展相结合，坚持满足老年人需求和解决人口老龄化问题相结合，确保各项政策制度目标一致、功能协调、衔接配套，努力实现老有所养、老有所医、老有所为、老有所学、老有所乐，让老年人共享改革发展成果、安享幸福晚年。

---

* 《中共中央 国务院关于加强新时代老龄工作的意见》于 2021 年 11 月 18 日通过。

——坚持整合资源、协调发展。构建居家社区机构相协调、医养康养相结合的养老服务体系和健康支撑体系，大力发展普惠型养老服务，促进资源均衡配置。推动老龄事业与产业、基本公共服务与多样化服务协调发展，统筹好老年人经济保障、服务保障、精神关爱、作用发挥等制度安排。

——坚持突出重点、夯实基层。聚焦解决老年人健康养老最紧迫的问题，坚持保基本、促公平、提质量，尽力而为、量力而行，确保人人享有基本养老服务和公共卫生服务。推动老龄工作重心下移、资源下沉，推进各项优质服务资源向老年人的身边、家边和周边聚集，确保老龄工作有人抓、老年人事情有人管、老年人困难有人帮。

二、健全养老服务体系

（三）创新居家社区养老服务模式。以居家养老为基础，通过新建、改造、租赁等方式，提升社区养老服务能力，着力发展街道（乡镇）、城乡社区两级养老服务网络，依托社区发展以居家为基础的多样化养老服务。地方政府负责探索并推动建立专业机构服务向社区、家庭延伸的模式。街道社区负责引进助餐、助洁等方面为老服务的专业机构，社区组织引进相关护理专业机构开展居家老年人照护工作；政府加强组织和监督工作。政府要培育为老服务的专业机构并指导其规范发展，引导其按照保本微利原则提供持续稳定的服务。充分发挥社区党组织作用，探索"社区＋物业＋养老服务"模式，增加居家社区养老服务有效供给。结合实施乡村振兴战略，加强农村养老服务机构和设施建设，鼓励以村级邻里互助点、农村幸福院为依托发展互助式养老服务。

（四）进一步规范发展机构养老。各地要通过直接建设、委托运营、购买服务、鼓励社会投资等多种方式发展机构养老。加强光荣院建设。公办养老机构优先接收经济困难的失能（含失智，下同）、孤寡、残疾、高龄老年人以及计划生育特殊家庭老年人、为社会作出重要贡献的老年人，并提供符合质量和安全标准的养老服务。建立健全养老服务标准和评价体系，加强对养老机构建设和运营的监管。研究制定养老机构预收服务费用管理政策，严防借养老机构之名圈钱、欺诈等行为。

（五）建立基本养老服务清单制度。各地要根据财政承受能力，制定基本养老服务清单，对健康、失能、经济困难等不同老年人群体，分类提供养老保障、生活照料、康复照护、社会救助等适宜服务。清单要明确服务对象、服务内容、服务标准和支出责任，并根据经济社会发展和科技进步进行动态调整。2022 年年底前，建立老年人能力综合评估制度，评估结果在全国范围内实现跨部门互认。

（六）完善多层次养老保障体系。扩大养老保险覆盖面，逐步实现基本养老保险法定人员全覆盖。尽快实现企业职工基本养老保险全国统筹。健全基本养老保险待遇调整机制，保障领取待遇人员基本生活。大力发展企业（职业）年金，促进和规范发展第三支柱养老保险。探索通过资产收益扶持制度等增加农村老年人收入。

三、完善老年人健康支撑体系

（七）提高老年人健康服务和管理水平。在城乡社区加强老年健康知识宣传和教育，提升老年人健康素养。做好国家基本公共卫生服务项目中的老年人健康管理和中医药健康管理服务。加强老年人群重点慢性病的早期筛查、干预及分类指导，开展老年口腔健康、老年营养改善、老年痴呆防治和心理关爱行动。提高失能、重病、高龄、低收入等老年人家庭医生签约服务覆盖率，提高服务质量。扩大医联体提供家庭病床、上门巡诊等居家医疗服务的范围，可按规定报销相关医疗费用，并按成本收取上门服务费。积极发挥基层医疗卫生机构为老年人提供优质中医药服务的作用。加强国家老年医学中心建设，布局若干区域老年医疗中心。加强综合性医院老年医学科建设，2025 年二级及以上综合性医院设立老年医学科的比例达到 60% 以上。通过新建改扩建、转型发展，加强老年医院、康复医院、护理院（中心、站）以及优抚医院建设，建立医疗、康复、护理双向转诊机制。加快建设老年友善医疗机构，方便老年人看病就医。

（八）加强失能老年人长期照护服务和保障。完善从专业机构到社区、家庭的长期照护服务模式。按照实施国家基本公共卫生服务项目的有关要求，开展失能老年人健康评估与健康服务。依托护理院（中心、站）、社区卫生服务中心、乡镇卫生院等医疗卫生机构以及具备服务能力的养老服务机构，为失能老年人提供长期照护服务。发展"互联网＋照护服务"，积极发展家庭养老床位和护理型养老床位，方便失能老年人照护。稳步扩大安宁疗护试点。稳妥推进长期护理保险制度试点，指导地方重点围绕进一步明确参保和保障范围、持续健全多元筹资机制、完善科学合理的待遇政策、健全待遇支付等相关标准及管理办法、创新管理和服务机制等方面，加大探索力度，完善现有试点，积极探索建立适合我国国情的长期护理保险制度。

（九）深入推进医养结合。卫生健康部门与民政部门要建立医养结合工作沟通协调机制。鼓励医疗卫生机构与养老机构开展协议合作，进一步整合优化基层医疗卫生和养老资源，提供医疗救治、康复护理、生活照料等服务。支持医疗资源丰富地区的二级及以下医疗机构转型，开展康复、护理以及医养结合服务。鼓励基层积极探索相关机构养老床位和医疗床位按需规范转换机制。根据服务老年人的特点，合理核定养老机构举办的医疗机构医保限额。2025年年底前，每个县（市、区、旗）有1所以上具有医养结合功能的县级特困人员供养服务机构。符合条件的失能老年人家庭成员参加照护知识等相关职业技能培训的，按规定给予职业培训补贴。创建一批医养结合示范项目。

四、促进老年人社会参与

（十）扩大老年教育资源供给。将老年教育纳入终身教育体系，教育部门牵头研究制定老年教育发展政策举措，采取促进有条件的学校开展老年教育、支持社会力量举办老年大学（学校）等办法，推动扩大老年教育资源供给。鼓励有条件的高校、职业院校开设老年教育相关专业和课程，加强学科专业建设与人才培养。编写老年教育相关教材。依托国家开放大学筹建国家老年大学，搭建全国老年教育资源共享和公共服务平台。创新机制，推动部门、行业企业、高校举办的老年大学面向社会开放办学。发挥社区党组织作用，引导老年人践行积极老龄观。

（十一）提升老年文化体育服务质量。各地要通过盘活空置房、公园、商场等资源，支持街道社区积极为老年人提供文化体育活动场所，组织开展文化体育活动，实现老年人娱乐、健身、文化、学习、消费、交流等方面的结合。培养服务老年人的基层文体骨干，提高老年人文体活动参与率和质量，文化和旅游、体育等部门要做好规范和管理工作。开发老年旅游产品和线路，提升老年旅游服务质量和水平。县（市、区、旗）应整合现有资源，设置适宜老年人的教育、文化、健身、交流场所。

（十二）鼓励老年人继续发挥作用。把老有所为同老有所养结合起来，完善就业、志愿服务、社区治理等政策措施，充分发挥低龄老年人作用。在学校、医院等单位和社区家政服务、公共场所服务管理等行业，探索适合老年人灵活就业的模式。鼓励各地建立老年人才信息库，为有劳动意愿的老年人提供职业介绍、职业技能培训和创新创业指导服务。深入开展

"银龄行动"，引导老年人以志愿服务形式积极参与基层民主监督、移风易俗、民事调解、文教卫生等活动。发挥老年人在家庭教育、家风传承等方面的积极作用。加强离退休干部职工基层党组织建设，鼓励老党员将组织关系及时转入经常居住地，引导老党员结合自身实际发挥作用，做好老年人精神关爱和思想引导工作。全面清理阻碍老年人继续发挥作用的不合理规定。

五、着力构建老年友好型社会

（十三）加强老年人权益保障。各地在制定涉及老年人利益的具体措施时，应当征求老年人的意见。建立完善涉老婚姻家庭、侵权等矛盾纠纷的预警、排查、调解机制。加强老年人权益保障普法宣传，提高老年人运用法律手段保护权益意识，提升老年人识骗防骗能力，依法严厉打击电信网络诈骗等违法犯罪行为。完善老年人监护制度。倡导律师事务所、公证机构、基层法律服务机构为老年人减免法律服务费用，为行动不便的老年人提供上门服务。建立适老型诉讼服务机制，为老年人便利参与诉讼活动提供保障。

（十四）打造老年宜居环境。各地要落实无障碍环境建设法规、标准和规范，将无障碍环境建设和适老化改造纳入城市更新、城镇老旧小区改造、农村危房改造、农村人居环境整治提升统筹推进，让老年人参与社会活动更加安全方便。鼓励有条件的地方对经济困难的失能、残疾、高龄等老年人家庭，实施无障碍和适老化改造、配备生活辅助器具、安装紧急救援设施、开展定期探访。指导各地结合实际出台家庭适老化改造标准，鼓励更多家庭开展适老化改造。在鼓励推广新技术、新方式的同时，保留老年人熟悉的传统服务方式，加快推进老年人常用的互联网应用和移动终端、APP应用适老化改造。实施"智慧助老"行动，加强数字技能教育和培训，提升老年人数字素养。

（十五）强化社会敬老。深入开展人口老龄化国情教育。实施中华孝亲敬老文化传承和创新工程。持续推进"敬老月"系列活动和"敬老文明号"创建活动，结合时代楷模、道德模范等评选，选树表彰孝亲敬老先进典型。将为老志愿服务纳入中小学综合实践活动和高校学生实践内容。加强老年优待工作，在出行便利、公交乘车优惠、门票减免等基础上，鼓励有条件的地方进一步拓展优待项目、创新优待方式，在醒目位置设置老年人优待标识，推广老年人凭身份证等有效证件享受各项优待政策。有条件的地方要积极落实外埠老年人同等享受本地优待项目。发挥广播电视和网络视听媒体作用，加强宣传引导，营造良好敬老社会氛围。

六、积极培育银发经济

（十六）加强规划引导。编制相关专项规划，完善支持政策体系，统筹推进老龄产业发展。鼓励各地利用资源禀赋优势，发展具有比较优势的特色老龄产业。统筹利用现有资金渠道支持老龄产业发展。

（十七）发展适老产业。相关部门要制定老年用品和服务目录、质量标准，推进养老服务认证工作。各地要推动与老年人生活密切相关的食品、药品以及老年用品行业规范发展，提升传统养老产品的功能和质量，满足老年人特殊需要。企业和科研机构要加大老年产品的研发制造力度，支持老年产品关键技术成果转化、服务创新，积极开发适合老年人使用的智能化、辅助性以及康复治疗等方面的产品，满足老年人提高生活品质的需求。鼓励企业设立线上线下融合、为老年人服务的专柜和体验店，大力发展养老相关产业融合的新模式新业态。鼓励商业保险机构在风险可控和商业可持续的前提下，开发老年人健康保险产品。市场监管等部门要加强监管，严厉打击侵犯知识产权和制售假冒伪劣商品等违法行为，维护老年人消费权益，营造安全、便利、诚信的消费环境。

七、强化老龄工作保障

（十八）加强人才队伍建设。加快建设适应新时代老龄工作需要的专业技术、社会服务、经营管理、科学研究人才和志愿者队伍。用人单位要切实保障养老服务人员工资待遇，建立基于岗位价值、能力素质、业绩贡献的工资分配机制，提升养老服务岗位吸引力。大力发展相关职业教育，开展养老服务、护理人员培养培训行动。对在养老机构举办的医疗机构中工作的医务人员，可参照执行基层医务人员相关激励政策。

（十九）加强老年设施供给。各地区各有关部门要按照《国家积极应对人口老龄化中长期规划》的要求，加强老年设施建设，加快实现养老机构护理型床位、老年大学（学校）等方面目标。各地要制定出台新建城区、新建居住区、老城区和已建成居住区配套养老服务设施设置标准和实施细则，落实养老服务设施设置要求。新建城区、新建居住区按标准要求配套建设养老服务设施实现全覆盖。到2025年，老城区和已建成居住区结合城镇老旧小区改造、居住区建设补短板行动等补建一批养老服务设施，"一刻钟"居家养老服务圈逐步完善。依托和整合现有资源，发展街道（乡镇）区域养老服务中心或为老服务综合体，按规定统筹相关政策和资金，为老年人提供综合服务。探索老年人服务设施与儿童服务设施集中布局、共建共享。

（二十）完善相关支持政策。适应今后一段时期老龄事业发展的资金需求，完善老龄事业发展财政投入政策和多渠道筹资机制，继续加大中央预算内投资支持力度，进一步提高民政部本级和地方各级政府用于社会福利事业的彩票公益金用于养老服务的比例。各地要统筹老龄事业发展，加大财政投入力度，各相关部门要用好有关资金和资源，积极支持老龄工作。研究制定住房等支持政策，完善阶梯电价、水价、气价政策，鼓励成年子女与老年父母就近居住或共同生活，履行赡养义务、承担照料责任。对赡养负担重的零就业家庭成员，按规定优先安排公益性岗位。落实相关财税支持政策，鼓励各类公益性社会组织或慈善组织加大对老龄事业投入。开展全国示范性老年友好型社区创建活动，将老年友好型社会建设情况纳入文明城市评选的重要内容。

（二十一）强化科学研究和国际合作。加大国家科技计划（专项、基金等）、社会科学基金等对老龄领域科技创新、基础理论和政策研究的支持力度。支持研究机构和高校设立老龄问题研究智库。推进跨领域、跨部门、跨层级的涉老数据共享，健全老年人生活状况统计调查和发布制度。积极参与全球及地区老龄问题治理，推动实施积极应对人口老龄化国家战略与落实 2030 年可持续发展议程相关目标有效对接。

八、加强组织实施

（二十二）加强党对老龄工作的领导。各级党委和政府要高度重视并切实做好老龄工作，坚持党政主要负责人亲自抓、负总责，将老龄工作重点任务纳入重要议事日程，纳入经济社会发展规划，纳入民生实事项目，纳入工作督查和绩效考核范围。加大制度创新、政策供给、财政投入力度，健全老龄工作体系，强化基层力量配备。发挥城乡基层党组织和基层自治组织作用，把老龄工作组织好、落实好，做到层层有责任、事事有人抓。建设党性坚强、作风优良、能力过硬的老龄工作干部队伍。综合运用应对人口老龄化能力评价结果，做好老龄工作综合评估。

（二十三）落实工作责任。全国老龄工作委员会要强化老龄工作统筹协调职能，加强办事机构能力建设。卫生健康部门要建立完善老年健康支撑体系，组织推进医养结合，组织开展疾病防治、医疗照护、心理健康与关怀服务等老年健康工作。发展改革部门要拟订并组织实施养老服务体系规划，推进老龄事业和产业发展与国家发展规划、年度计划相衔接，推动养老服务业发展。民政部门要统筹推进、督促指导、监督管理养老服务工作，拟订养老服务体系政策、标准并组织实施，承担老年人福利和特殊困难老年人救助工作。教育、科技、工业和信息化、公安、财政、人力资源社会保障、自然资源、住房城乡建设、商务、文化和旅游、金融、税务、市场监管、体育、医疗保障等部门要根据职责分工，认真履职，主动作为，及时解决工作中遇到的问题，形成齐抓共管、整体推进的工作机制。

（二十四）广泛动员社会参与。注重发挥工会、共青团、妇联、残联等群团组织和老年人相关社会组织、机关企事业单位的作用，结合各自职能开展老龄工作，形成全社会共同参与的工作格局。发挥中国老龄协会推动老龄事业发展的作用，提升基层老年协会能力。及时总结推广老龄工作先进典型经验。

3. 《中华人民共和国民法典》（婚姻家庭编、继承编）（2021 年）*

第五编　婚姻家庭

第一章　一般规定

第一千零四十条　本编调整因婚姻家庭产生的民事关系。

第一千零四十一条　婚姻家庭受国家保护。

实行婚姻自由、一夫一妻、男女平等的婚姻制度。

保护妇女、未成年人、老年人、残疾人的合法权益。

第一千零四十二条　禁止包办、买卖婚姻和其他干涉婚姻自由的行为。禁止借婚姻索取财物。

禁止重婚。禁止有配偶者与他人同居。

禁止家庭暴力。禁止家庭成员间的虐待和遗弃。

第一千零四十三条　家庭应当树立优良家风，弘扬家庭美德，重视家庭文明建设。

夫妻应当互相忠实，互相尊重，互相关爱；家庭成员应当敬老爱幼，互相帮助，维护平等、和睦、文明的婚姻家庭关系。

第一千零四十四条　收养应当遵循最有利于被收养人的原则，保障被收养人和收养人的合法权益。

禁止借收养名义买卖未成年人。

第一千零四十五条　亲属包括配偶、血亲和姻亲。

配偶、父母、子女、兄弟姐妹、祖父母、外祖父母、孙子女、外孙子女为近亲属。

配偶、父母、子女和其他共同生活的近亲属为家庭成员。

第二章　结婚

第一千零四十六条　结婚应当男女双方完全自愿，禁止任何一方对另一方加以强迫，禁止任何组织或者个人加以干涉。

---

　*《中华人民共和国民法典》于 2020 年 5 月 28 日第十三届全国人民代表大会第三次会议通过，自 2021 年 1 月 1 日起施行。

第一千零四十七条　结婚年龄，男不得早于二十二周岁，女不得早于二十周岁。

第一千零四十八条　直系血亲或者三代以内的旁系血亲禁止结婚。

第一千零四十九条　要求结婚的男女双方应当亲自到婚姻登记机关申请结婚登记。符合本法规定的，予以登记，发给结婚证。完成结婚登记，即确立婚姻关系。未办理结婚登记的，应当补办登记。

第一千零五十条　登记结婚后，按照男女双方约定，女方可以成为男方家庭的成员，男方可以成为女方家庭的成员。

第一千零五十一条　有下列情形之一的，婚姻无效：

（一）重婚；

（二）有禁止结婚的亲属关系；

（三）未到法定婚龄。

第一千零五十二条　因胁迫结婚的，受胁迫的一方可以向人民法院请求撤销婚姻。

请求撤销婚姻的，应当自胁迫行为终止之日起一年内提出。

被非法限制人身自由的当事人请求撤销婚姻的，应当自恢复人身自由之日起一年内提出。

第一千零五十三条　一方患有重大疾病的，应当在结婚登记前如实告知另一方；不如实告知的，另一方可以向人民法院请求撤销婚姻。

请求撤销婚姻的，应当自知道或者应当知道撤销事由之日起一年内提出。

第一千零五十四条　无效的或者被撤销的婚姻自始没有法律约束力，当事人不具有夫妻的权利和义务。同居期间所得的财产，由当事人协议处理；协议不成的，由人民法院根据照顾无过错方的原则判决。对重婚导致的无效婚姻的财产处理，不得侵害合法婚姻当事人的财产权益。当事人所生的子女，适用本法关于父母子女的规定。

婚姻无效或者被撤销的，无过错方有权请求损害赔偿。

第三章　家庭关系

第一节　夫妻关系

第一千零五十五条　夫妻在婚姻家庭中地位平等。

第一千零五十六条　夫妻双方都有各自使用自己姓名的权利。

第一千零五十七条　夫妻双方都有参加生产、工作、学习和社会活动的自由，一方不得对另一方加以限制或者干涉。

第一千零五十八条　夫妻双方平等享有对未成年子女抚养、教育和保护的权利，共同承担对未成年子女抚养、教育和保护的义务。

第一千零五十九条　夫妻有相互扶养的义务。

需要扶养的一方，在另一方不履行扶养义务时，有要求其给付扶养费的权利。

第一千零六十条　夫妻一方因家庭日常生活需要而实施的民事法律行为，对夫妻双方发生效力，但是夫妻一方与相对人另有约定的除外。

夫妻之间对一方可以实施的民事法律行为范围的限制，不得对抗善意相对人。

第一千零六十一条　夫妻有相互继承遗产的权利。

第一千零六十二条　夫妻在婚姻关系存续期间所得的下列财产，为夫妻的共同财产，归夫妻共同所有：

（一）工资、奖金、劳务报酬；

（二）生产、经营、投资的收益；

（三）知识产权的收益；

（四）继承或者受赠的财产，但是本法第一千零六十三条第三项规定的除外；

（五）其他应当归共同所有的财产。

夫妻对共同财产，有平等的处理权。

第一千零六十三条　下列财产为夫妻一方的个人财产：

（一）一方的婚前财产；

（二）一方因受到人身损害获得的赔偿或者补偿；

（三）遗嘱或者赠与合同中确定只归一方的财产；

（四）一方专用的生活用品；

（五）其他应当归一方的财产。

第一千零六十四条　夫妻双方共同签名或者夫妻一方事后追认等共同意思表示所负的债务，以及夫妻一方在婚姻关系存续期间以个人名义为家庭日常生活需要所负的债务，属于夫妻共同债务。

夫妻一方在婚姻关系存续期间以个人名义超出家庭日常生活需要所负的债务，不属于夫妻共同债务；但是，债权人能够证明该债务用于夫妻共同生活、共同生产经营或者基于夫妻双方共同意思表示的除外。

第一千零六十五条　男女双方可以约定婚姻关系存续期间所得的财产以及婚前财产归各自所有、共同所有或者部分各自所有、部分共同所有。约定应当采用书面形式。没有约定或者约定不明确的，适用本法第一千零六十二条、第一千零六十三条的规定。

夫妻对婚姻关系存续期间所得的财产以及婚前财产的约定，对双方具有法律约束力。

夫妻对婚姻关系存续期间所得的财产约定归各自所有，夫或者妻一方对外所负的债务，相对人知道该约定的，以夫或者妻一方的个人财产清偿。

第一千零六十六条　婚姻关系存续期间，有下列情形之一的，夫妻一方可以向人民法院请求分割共同财产：

（一）一方有隐藏、转移、变卖、毁损、挥霍夫妻共同财产或者伪造夫妻共同债务等严重损害夫妻共同财产利益的行为；

（二）一方负有法定扶养义务的人患重大疾病需要医治，另一方不同意支付相关医疗费用。

第二节　父母子女关系和其他近亲属关系

第一千零六十七条　父母不履行抚养义务的，未成年子女或者不能独立生活的成年子女，有要求父母给付抚养费的权利。

成年子女不履行赡养义务的，缺乏劳动能力或者生活困难的父母，有要求成年子女给付赡养费的权利。

第一千零六十八条　父母有教育、保护未成年子女的权利和义务。未成年子女造成他人损害的，父母应当依法承担民事责任。

第一千零六十九条　子女应当尊重父母的婚姻权利，不得干涉父母离婚、再婚以及婚后的生活。子女对父母的赡养义务，不因父母的婚姻关系变化而终止。

第一千零七十条　父母和子女有相互继承遗产的权利。

第一千零七十一条　非婚生子女享有与婚生子女同等的权利，任何组织或者个人不得加以危害和歧视。

不直接抚养非婚生子女的生父或者生母，应当负担未成年子女或者不能独立生活的成年子女的抚养费。

第一千零七十二条　继父母与继子女间，不得虐待或者歧视。

继父或者继母和受其抚养教育的继子女间的权利义务关系，适用本法关于父母子女关系的规定。

第一千零七十三条 对亲子关系有异议且有正当理由的，父或者母可以向人民法院提起诉讼，请求确认或者否认亲子关系。

对亲子关系有异议且有正当理由的，成年子女可以向人民法院提起诉讼，请求确认亲子关系。

第一千零七十四条 有负担能力的祖父母、外祖父母，对于父母已经死亡或者父母无力抚养的未成年孙子女、外孙子女，有抚养的义务。

有负担能力的孙子女、外孙子女，对于子女已经死亡或者子女无力赡养的祖父母、外祖父母，有赡养的义务。

第一千零七十五条 有负担能力的兄、姐，对于父母已经死亡或者父母无力抚养的未成年弟、妹，有扶养的义务。

由兄、姐扶养长大的有负担能力的弟、妹，对于缺乏劳动能力又缺乏生活来源的兄、姐，有扶养的义务。

第四章 离婚

第一千零七十六条 夫妻双方自愿离婚的，应当签订书面离婚协议，并亲自到婚姻登记机关申请离婚登记。

离婚协议应当载明双方自愿离婚的意思表示和对子女抚养、财产以及债务处理等事项协商一致的意见。

第一千零七十七条 自婚姻登记机关收到离婚登记申请之日起三十日内，任何一方不愿意离婚的，可以向婚姻登记机关撤回离婚登记申请。

前款规定期限届满后三十日内，双方应当亲自到婚姻登记机关申请发给离婚证；未申请的，视为撤回离婚登记申请。

第一千零七十八条 婚姻登记机关查明双方确实是自愿离婚，并已经对子女抚养、财产以及债务处理等事项协商一致的，予以登记，发给离婚证。

第一千零七十九条 夫妻一方要求离婚的，可以由有关组织进行调解或者直接向人民法院提起离婚诉讼。

人民法院审理离婚案件，应当进行调解；如果感情确已破裂，调解无效的，应当准予离婚。

有下列情形之一，调解无效的，应当准予离婚：

（一）重婚或者与他人同居；

（二）实施家庭暴力或者虐待、遗弃家庭成员；

（三）有赌博、吸毒等恶习屡教不改；

（四）因感情不和分居满二年；

（五）其他导致夫妻感情破裂的情形。

一方被宣告失踪，另一方提起离婚诉讼的，应当准予离婚。

经人民法院判决不准离婚后，双方又分居满一年，一方再次提起离婚诉讼的，应当准予离婚。

第一千零八十条　完成离婚登记，或者离婚判决书、调解书生效，即解除婚姻关系。

第一千零八十一条　现役军人的配偶要求离婚，应当征得军人同意，但是军人一方有重大过错的除外。

第一千零八十二条　女方在怀孕期间、分娩后一年内或者终止妊娠后六个月内，男方不得提出离婚；但是，女方提出离婚或者人民法院认为确有必要受理男方离婚请求的除外。

第一千零八十三条　离婚后，男女双方自愿恢复婚姻关系的，应当到婚姻登记机关重新进行结婚登记。

第一千零八十四条　父母与子女间的关系，不因父母离婚而消除。离婚后，子女无论由父或者母直接抚养，仍是父母双方的子女。

离婚后，父母对于子女仍有抚养、教育、保护的权利和义务。

离婚后，不满两周岁的子女，以由母亲直接抚养为原则。已满两周岁的子女，父母双方对抚养问题协议不成的，由人民法院根据双方的具体情况，按照最有利于未成年子女的原则判决。子女已满八周岁的，应当尊重其真实意愿。

第一千零八十五条　离婚后，子女由一方直接抚养的，另一方应当负担部分或者全部抚养费。负担费用的多少和期限的长短，由双方协议；协议不成的，由人民法院判决。

前款规定的协议或者判决，不妨碍子女在必要时向父母任何一方提出超过协议或者判决原定数额的合理要求。

第一千零八十六条　离婚后，不直接抚养子女的父或者母，有探望子女的权利，另一方有协助的义务。

行使探望权利的方式、时间由当事人协议；协议不成的，由人民法院判决。

父或者母探望子女，不利于子女身心健康的，由人民法院依法中止探望；中止的事由消失后，应当恢复探望。

第一千零八十七条　离婚时，夫妻的共同财产由双方协议处理；协议不成的，由人民法院根据财产的具体情况，按照照顾子女、女方和无过错方权益的原则判决。

对夫或者妻在家庭土地承包经营中享有的权益等，应当依法予以保护。

第一千零八十八条　夫妻一方因抚育子女、照料老年人、协助另一方工作等负担较多义务的，离婚时有权向另一方请求补偿，另一方应当给予补偿。具体办法由双方协议；协议不成的，由人民法院判决。

第一千零八十九条　离婚时，夫妻共同债务应当共同偿还。共同财产不足清偿或者财产归各自所有的，由双方协议清偿；协议不成的，由人民法院判决。

第一千零九十条　离婚时，如果一方生活困难，有负担能力的另一方应当给予适当帮助。具体办法由双方协议；协议不成的，由人民法院判决。

第一千零九十一条　有下列情形之一，导致离婚的，无过错方有权请求损害赔偿：

（一）重婚；

（二）与他人同居；

（三）实施家庭暴力；

（四）虐待、遗弃家庭成员；

（五）有其他重大过错。

第一千零九十二条　夫妻一方隐藏、转移、变卖、毁损、挥霍夫妻共同财产，或者伪造夫妻共同债务企图侵占另一方财产的，在离婚分割夫妻共同财产时，对该方可以少分或者不分。离婚后，另一方发现有上述行为的，可以向人民法院提起诉讼，请求再次分割夫妻共同财产。

第五章　收养

第一节　收养关系的成立

第一千零九十三条　下列未成年人，可以被收养：

（一）丧失父母的孤儿；

（二）查找不到生父母的未成年人；

（三）生父母有特殊困难无力抚养的子女。

第一千零九十四条 下列个人、组织可以作送养人：

（一）孤儿的监护人；

（二）儿童福利机构；

（三）有特殊困难无力抚养子女的生父母。

第一千零九十五条 未成年人的父母均不具备完全民事行为能力且可能严重危害该未成年人的，该未成年人的监护人可以将其送养。

第一千零九十六条 监护人送养孤儿的，应当征得有抚养义务的人同意。有抚养义务的人不同意送养、监护人不愿意继续履行监护职责的，应当依照本法第一编的规定另行确定监护人。

第一千零九十七条 生父母送养子女，应当双方共同送养。生父母一方不明或者查找不到的，可以单方送养。

第一千零九十八条 收养人应当同时具备下列条件：

（一）无子女或者只有一名子女；

（二）有抚养、教育和保护被收养人的能力；

（三）未患有在医学上认为不应当收养子女的疾病；

（四）无不利于被收养人健康成长的违法犯罪记录；

（五）年满三十周岁。

第一千零九十九条 收养三代以内旁系同辈血亲的子女，可以不受本法第一千零九十三条第三项、第一千零九十四条第三项和第一千一百零二条规定的限制。

华侨收养三代以内旁系同辈血亲的子女，还可以不受本法第一千零九十八条第一项规定的限制。

第一千一百条 无子女的收养人可以收养两名子女；有子女的收养人只能收养一名子女。

收养孤儿、残疾未成年人或者儿童福利机构抚养的查找不到生父母的未成年人，可以不受前款和本法第一千零九十八条第一项规定的限制。

第一千一百零一条 有配偶者收养子女，应当夫妻共同收养。

第一千一百零二条 无配偶者收养异性子女的，收养人与被收养人的年龄应当相差四十周岁以上。

第一千一百零三条 继父或者继母经继子女的生父母同意，可以收养继子女，并可以不受本法第一千零九十三条第三项、第一千零九十四条第三项、第一千零九十八条和第一千一百条第一款规定的限制。

第一千一百零四条　收养人收养与送养人送养，应当双方自愿。收养八周岁以上未成年人的，应当征得被收养人的同意。

第一千一百零五条　收养应当向县级以上人民政府民政部门登记。收养关系自登记之日起成立。

收养查找不到生父母的未成年人的，办理登记的民政部门应当在登记前予以公告。

收养关系当事人愿意签订收养协议的，可以签订收养协议。

收养关系当事人各方或者一方要求办理收养公证的，应当办理收养公证。

县级以上人民政府民政部门应当依法进行收养评估。

第一千一百零六条　收养关系成立后，公安机关应当按照国家有关规定为被收养人办理户口登记。

第一千一百零七条　孤儿或者生父母无力抚养的子女，可以由生父母的亲属、朋友抚养；抚养人与被抚养人的关系不适用本章规定。

第一千一百零八条　配偶一方死亡，另一方送养未成年子女的，死亡一方的父母有优先抚养的权利。

第一千一百零九条　外国人依法可以在中华人民共和国收养子女。

外国人在中华人民共和国收养子女，应当经其所在国主管机关依照该国法律审查同意。收养人应当提供由其所在国有权机构出具的有关其年龄、婚姻、职业、财产、健康、有无受过刑事处罚等状况的证明材料，并与送养人签订书面协议，亲自向省、自治区、直辖市人民政府民政部门登记。

前款规定的证明材料应当经收养人所在国外交机关或者外交机关授权的机构认证，并经中华人民共和国驻该国使领馆认证，但是国家另有规定的除外。

第一千一百一十条　收养人、送养人要求保守收养秘密的，其他人应当尊重其意愿，不得泄露。

第二节　收养的效力

第一千一百一十一条　自收养关系成立之日起，养父母与养子女间的权利义务关系，适用本法关于父母子女关系的规定；养子女与养父母的近亲属间的权利义务关系，适用本法关于子女与父母的近亲属关系的规定。

养子女与生父母以及其他近亲属间的权利义务关系，因收养关系的成立而消除。

第一千一百一十二条　养子女可以随养父或者养母的姓氏，经当事人协商一致，也可以保留原姓氏。

第一千一百一十三条　有本法第一编关于民事法律行为无效规定情形或者违反本编规定的收养行为无效。

无效的收养行为自始没有法律约束力。

第三节　收养关系的解除

第一千一百一十四条　收养人在被收养人成年以前，不得解除收养关系，但是收养人、送养人双方协议解除的除外。养子女八周岁以上的，应当征得本人同意。

收养人不履行抚养义务，有虐待、遗弃等侵害未成年养子女合法权益行为的，送养人有权要求解除养父母与养子女间的收养关系。送养人、收养人不能达成解除收养关系协议的，可以向人民法院提起诉讼。

第一千一百一十五条　养父母与成年养子女关系恶化、无法共同生活的，可以协议解除收养关系。不能达成协议的，可以向人民法院提起诉讼。

第一千一百一十六条　当事人协议解除收养关系的，应当到民政部门办理解除收养关系登记。

第一千一百一十七条　收养关系解除后，养子女与养父母以及其他近亲属间的权利义务关系即行消除，与生父母以及其他近亲属间的权利义务关系自行恢复。但是，成年养子女与生父母以及其他近亲属间的权利义务关系是否恢复，可以协商确定。

第一千一百一十八条　收养关系解除后，经养父母抚养的成年养子女，对缺乏劳动能力又缺乏生活来源的养父母，应当给付生活费。因养子女成年后虐待、遗弃养父母而解除收养关系的，养父母可以要求养子女补偿收养期间支出的抚养费。

生父母要求解除收养关系的，养父母可以要求生父母适当补偿收养期间支出的抚养费；但是，因养父母虐待、遗弃养子女而解除收养关系的除外。

第六编　继承

第一章　一般规定

第一千一百一十九条　本编调整因继承产生的民事关系。

第一千一百二十条　国家保护自然人的继承权。

第一千一百二十一条　继承从被继承人死亡时开始。

相互有继承关系的数人在同一事件中死亡，难以确定死亡时间的，推定没有其他继承人的人先死亡。都有其他继承人，辈份不同的，推定长辈先死亡；辈份相同的，推定同时死亡，相互不发生继承。

第一千一百二十二条　遗产是自然人死亡时遗留的个人合法财产。

依照法律规定或者根据其性质不得继承的遗产，不得继承。

第一千一百二十三条　继承开始后，按照法定继承办理；有遗嘱的，按照遗嘱继承或者遗赠办理；有遗赠扶养协议的，按照协议办理。

第一千一百二十四条　继承开始后，继承人放弃继承的，应当在遗产处理前，以书面形式作出放弃继承的表示；没有表示的，视为接受继承。

受遗赠人应当在知道受遗赠后六十日内，作出接受或者放弃受遗赠的表示；到期没有表示的，视为放弃受遗赠。

第一千一百二十五条　继承人有下列行为之一的，丧失继承权：

（一）故意杀害被继承人；

（二）为争夺遗产而杀害其他继承人；

（三）遗弃被继承人，或者虐待被继承人情节严重；

（四）伪造、篡改、隐匿或者销毁遗嘱，情节严重；

（五）以欺诈、胁迫手段迫使或者妨碍被继承人设立、变更或者撤回遗嘱，情节严重。

继承人有前款第三项至第五项行为，确有悔改表现，被继承人表示宽恕或者事后在遗嘱中将其列为继承人的，该继承人不丧失继承权。

受遗赠人有本条第一款规定行为的，丧失受遗赠权。

第二章　法定继承

第一千一百二十六条　继承权男女平等。

第一千一百二十七条　遗产按照下列顺序继承：

（一）第一顺序：配偶、子女、父母；

（二）第二顺序：兄弟姐妹、祖父母、外祖父母。

继承开始后，由第一顺序继承人继承，第二顺序继承人不继承；没有第一顺序继承人继承的，由第二顺序继承人继承。

本编所称子女，包括婚生子女、非婚生子女、养子女和有扶养关系的继子女。

本编所称父母，包括生父母、养父母和有扶养关系的继父母。

本编所称兄弟姐妹，包括同父母的兄弟姐妹、同父异母或者同母异父的兄弟姐妹、养兄弟姐妹、有扶养关系的继兄弟姐妹。

第一千一百二十八条　被继承人的子女先于被继承人死亡的，由被继承人的子女的直系晚辈血亲代位继承。

被继承人的兄弟姐妹先于被继承人死亡的，由被继承人的兄弟姐妹的子女代位继承。

代位继承人一般只能继承被代位继承人有权继承的遗产份额。

第一千一百二十九条　丧偶儿媳对公婆，丧偶女婿对岳父母，尽了主要赡养义务的，作为第一顺序继承人。

第一千一百三十条　同一顺序继承人继承遗产的份额，一般应当均等。

对生活有特殊困难又缺乏劳动能力的继承人，分配遗产时，应当予以照顾。

对被继承人尽了主要扶养义务或者与被继承人共同生活的继承人，分配遗产时，可以多分。

有扶养能力和有扶养条件的继承人，不尽扶养义务的，分配遗产时，应当不分或者少分。

继承人协商同意的，也可以不均等。

第一千一百三十一条　对继承人以外的依靠被继承人扶养的人，或者继承人以外的对被继承人扶养较多的人，可以分给适当的遗产。

第一千一百三十二条　继承人应当本着互谅互让、和睦团结的精神，协商处理继承问题。遗产分割的时间、办法和份额，由继承人协商确定；协商不成的，可以由人民调解委员会调解或者向人民法院提起诉讼。

第三章　遗嘱继承和遗赠

第一千一百三十三条　自然人可以依照本法规定立遗嘱处分个人财产，并可以指定遗嘱执行人。

自然人可以立遗嘱将个人财产指定由法定继承人中的一人或者数人继承。

自然人可以立遗嘱将个人财产赠与国家、集体或者法定继承人以外的组织、个人。

自然人可以依法设立遗嘱信托。

第一千一百三十四条　自书遗嘱由遗嘱人亲笔书写，签名，注明年、月、日。

第一千一百三十五条　代书遗嘱应当有两个以上见证人在场见证，由其中一人代书，并由遗嘱人、代书人和其他见证人签名，注明年、月、日。

第一千一百三十六条　打印遗嘱应当有两个以上见证人在场见证。遗嘱人和见证人应当在遗嘱每一页签名，注明年、月、日。

第一千一百三十七条　以录音录像形式立的遗嘱，应当有两个以上见证人在场见证。遗嘱人和见证人应当在录音录像中记录其姓名或者肖像，以及年、月、日。

第一千一百三十八条　遗嘱人在危急情况下，可以立口头遗嘱。口头遗嘱应当有两个以上见证人在场见证。危急情况消除后，遗嘱人能够以书面或者录音录像形式立遗嘱的，所立的口头遗嘱无效。

第一千一百三十九条　公证遗嘱由遗嘱人经公证机构办理。

第一千一百四十条　下列人员不能作为遗嘱见证人：

（一）无民事行为能力人、限制民事行为能力人以及其他不具有见证能力的人；

（二）继承人、受遗赠人；

（三）与继承人、受遗赠人有利害关系的人。

第一千一百四十一条　遗嘱应当为缺乏劳动能力又没有生活来源的继承人保留必要的遗产份额。

第一千一百四十二条　遗嘱人可以撤回、变更自己所立的遗嘱。

立遗嘱后，遗嘱人实施与遗嘱内容相反的民事法律行为的，视为对遗嘱相关内容的撤回。

立有数份遗嘱，内容相抵触的，以最后的遗嘱为准。

第一千一百四十三条　无民事行为能力人或者限制民事行为能力人所立的遗嘱无效。

遗嘱必须表示遗嘱人的真实意思，受欺诈、胁迫所立的遗嘱无效。

伪造的遗嘱无效。

遗嘱被篡改的，篡改的内容无效。

第一千一百四十四条　遗嘱继承或者遗赠附有义务的，继承人或者受遗赠人应当履行义务。没有正当理由不履行义务的，经利害关系人或者有关组织请求，人民法院可以取消其接受附义务部分遗产的权利。

第四章　遗产的处理

第一千一百四十五条　继承开始后，遗嘱执行人为遗产管理人；没有遗嘱执行人的，继承人应当及时推选遗产管理人；继承人未推选的，由继承人共同担任遗产管理人；没有继承人或者继承人均放弃继承的，由被继承人生前住所地的民政部门或者村民委员会担任遗产管理人。

第一千一百四十六条　对遗产管理人的确定有争议的，利害关系人可以向人民法院申请指定遗产管理人。

第一千一百四十七条　遗产管理人应当履行下列职责：

（一）清理遗产并制作遗产清单；

（二）向继承人报告遗产情况；

（三）采取必要措施防止遗产毁损、灭失；

（四）处理被继承人的债权债务；

（五）按照遗嘱或者依照法律规定分割遗产；

（六）实施与管理遗产有关的其他必要行为。

第一千一百四十八条　遗产管理人应当依法履行职责，因故意或者重大过失造成继承人、受遗赠人、债权人损害的，应当承担民事责任。

第一千一百四十九条　遗产管理人可以依照法律规定或者按照约定获得报酬。

第一千一百五十条　继承开始后，知道被继承人死亡的继承人应当及时通知其他继承人和遗嘱执行人。继承人中无人知道被继承人死亡或者知道被继承人死亡而不能通知的，由被继承人生前所在单位或者住所地的居民委员会、村民委员会负责通知。

第一千一百五十一条　存有遗产的人，应当妥善保管遗产，任何组织或者个人不得侵吞或者争抢。

第一千一百五十二条　继承开始后，继承人于遗产分割前死亡，并没有放弃继承的，该继承人应当继承的遗产转给其继承人，但是遗嘱另有安排的除外。

第一千一百五十三条　夫妻共同所有的财产，除有约定的外，遗产分割时，应当先将共同所有的财产的一半分出为配偶所有，其余的为被继承人的遗产。

遗产在家庭共有财产之中的，遗产分割时，应当先分出他人的财产。

第一千一百五十四条　有下列情形之一的，遗产中的有关部分按照法定继承办理：

（一）遗嘱继承人放弃继承或者受遗赠人放弃受遗赠；

（二）遗嘱继承人丧失继承权或者受遗赠人丧失受遗赠权；

（三）遗嘱继承人、受遗赠人先于遗嘱人死亡或者终止；

（四）遗嘱无效部分所涉及的遗产；

（五）遗嘱未处分的遗产。

第一千一百五十五条　遗产分割时，应当保留胎儿的继承份额。胎儿娩出时是死体的，保留的份额按照法定继承办理。

第一千一百五十六条　遗产分割应当有利于生产和生活需要，不损害遗产的效用。

不宜分割的遗产，可以采取折价、适当补偿或者共有等方法处理。

第一千一百五十七条　夫妻一方死亡后另一方再婚的，有权处分所继承的财产，任何组织或者个人不得干涉。

第一千一百五十八条　自然人可以与继承人以外的组织或者个人签订遗赠扶养协议。按照协议，该组织或者个人承担该自然人生养死葬的义务，享有受遗赠的权利。

第一千一百五十九条　分割遗产，应当清偿被继承人依法应当缴纳的税款和债务；但是，应当为缺乏劳动能力又没有生活来源的继承人保留必要的遗产。

第一千一百六十条　无人继承又无人受遗赠的遗产，归国家所有，用于公益事业；死者生前是集体所有制组织成员的，归所在集体所有制组织所有。

第一千一百六十一条　继承人以所得遗产实际价值为限清偿被继承人依法应当缴纳的税款和债务。超过遗产实际价值部分，继承人自愿偿还的不在此限。

继承人放弃继承的，对被继承人依法应当缴纳的税款和债务可以不负清偿责任。

第一千一百六十二条　执行遗赠不得妨碍清偿遗赠人依法应当缴纳的税款和债务。

第一千一百六十三条　既有法定继承又有遗嘱继承、遗赠的，由法定继承人清偿被继承人依法应当缴纳的税款和债务；超过法定继承遗产实际价值部分，由遗嘱继承人和受遗赠人按比例以所得遗产清偿。

4. 《中华人民共和国老年人权益保障法》
（2018 年）*

第一章　总则

第一条　为了保障老年人合法权益，发展老龄事业，弘扬中华民族敬老、养老、助老的美德，根据宪法，制定本法。

第二条　本法所称老年人是指六十周岁以上的公民。

第三条　国家保障老年人依法享有的权益。

老年人有从国家和社会获得物质帮助的权利，有享受社会服务和社会优待的权利，有参与社会发展和共享发展成果的权利。

禁止歧视、侮辱、虐待或者遗弃老年人。

第四条　积极应对人口老龄化是国家的一项长期战略任务。

国家和社会应当采取措施，健全保障老年人权益的各项制度，逐步改善保障老年人生活、健康、安全以及参与社会发展的条件，实现老有所养、老有所医、老有所为、老有所学、老有所乐。

第五条　国家建立多层次的社会保障体系，逐步提高对老年人的保障水平。

国家建立和完善以居家为基础、社区为依托、机构为支撑的社会养老服务体系。

倡导全社会优待老年人。

第六条　各级人民政府应当将老龄事业纳入国民经济和社会发展规划，将老龄事业经费列入财政预算，建立稳定的经费保障机制，并鼓励社会各方面投入，使老龄事业与经济、社会协调发展。

国务院制定国家老龄事业发展规划。县级以上地方人民政府根据国家老龄事业发展规划，制定本行政区域的老龄事业发展规划和年度计划。

县级以上人民政府负责老龄工作的机构，负责组织、协调、指导、督

＊《中华人民共和国老年人权益保障法》于 1996 年 8 月 29 日第八届全国人民代表大会常务委员会第二十一次会议通过，根据 2018 年 12 月 29 日第十三届全国人民代表大会常务委员会第七次会议《关于修改〈中华人民共和国劳动法〉等七部法律的决定》第三次修正。

促有关部门做好老年人权益保障工作。

第七条　保障老年人合法权益是全社会的共同责任。

国家机关、社会团体、企业事业单位和其他组织应当按照各自职责，做好老年人权益保障工作。

基层群众性自治组织和依法设立的老年人组织应当反映老年人的要求，维护老年人合法权益，为老年人服务。

提倡、鼓励义务为老年人服务。

第八条　国家进行人口老龄化国情教育，增强全社会积极应对人口老龄化意识。

全社会应当广泛开展敬老、养老、助老宣传教育活动，树立尊重、关心、帮助老年人的社会风尚。

青少年组织、学校和幼儿园应当对青少年和儿童进行敬老、养老、助老的道德教育和维护老年人合法权益的法制教育。

广播、电影、电视、报刊、网络等应当反映老年人的生活，开展维护老年人合法权益的宣传，为老年人服务。

第九条　国家支持老龄科学研究，建立老年人状况统计调查和发布制度。

第十条　各级人民政府和有关部门对维护老年人合法权益和敬老、养老、助老成绩显著的组织、家庭或者个人，对参与社会发展做出突出贡献的老年人，按照国家有关规定给予表彰或者奖励。

第十一条　老年人应当遵纪守法，履行法律规定的义务。

第十二条　每年农历九月初九为老年节。

第二章　家庭赡养与扶养

第十三条　老年人养老以居家为基础，家庭成员应当尊重、关心和照料老年人。

第十四条　赡养人应当履行对老年人经济上供养、生活上照料和精神上慰藉的义务，照顾老年人的特殊需要。

赡养人是指老年人的子女以及其他依法负有赡养义务的人。

赡养人的配偶应当协助赡养人履行赡养义务。

第十五条　赡养人应当使患病的老年人及时得到治疗和护理；对经济困难的老年人，应当提供医疗费用。

对生活不能自理的老年人，赡养人应当承担照料责任；不能亲自照料的，可以按照老年人的意愿委托他人或者养老机构等照料。

第十六条　赡养人应当妥善安排老年人的住房，不得强迫老年人居住或者迁居条件低劣的房屋。

老年人自有的或者承租的住房，子女或者其他亲属不得侵占，不得擅自改变产权关系或者租赁关系。

老年人自有的住房，赡养人有维修的义务。

第十七条　赡养人有义务耕种或者委托他人耕种老年人承包的田地，照管或者委托他人照管老年人的林木和牲畜等，收益归老年人所有。

第十八条　家庭成员应当关心老年人的精神需求，不得忽视、冷落老年人。

与老年人分开居住的家庭成员，应当经常看望或者问候老年人。

用人单位应当按照国家有关规定保障赡养人探亲休假的权利。

第十九条　赡养人不得以放弃继承权或者其他理由，拒绝履行赡养义务。

赡养人不履行赡养义务，老年人有要求赡养人付给赡养费等权利。

赡养人不得要求老年人承担力不能及的劳动。

第二十条　经老年人同意，赡养人之间可以就履行赡养义务签订协议。赡养协议的内容不得违反法律的规定和老年人的意愿。

基层群众性自治组织、老年人组织或者赡养人所在单位监督协议的履行。

第二十一条　老年人的婚姻自由受法律保护。子女或者其他亲属不得干涉老年人离婚、再婚及婚后的生活。

赡养人的赡养义务不因老年人的婚姻关系变化而消除。

第二十二条　老年人对个人的财产，依法享有占有、使用、收益和处分的权利，子女或者其他亲属不得干涉，不得以窃取、骗取、强行索取等方式侵犯老年人的财产权益。

老年人有依法继承父母、配偶、子女或者其他亲属遗产的权利，有接受赠与的权利。子女或者其他亲属不得侵占、抢夺、转移、隐匿或者损毁应当由老年人继承或者接受赠与的财产。

老年人以遗嘱处分财产，应当依法为老年配偶保留必要的份额。

第二十三条　老年人与配偶有相互扶养的义务。

由兄、姐扶养的弟、妹成年后，有负担能力的，对年老无赡养人的兄、姐有扶养的义务。

第二十四条　赡养人、扶养人不履行赡养、扶养义务的，基层群众性自治组织、老年人组织或者赡养人、扶养人所在单位应当督促其履行。

第二十五条　禁止对老年人实施家庭暴力。

第二十六条　具备完全民事行为能力的老年人，可以在近亲属或者其他与自己关系密切、愿意承担监护责任的个人、组织中协商确定自己的监护人。监护人在老年人丧失或者部分丧失民事行为能力时，依法承担监护责任。

老年人未事先确定监护人的，其丧失或者部分丧失民事行为能力时，依照有关法律的规定确定监护人。

第二十七条　国家建立健全家庭养老支持政策，鼓励家庭成员与老年人共同生活或者就近居住，为老年人随配偶或者赡养人迁徙提供条件，为家庭成员照料老年人提供帮助。

第三章　社会保障

第二十八条　国家通过基本养老保险制度，保障老年人的基本生活。

第二十九条　国家通过基本医疗保险制度，保障老年人的基本医疗需要。享受最低生活保障的老年人和符合条件的低收入家庭中的老年人参加新型农村合作医疗和城镇居民基本医疗保险所需个人缴费部分，由政府给予补贴。

有关部门制定医疗保险办法，应当对老年人给予照顾。

第三十条　国家逐步开展长期护理保障工作，保障老年人的护理需求。

对生活长期不能自理、经济困难的老年人，地方各级人民政府应当根据其失能程度等情况给予护理补贴。

第三十一条　国家对经济困难的老年人给予基本生活、医疗、居住或者其他救助。

老年人无劳动能力、无生活来源、无赡养人和扶养人，或者其赡养人和扶养人确无赡养能力或者扶养能力的，由地方各级人民政府依照有关规定给予供养或者救助。

对流浪乞讨、遭受遗弃等生活无着的老年人，由地方各级人民政府依照有关规定给予救助。

第三十二条　地方各级人民政府在实施廉租住房、公共租赁住房等住房保障制度或者进行危旧房屋改造时，应当优先照顾符合条件的老年人。

第三十三条　国家建立和完善老年人福利制度，根据经济社会发展水平和老年人的实际需要，增加老年人的社会福利。

国家鼓励地方建立八十周岁以上低收入老年人高龄津贴制度。

国家建立和完善计划生育家庭老年人扶助制度。

农村可以将未承包的集体所有的部分土地、山林、水面、滩涂等作为养老基地，收益供老年人养老。

第三十四条　老年人依法享有的养老金、医疗待遇和其他待遇应当得到保障，有关机构必须按时足额支付，不得克扣、拖欠或者挪用。

国家根据经济发展以及职工平均工资增长、物价上涨等情况，适时提高养老保障水平。

第三十五条　国家鼓励慈善组织以及其他组织和个人为老年人提供物质帮助。

第三十六条　老年人可以与集体经济组织、基层群众性自治组织、养老机构等组织或者个人签订遗赠扶养协议或者其他扶助协议。

负有扶养义务的组织或者个人按照遗赠扶养协议，承担该老年人生养死葬的义务，享有受遗赠的权利。

第四章　社会服务

第三十七条　地方各级人民政府和有关部门应当采取措施，发展城乡社区养老服务，鼓励、扶持专业服务机构及其他组织和个人，为居家的老年人提供生活照料、紧急救援、医疗护理、精神慰藉、心理咨询等多种形式的服务。

对经济困难的老年人，地方各级人民政府应当逐步给予养老服务补贴。

第三十八条　地方各级人民政府和有关部门、基层群众性自治组织，应当将养老服务设施纳入城乡社区配套设施建设规划，建立适应老年人需要的生活服务、文化体育活动、日间照料、疾病护理与康复等服务设施和网点，就近为老年人提供服务。

发扬邻里互助的传统，提倡邻里间关心、帮助有困难的老年人。

鼓励慈善组织、志愿者为老年人服务。倡导老年人互助服务。

第三十九条　各级人民政府应当根据经济发展水平和老年人服务需求，逐步增加对养老服务的投入。

各级人民政府和有关部门在财政、税费、土地、融资等方面采取措施，鼓励、扶持企业事业单位、社会组织或者个人兴办、运营养老、老年人日间照料、老年文化体育活动等设施。

第四十条　地方各级人民政府和有关部门应当按照老年人口比例及分布情况，将养老服务设施建设纳入城乡规划和土地利用总体规划，统筹安排养老服务设施建设用地及所需物资。

公益性养老服务设施用地，可以依法使用国有划拨土地或者农民集体所有的土地。

养老服务设施用地，非经法定程序不得改变用途。

第四十一条　政府投资兴办的养老机构，应当优先保障经济困难的孤寡、失能、高龄等老年人的服务需求。

第四十二条　国务院有关部门制定养老服务设施建设、养老服务质量和养老服务职业等标准，建立健全养老机构分类管理和养老服务评估制度。

各级人民政府应当规范养老服务收费项目和标准，加强监督和管理。

第四十三条　设立公益性养老机构，应当依法办理相应的登记。

设立经营性养老机构，应当在市场监督管理部门办理登记。

养老机构登记后即可开展服务活动，并向县级以上人民政府民政部门备案。

第四十四条　地方各级人民政府加强对本行政区域养老机构管理工作的领导，建立养老机构综合监管制度。

县级以上人民政府民政部门负责养老机构的指导、监督和管理，其他有关部门依照职责分工对养老机构实施监督。

第四十五条　县级以上人民政府民政部门依法履行监督检查职责，可以采取以下措施：

（一）向养老机构和个人了解情况；

（二）进入涉嫌违法的养老机构进行现场检查；

（三）查阅或者复制有关合同、票据、账簿及其他有关资料；

（四）发现养老机构存在可能危及人身健康和生命财产安全风险的，责令限期改正，逾期不改正的，责令停业整顿。

县级以上人民政府民政部门调查养老机构涉嫌违法的行为，应当遵守《中华人民共和国行政强制法》和其他有关法律、行政法规的规定。

第四十六条　养老机构变更或者终止的，应当妥善安置收住的老年人，并依照规定到有关部门办理手续。有关部门应当为养老机构妥善安置老年人提供帮助。

第四十七条　国家建立健全养老服务人才培养、使用、评价和激励制度，依法规范用工，促进从业人员劳动报酬合理增长，发展专职、兼职和志愿者相结合的养老服务队伍。

国家鼓励高等学校、中等职业学校和职业培训机构设置相关专业或者培训项目，培养养老服务专业人才。

第四十八条　养老机构应当与接受服务的老年人或者其代理人签订服务协议，明确双方的权利、义务。

养老机构及其工作人员不得以任何方式侵害老年人的权益。

第四十九条　国家鼓励养老机构投保责任保险，鼓励保险公司承保责任保险。

第五十条　各级人民政府和有关部门应当将老年医疗卫生服务纳入城乡医疗卫生服务规划，将老年人健康管理和常见病预防等纳入国家基本公共卫生服务项目。鼓励为老年人提供保健、护理、临终关怀等服务。

国家鼓励医疗机构开设针对老年病的专科或者门诊。

医疗卫生机构应当开展老年人的健康服务和疾病防治工作。

第五十一条　国家采取措施，加强老年医学的研究和人才培养，提高老年病的预防、治疗、科研水平，促进老年病的早期发现、诊断和治疗。

国家和社会采取措施，开展各种形式的健康教育，普及老年保健知识，增强老年人自我保健意识。

第五十二条　国家采取措施，发展老龄产业，将老龄产业列入国家扶持行业目录。扶持和引导企业开发、生产、经营适应老年人需要的用品和提供相关的服务。

第五章　社会优待

第五十三条　县级以上人民政府及其有关部门根据经济社会发展情况和老年人的特殊需要，制定优待老年人的办法，逐步提高优待水平。

对常住在本行政区域内的外埠老年人给予同等优待。

第五十四条　各级人民政府和有关部门应当为老年人及时、便利地领取养老金、结算医疗费和享受其他物质帮助提供条件。

第五十五条　各级人民政府和有关部门办理房屋权属关系变更、户口迁移等涉及老年人权益的重大事项时，应当就办理事项是否为老年人的真实意思表示进行询问，并依法优先办理。

第五十六条　老年人因其合法权益受侵害提起诉讼交纳诉讼费确有困难的，可以缓交、减交或者免交；需要获得律师帮助，但无力支付律师费用的，可以获得法律援助。

鼓励律师事务所、公证处、基层法律服务所和其他法律服务机构为经济困难的老年人提供免费或者优惠服务。

第五十七条　医疗机构应当为老年人就医提供方便，对老年人就医予以优先。有条件的地方，可以为老年人设立家庭病床，开展巡回医疗、护理、康复、免费体检等服务。

提倡为老年人义诊。

第五十八条　提倡与老年人日常生活密切相关的服务行业为老年人提供优先、优惠服务。

城市公共交通、公路、铁路、水路和航空客运，应当为老年人提供优待和照顾。

第五十九条　博物馆、美术馆、科技馆、纪念馆、公共图书馆、文化馆、影剧院、体育场馆、公园、旅游景点等场所，应当对老年人免费或者优惠开放。

第六十条　农村老年人不承担兴办公益事业的筹劳义务。

第六章　宜居环境

第六十一条　国家采取措施，推进宜居环境建设，为老年人提供安全、便利和舒适的环境。

第六十二条　各级人民政府在制定城乡规划时，应当根据人口老龄化发展趋势、老年人口分布和老年人的特点，统筹考虑适合老年人的公共基础设施、生活服务设施、医疗卫生设施和文化体育设施建设。

第六十三条　国家制定和完善涉及老年人的工程建设标准体系，在规划、设计、施工、监理、验收、运行、维护、管理等环节加强相关标准的实施与监督。

第六十四条　国家制定无障碍设施工程建设标准。新建、改建和扩建道路、公共交通设施、建筑物、居住区等，应当符合国家无障碍设施工程建设标准。

各级人民政府和有关部门应当按照国家无障碍设施工程建设标准，优先推进与老年人日常生活密切相关的公共服务设施的改造。

无障碍设施的所有人和管理人应当保障无障碍设施正常使用。

第六十五条　国家推动老年宜居社区建设，引导、支持老年宜居住宅的开发，推动和扶持老年人家庭无障碍设施的改造，为老年人创造无障碍居住环境。

第七章　参与社会发展

第六十六条　国家和社会应当重视、珍惜老年人的知识、技能、经验和优良品德，发挥老年人的专长和作用，保障老年人参与经济、政治、文化和社会生活。

第六十七条　老年人可以通过老年人组织，开展有益身心健康的活动。

第六十八条　制定法律、法规、规章和公共政策，涉及老年人权益重大问题的，应当听取老年人和老年人组织的意见。

老年人和老年人组织有权向国家机关提出老年人权益保障、老龄事业发展等方面的意见和建议。

第六十九条　国家为老年人参与社会发展创造条件。根据社会需要和可能，鼓励老年人在自愿和量力的情况下，从事下列活动：

（一）对青少年和儿童进行社会主义、爱国主义、集体主义和艰苦奋斗等优良传统教育；

（二）传授文化和科技知识；

（三）提供咨询服务；

（四）依法参与科技开发和应用；

（五）依法从事经营和生产活动；

（六）参加志愿服务、兴办社会公益事业；

（七）参与维护社会治安、协助调解民间纠纷；

（八）参加其他社会活动。

第七十条　老年人参加劳动的合法收入受法律保护。

任何单位和个人不得安排老年人从事危害其身心健康的劳动或者危险作业。

第七十一条　老年人有继续受教育的权利。

国家发展老年教育，把老年教育纳入终身教育体系，鼓励社会办好各类老年学校。

各级人民政府对老年教育应当加强领导，统一规划，加大投入。

第七十二条　国家和社会采取措施，开展适合老年人的群众性文化、体育、娱乐活动，丰富老年人的精神文化生活。

第八章　法律责任

第七十三条　老年人合法权益受到侵害的，被侵害人或者其代理人有权要求有关部门处理，或者依法向人民法院提起诉讼。

人民法院和有关部门，对侵犯老年人合法权益的申诉、控告和检举，应当依法及时受理，不得推诿、拖延。

第七十四条　不履行保护老年人合法权益职责的部门或者组织，其上级主管部门应当给予批评教育，责令改正。

国家工作人员违法失职，致使老年人合法权益受到损害的，由其所在单位或者上级机关责令改正，或者依法给予处分；构成犯罪的，依法追究刑事责任。

第七十五条　老年人与家庭成员因赡养、扶养或者住房、财产等发生纠纷，可以申请人民调解委员会或者其他有关组织进行调解，也可以直接向人民法院提起诉讼。

人民调解委员会或者其他有关组织调解前款纠纷时，应当通过说服、疏导等方式化解矛盾和纠纷；对有过错的家庭成员，应当给予批评教育。

人民法院对老年人追索赡养费或者扶养费的申请，可以依法裁定先予执行。

第七十六条　干涉老年人婚姻自由，对老年人负有赡养义务、扶养义务而拒绝赡养、扶养，虐待老年人或者对老年人实施家庭暴力的，由有关单位给予批评教育；构成违反治安管理行为的，依法给予治安管理处罚；构成犯罪的，依法追究刑事责任。

第七十七条　家庭成员盗窃、诈骗、抢夺、侵占、勒索、故意损毁老年人财物，构成违反治安管理行为的，依法给予治安管理处罚；构成犯罪的，依法追究刑事责任。

第七十八条　侮辱、诽谤老年人，构成违反治安管理行为的，依法给予治安管理处罚；构成犯罪的，依法追究刑事责任。

第七十九条　养老机构及其工作人员侵害老年人人身和财产权益，或者未按照约定提供服务的，依法承担民事责任；有关主管部门依法给予行政处罚；构成犯罪的，依法追究刑事责任。

第八十条　对养老机构负有管理和监督职责的部门及其工作人员滥用职权、玩忽职守、徇私舞弊的，对直接负责的主管人员和其他直接责任人员依法给予处分；构成犯罪的，依法追究刑事责任。

第八十一条　不按规定履行优待老年人义务的，由有关主管部门责令改正。

第八十二条　涉及老年人的工程不符合国家规定的标准或者无障碍设施所有人、管理人未尽到维护和管理职责的，由有关主管部门责令改正；造成损害的，依法承担民事责任；对有关单位、个人依法给予行政处罚；构成犯罪的，依法追究刑事责任。

第九章　附则

第八十三条　民族自治地方的人民代表大会，可以根据本法的原则，结合当地民族风俗习惯的具体情况，依照法定程序制定变通的或者补充的规定。

第八十四条　本法施行前设立的养老机构不符合本法规定条件的，应当限期整改。具体办法由国务院民政部门制定。

第八十五条　本法自 2013 年 7 月 1 日起施行。

5. 《中华人民共和国保险法》（2015 年）[*]

第一章　总则

第一条　为了规范保险活动，保护保险活动当事人的合法权益，加强对保险业的监督管理，维护社会经济秩序和社会公共利益，促进保险事业的健康发展，制定本法。

第二条　本法所称保险，是指投保人根据合同约定，向保险人支付保险费，保险人对于合同约定的可能发生的事故因其发生所造成的财产损失承担赔偿保险金责任，或者当被保险人死亡、伤残、疾病或者达到合同约定的年龄、期限等条件时承担给付保险金责任的商业保险行为。

第三条　在中华人民共和国境内从事保险活动，适用本法。

第四条　从事保险活动必须遵守法律、行政法规，尊重社会公德，不得损害社会公共利益。

第五条　保险活动当事人行使权利、履行义务应当遵循诚实信用原则。

第六条　保险业务由依照本法设立的保险公司以及法律、行政法规规定的其他保险组织经营，其他单位和个人不得经营保险业务。

第七条　在中华人民共和国境内的法人和其他组织需要办理境内保险的，应当向中华人民共和国境内的保险公司投保。

第八条　保险业和银行业、证券业、信托业实行分业经营、分业管理，保险公司与银行、证券、信托业务机构分别设立。国家另有规定的除外。

第九条　国务院保险监督管理机构依法对保险业实施监督管理。

国务院保险监督管理机构根据履行职责的需要设立派出机构。派出机构按照国务院保险监督管理机构的授权履行监督管理职责。

第二章　保险合同

---

* 《中华人民共和国保险法》于 1995 年 6 月 30 日第八届全国人民代表大会常务委员会第十四次会议通过，由中华人民共和国第十一届全国人民代表大会常务委员会第七次会议于 2009 年 2 月 28 日修订通过，根据 2015 年 4 月 24 日第十二届全国人民代表大会常务委员会第十四次会议《关于修改〈中华人民共和国计量法〉等五部法律的决定》第三次修正。

第一节　一般规定

第十条　保险合同是投保人与保险人约定保险权利义务关系的协议。

投保人是指与保险人订立保险合同，并按照合同约定负有支付保险费义务的人。

保险人是指与投保人订立保险合同，并按照合同约定承担赔偿或者给付保险金责任的保险公司。

第十一条　订立保险合同，应当协商一致，遵循公平原则确定各方的权利和义务。

除法律、行政法规规定必须保险的外，保险合同自愿订立。

第十二条　人身保险的投保人在保险合同订立时，对被保险人应当具有保险利益。

财产保险的被保险人在保险事故发生时，对保险标的应当具有保险利益。

人身保险是以人的寿命和身体为保险标的的保险。

财产保险是以财产及其有关利益为保险标的的保险。

被保险人是指其财产或者人身受保险合同保障，享有保险金请求权的人。投保人可以为被保险人。

保险利益是指投保人或者被保险人对保险标的具有的法律上承认的利益。

第十三条　投保人提出保险要求，经保险人同意承保，保险合同成立。保险人应当及时向投保人签发保险单或者其他保险凭证。

保险单或者其他保险凭证应当载明当事人双方约定的合同内容。当事人也可以约定采用其他书面形式载明合同内容。

依法成立的保险合同，自成立时生效。投保人和保险人可以对合同的效力约定附条件或者附期限。

第十四条　保险合同成立后，投保人按照约定交付保险费，保险人按照约定的时间开始承担保险责任。

第十五条　除本法另有规定或者保险合同另有约定外，保险合同成立后，投保人可以解除合同，保险人不得解除合同。

第十六条　订立保险合同，保险人就保险标的或者被保险人的有关情况提出询问的，投保人应当如实告知。

投保人故意或者因重大过失未履行前款规定的如实告知义务，足以影响保险人决定是否同意承保或者提高保险费率的，保险人有权解除合同。

前款规定的合同解除权，自保险人知道有解除事由之日起，超过三十日不行使而消灭。自合同成立之日起超过二年的，保险人不得解除合同；发生保险事故的，保险人应当承担赔偿或者给付保险金的责任。

投保人故意不履行如实告知义务的，保险人对于合同解除前发生的保险事故，不承担赔偿或者给付保险金的责任，并不退还保险费。

投保人因重大过失未履行如实告知义务，对保险事故的发生有严重影响的，保险人对于合同解除前发生的保险事故，不承担赔偿或者给付保险金的责任，但应当退还保险费。

保险人在合同订立时已经知道投保人未如实告知的情况的，保险人不得解除合同；发生保险事故的，保险人应当承担赔偿或者给付保险金的责任。

保险事故是指保险合同约定的保险责任范围内的事故。

第十七条　订立保险合同，采用保险人提供的格式条款的，保险人向投保人提供的投保单应当附格式条款，保险人应当向投保人说明合同的内容。

对保险合同中免除保险人责任的条款，保险人在订立合同时应当在投保单、保险单或者其他保险凭证上作出足以引起投保人注意的提示，并对该条款的内容以书面或者口头形式向投保人作出明确说明；未作提示或者明确说明的，该条款不产生效力。

第十八条　保险合同应当包括下列事项：

（一）保险人的名称和住所；

（二）投保人、被保险人的姓名或者名称、住所，以及人身保险的受益人的姓名或者名称、住所；

（三）保险标的；

（四）保险责任和责任免除；

（五）保险期间和保险责任开始时间；

（六）保险金额；

（七）保险费以及支付办法；

（八）保险金赔偿或者给付办法；

（九）违约责任和争议处理；

（十）订立合同的年、月、日。

投保人和保险人可以约定与保险有关的其他事项。

受益人是指人身保险合同中由被保险人或者投保人指定的享有保险金请求权的人。投保人、被保险人可以为受益人。

保险金额是指保险人承担赔偿或者给付保险金责任的最高限额。

第十九条　采用保险人提供的格式条款订立的保险合同中的下列条款无效：

（一）免除保险人依法应承担的义务或者加重投保人、被保险人责任的；

（二）排除投保人、被保险人或者受益人依法享有的权利的。

第二十条　投保人和保险人可以协商变更合同内容。

变更保险合同的，应当由保险人在保险单或者其他保险凭证上批注或者附贴批单，或者由投保人和保险人订立变更的书面协议。

第二十一条　投保人、被保险人或者受益人知道保险事故发生后，应当及时通知保险人。故意或者因重大过失未及时通知，致使保险事故的性质、原因、损失程度等难以确定的，保险人对无法确定的部分，不承担赔偿或者给付保险金的责任，但保险人通过其他途径已经及时知道或者应当及时知道保险事故发生的除外。

第二十二条　保险事故发生后，按照保险合同请求保险人赔偿或者给付保险金时，投保人、被保险人或者受益人应当向保险人提供其所能提供的与确认保险事故的性质、原因、损失程度等有关的证明和资料。

保险人按照合同的约定，认为有关的证明和资料不完整的，应当及时一次性通知投保人、被保险人或者受益人补充提供。

第二十三条　保险人收到被保险人或者受益人的赔偿或者给付保险金的请求后，应当及时作出核定；情形复杂的，应当在三十日内作出核定，但合同另有约定的除外。保险人应当将核定结果通知被保险人或者受益人；对属于保险责任的，在与被保险人或者受益人达成赔偿或者给付保险金的协议后十日内，履行赔偿或者给付保险金义务。保险合同对赔偿或者给付保险金的期限有约定的，保险人应当按照约定履行赔偿或者给付保险金义务。

保险人未及时履行前款规定义务的，除支付保险金外，应当赔偿被保险人或者受益人因此受到的损失。

任何单位和个人不得非法干预保险人履行赔偿或者给付保险金的义

务，也不得限制被保险人或者受益人取得保险金的权利。

第二十四条　保险人依照本法第二十三条的规定作出核定后，对不属于保险责任的，应当自作出核定之日起三日内向被保险人或者受益人发出拒绝赔偿或者拒绝给付保险金通知书，并说明理由。

第二十五条　保险人自收到赔偿或者给付保险金的请求和有关证明、资料之日起六十日内，对其赔偿或者给付保险金的数额不能确定的，应当根据已有证明和资料可以确定的数额先予支付；保险人最终确定赔偿或者给付保险金的数额后，应当支付相应的差额。

第二十六条　人寿保险以外的其他保险的被保险人或者受益人，向保险人请求赔偿或者给付保险金的诉讼时效期间为二年，自其知道或者应当知道保险事故发生之日起计算。

人寿保险的被保险人或者受益人向保险人请求给付保险金的诉讼时效期间为五年，自其知道或者应当知道保险事故发生之日起计算。

第二十七条　未发生保险事故，被保险人或者受益人谎称发生了保险事故，向保险人提出赔偿或者给付保险金请求的，保险人有权解除合同，并不退还保险费。

投保人、被保险人故意制造保险事故的，保险人有权解除合同，不承担赔偿或者给付保险金的责任；除本法第四十三条规定外，不退还保险费。

保险事故发生后，投保人、被保险人或者受益人以伪造、变造的有关证明、资料或者其他证据，编造虚假的事故原因或者夸大损失程度的，保险人对其虚报的部分不承担赔偿或者给付保险金的责任。

投保人、被保险人或者受益人有前三款规定行为之一，致使保险人支付保险金或者支出费用的，应当退回或者赔偿。

第二十八条　保险人将其承担的保险业务，以分保形式部分转移给其他保险人的，为再保险。

应再保险接受人的要求，再保险分出人应当将其自负责任及原保险的有关情况书面告知再保险接受人。

第二十九条　再保险接受人不得向原保险的投保人要求支付保险费。

原保险的被保险人或者受益人不得向再保险接受人提出赔偿或者给付保险金的请求。

再保险分出人不得以再保险接受人未履行再保险责任为由，拒绝履行或者迟延履行其原保险责任。

第三十条　采用保险人提供的格式条款订立的保险合同，保险人与投保人、被保险人或者受益人对合同条款有争议的，应当按照通常理解予以解释。对合同条款有两种以上解释的，人民法院或者仲裁机构应当作出有利于被保险人和受益人的解释。

第二节　人身保险合同

第三十一条　投保人对下列人员具有保险利益：

（一）本人；

（二）配偶、子女、父母；

（三）前项以外与投保人有抚养、赡养或者扶养关系的家庭其他成员、近亲属；

（四）与投保人有劳动关系的劳动者。

除前款规定外，被保险人同意投保人为其订立合同的，视为投保人对被保险人具有保险利益。

订立合同时，投保人对被保险人不具有保险利益的，合同无效。

第三十二条　投保人申报的被保险人年龄不真实，并且其真实年龄不符合合同约定的年龄限制的，保险人可以解除合同，并按照合同约定退还保险单的现金价值。保险人行使合同解除权，适用本法第十六条第三款、第六款的规定。

投保人申报的被保险人年龄不真实，致使投保人支付的保险费少于应付保险费的，保险人有权更正并要求投保人补交保险费，或者在给付保险金时按照实付保险费与应付保险费的比例支付。

投保人申报的被保险人年龄不真实，致使投保人支付的保险费多于应付保险费的，保险人应当将多收的保险费退还投保人。

第三十三条　投保人不得为无民事行为能力人投保以死亡为给付保险金条件的人身保险，保险人也不得承保。

父母为其未成年子女投保的人身保险，不受前款规定限制。但是，因被保险人死亡给付的保险金总和不得超过国务院保险监督管理机构规定的限额。

第三十四条　以死亡为给付保险金条件的合同，未经被保险人同意并认可保险金额的，合同无效。

按照以死亡为给付保险金条件的合同所签发的保险单，未经被保险人书面同意，不得转让或者质押。

父母为其未成年子女投保的人身保险，不受本条第一款规定限制。

第三十五条 投保人可以按照合同约定向保险人一次支付全部保险费或者分期支付保险费。

第三十六条 合同约定分期支付保险费，投保人支付首期保险费后，除合同另有约定外，投保人自保险人催告之日起超过三十日未支付当期保险费，或者超过约定的期限六十日未支付当期保险费的，合同效力中止，或者由保险人按照合同约定的条件减少保险金额。

被保险人在前款规定期限内发生保险事故的，保险人应当按照合同约定给付保险金，但可以扣减欠交的保险费。

第三十七条 合同效力依照本法第三十六条规定中止的，经保险人与投保人协商并达成协议，在投保人补交保险费后，合同效力恢复。但是，自合同效力中止之日起满二年双方未达成协议的，保险人有权解除合同。

保险人依照前款规定解除合同的，应当按照合同约定退还保险单的现金价值。

第三十八条 保险人对人寿保险的保险费，不得用诉讼方式要求投保人支付。

第三十九条 人身保险的受益人由被保险人或者投保人指定。

投保人指定受益人时须经被保险人同意。投保人为与其有劳动关系的劳动者投保人身保险，不得指定被保险人及其近亲属以外的人为受益人。

被保险人为无民事行为能力人或者限制民事行为能力人的，可以由其监护人指定受益人。

第四十条 被保险人或者投保人可以指定一人或者数人为受益人。

受益人为数人的，被保险人或者投保人可以确定受益顺序和受益份额；未确定受益份额的，受益人按照相等份额享有受益权。

第四十一条 被保险人或者投保人可以变更受益人并书面通知保险人。保险人收到变更受益人的书面通知后，应当在保险单或者其他保险凭证上批注或者附贴批单。

投保人变更受益人时须经被保险人同意。

第四十二条 被保险人死亡后，有下列情形之一的，保险金作为被保险人的遗产，由保险人依照《中华人民共和国继承法》的规定履行给付保险金的义务：

（一）没有指定受益人，或者受益人指定不明无法确定的；

（二）受益人先于被保险人死亡，没有其他受益人的；

（三）受益人依法丧失受益权或者放弃受益权，没有其他受益人的。

受益人与被保险人在同一事件中死亡，且不能确定死亡先后顺序的，推定受益人死亡在先。

第四十三条　投保人故意造成被保险人死亡、伤残或者疾病的，保险人不承担给付保险金的责任。投保人已交足二年以上保险费的，保险人应当按照合同约定向其他权利人退还保险单的现金价值。

受益人故意造成被保险人死亡、伤残、疾病的，或者故意杀害被保险人未遂的，该受益人丧失受益权。

第四十四条　以被保险人死亡为给付保险金条件的合同，自合同成立或者合同效力恢复之日起二年内，被保险人自杀的，保险人不承担给付保险金的责任，但被保险人自杀时为无民事行为能力人的除外。

保险人依照前款规定不承担给付保险金责任的，应当按照合同约定退还保险单的现金价值。

第四十五条　因被保险人故意犯罪或者抗拒依法采取的刑事强制措施导致其伤残或者死亡的，保险人不承担给付保险金的责任。投保人已交足二年以上保险费的，保险人应当按照合同约定退还保险单的现金价值。

第四十六条　被保险人因第三者的行为而发生死亡、伤残或者疾病等保险事故的，保险人向被保险人或者受益人给付保险金后，不享有向第三者追偿的权利，但被保险人或者受益人仍有权向第三者请求赔偿。

第四十七条　投保人解除合同的，保险人应当自收到解除合同通知之日起三十日内，按照合同约定退还保险单的现金价值。

第三节　财产保险合同

第四十八条　保险事故发生时，被保险人对保险标的不具有保险利益的，不得向保险人请求赔偿保险金。

第四十九条　保险标的转让的，保险标的的受让人承继被保险人的权利和义务。

保险标的转让的，被保险人或者受让人应当及时通知保险人，但货物运输保险合同和另有约定的合同除外。

因保险标的转让导致危险程度显著增加的，保险人自收到前款规定的通知之日起三十日内，可以按照合同约定增加保险费或者解除合同。保险人解除合同的，应当将已收取的保险费，按照合同约定扣除自保险责任开始之日起至合同解除之日止应收的部分后，退还投保人。

被保险人、受让人未履行本条第二款规定的通知义务的，因转让导致保险标的的危险程度显著增加而发生的保险事故，保险人不承担赔偿保险金的责任。

第五十条　货物运输保险合同和运输工具航程保险合同，保险责任开始后，合同当事人不得解除合同。

第五十一条　被保险人应当遵守国家有关消防、安全、生产操作、劳动保护等方面的规定，维护保险标的的安全。

保险人可以按照合同约定对保险标的的安全状况进行检查，及时向投保人、被保险人提出消除不安全因素和隐患的书面建议。

投保人、被保险人未按照约定履行其对保险标的的安全应尽责任的，保险人有权要求增加保险费或者解除合同。

保险人为维护保险标的的安全，经被保险人同意，可以采取安全预防措施。

第五十二条　在合同有效期内，保险标的的危险程度显著增加的，被保险人应当按照合同约定及时通知保险人，保险人可以按照合同约定增加保险费或者解除合同。保险人解除合同的，应当将已收取的保险费，按照合同约定扣除自保险责任开始之日起至合同解除之日止应收的部分后，退还投保人。

被保险人未履行前款规定的通知义务的，因保险标的的危险程度显著增加而发生的保险事故，保险人不承担赔偿保险金的责任。

第五十三条　有下列情形之一的，除合同另有约定外，保险人应当降低保险费，并按日计算退还相应的保险费：

（一）据以确定保险费率的有关情况发生变化，保险标的的危险程度明显减少的；

（二）保险标的的保险价值明显减少的。

第五十四条　保险责任开始前，投保人要求解除合同的，应当按照合同约定向保险人支付手续费，保险人应当退还保险费。保险责任开始后，投保人要求解除合同的，保险人应当将已收取的保险费，按照合同约定扣除自保险责任开始之日起至合同解除之日止应收的部分后，退还投保人。

第五十五条　投保人和保险人约定保险标的的保险价值并在合同中载

明的，保险标的发生损失时，以约定的保险价值为赔偿计算标准。

投保人和保险人未约定保险标的的保险价值的，保险标的发生损失时，以保险事故发生时保险标的的实际价值为赔偿计算标准。

保险金额不得超过保险价值。超过保险价值的，超过部分无效，保险人应当退还相应的保险费。

保险金额低于保险价值的，除合同另有约定外，保险人按照保险金额与保险价值的比例承担赔偿保险金的责任。

第五十六条　重复保险的投保人应当将重复保险的有关情况通知各保险人。

重复保险的各保险人赔偿保险金的总和不得超过保险价值。除合同另有约定外，各保险人按照其保险金额与保险金额总和的比例承担赔偿保险金的责任。

重复保险的投保人可以就保险金额总和超过保险价值的部分，请求各保险人按比例返还保险费。

重复保险是指投保人对同一保险标的、同一保险利益、同一保险事故分别与两个以上保险人订立保险合同，且保险金额总和超过保险价值的保险。

第五十七条　保险事故发生时，被保险人应当尽力采取必要的措施，防止或者减少损失。

保险事故发生后，被保险人为防止或者减少保险标的的损失所支付的必要的、合理的费用，由保险人承担；保险人所承担的费用数额在保险标的损失赔偿金额以外另行计算，最高不超过保险金额的数额。

第五十八条　保险标的发生部分损失的，自保险人赔偿之日起三十日内，投保人可以解除合同；除合同另有约定外，保险人也可以解除合同，但应当提前十五日通知投保人。

合同解除的，保险人应当将保险标的未受损失部分的保险费，按照合同约定扣除自保险责任开始之日起至合同解除之日止应收的部分后，退还投保人。

第五十九条　保险事故发生后，保险人已支付了全部保险金额，并且保险金额等于保险价值的，受损保险标的的全部权利归于保险人；保险金额低于保险价值的，保险人按照保险金额与保险价值的比例取得受损保险标的的部分权利。

第六十条　因第三者对保险标的的损害而造成保险事故的，保险人自向被保险人赔偿保险金之日起，在赔偿金额范围内代位行使被保险人对第三者请求赔偿的权利。

前款规定的保险事故发生后，被保险人已经从第三者取得损害赔偿的，保险人赔偿保险金时，可以相应扣减被保险人从第三者已取得的赔偿金额。

保险人依照本条第一款规定行使代位请求赔偿的权利，不影响被保险人就未取得赔偿的部分向第三者请求赔偿的权利。

第六十一条　保险事故发生后，保险人未赔偿保险金之前，被保险人放弃对第三者请求赔偿的权利的，保险人不承担赔偿保险金的责任。

保险人向被保险人赔偿保险金后，被保险人未经保险人同意放弃对第三者请求赔偿的权利的，该行为无效。

被保险人故意或者因重大过失致使保险人不能行使代位请求赔偿的权利的，保险人可以扣减或者要求返还相应的保险金。

第六十二条　除被保险人的家庭成员或者其组成人员故意造成本法第六十条第一款规定的保险事故外，保险人不得对被保险人的家庭成员或者其组成人员行使代位请求赔偿的权利。

第六十三条　保险人向第三者行使代位请求赔偿的权利时，被保险人应当向保险人提供必要的文件和所知道的有关情况。

第六十四条　保险人、被保险人为查明和确定保险事故的性质、原因和保险标的的损失程度所支付的必要的、合理的费用，由保险人承担。

第六十五条　保险人对责任保险的被保险人给第三者造成的损害，可以依照法律的规定或者合同的约定，直接向该第三者赔偿保险金。

责任保险的被保险人给第三者造成损害，被保险人对第三者应负的赔偿责任确定的，根据被保险人的请求，保险人应当直接向该第三者赔偿保险金。被保险人怠于请求的，第三者有权就其应获赔偿部分直接向保险人请求赔偿保险金。

责任保险的被保险人给第三者造成损害，被保险人未向该第三者赔偿的，保险人不得向被保险人赔偿保险金。

责任保险是指以被保险人对第三者依法应负的赔偿责任为保险标的的保险。

第六十六条　责任保险的被保险人因给第三者造成损害的保险事故而

被提起仲裁或者诉讼的，被保险人支付的仲裁或者诉讼费用以及其他必要的、合理的费用，除合同另有约定外，由保险人承担。

第三章　保险公司

第六十七条　设立保险公司应当经国务院保险监督管理机构批准。

国务院保险监督管理机构审查保险公司的设立申请时，应当考虑保险业的发展和公平竞争的需要。

第六十八条　设立保险公司应当具备下列条件：

（一）主要股东具有持续盈利能力，信誉良好，最近三年内无重大违法违规记录，净资产不低于人民币二亿元；

（二）有符合本法和《中华人民共和国公司法》规定的章程；

（三）有符合本法规定的注册资本；

（四）有具备任职专业知识和业务工作经验的董事、监事和高级管理人员；

（五）有健全的组织机构和管理制度；

（六）有符合要求的营业场所和与经营业务有关的其他设施；

（七）法律、行政法规和国务院保险监督管理机构规定的其他条件。

第六十九条　设立保险公司，其注册资本的最低限额为人民币二亿元。

国务院保险监督管理机构根据保险公司的业务范围、经营规模，可以调整其注册资本的最低限额，但不得低于本条第一款规定的限额。

保险公司的注册资本必须为实缴货币资本。

第七十条　申请设立保险公司，应当向国务院保险监督管理机构提出书面申请，并提交下列材料：

（一）设立申请书，申请书应当载明拟设立的保险公司的名称、注册资本、业务范围等；

（二）可行性研究报告；

（三）筹建方案；

（四）投资人的营业执照或者其他背景资料，经会计师事务所审计的上一年度财务会计报告；

（五）投资人认可的筹备组负责人和拟任董事长、经理名单及本人认可证明；

（六）国务院保险监督管理机构规定的其他材料。

第七十一条　国务院保险监督管理机构应当对设立保险公司的申请进行审查，自受理之日起六个月内作出批准或者不批准筹建的决定，并书面通知申请人。决定不批准的，应当书面说明理由。

第七十二条　申请人应当自收到批准筹建通知之日起一年内完成筹建工作；筹建期间不得从事保险经营活动。

第七十三条　筹建工作完成后，申请人具备本法第六十八条规定的设立条件的，可以向国务院保险监督管理机构提出开业申请。

国务院保险监督管理机构应当自受理开业申请之日起六十日内，作出批准或者不批准开业的决定。决定批准的，颁发经营保险业务许可证；决定不批准的，应当书面通知申请人并说明理由。

第七十四条　保险公司在中华人民共和国境内设立分支机构，应当经保险监督管理机构批准。

保险公司分支机构不具有法人资格，其民事责任由保险公司承担。

第七十五条　保险公司申请设立分支机构，应当向保险监督管理机构提出书面申请，并提交下列材料：

（一）设立申请书；

（二）拟设机构三年业务发展规划和市场分析材料；

（三）拟任高级管理人员的简历及相关证明材料；

（四）国务院保险监督管理机构规定的其他材料。

第七十六条　保险监督管理机构应当对保险公司设立分支机构的申请进行审查，自受理之日起六十日内作出批准或者不批准的决定。决定批准的，颁发分支机构经营保险业务许可证；决定不批准的，应当书面通知申请人并说明理由。

第七十七条　经批准设立的保险公司及其分支机构，凭经营保险业务许可证向工商行政管理机关办理登记，领取营业执照。

第七十八条　保险公司及其分支机构自取得经营保险业务许可证之日起六个月内，无正当理由未向工商行政管理机关办理登记的，其经营保险业务许可证失效。

第七十九条　保险公司在中华人民共和国境外设立子公司、分支机构，应当经国务院保险监督管理机构批准。

第八十条　外国保险机构在中华人民共和国境内设立代表机构，应当经国务院保险监督管理机构批准。代表机构不得从事保险经营活动。

第八十一条　保险公司的董事、监事和高级管理人员，应当品行良好，熟悉与保险相关的法律、行政法规，具有履行职责所需的经营管理能力，并在任职前取得保险监督管理机构核准的任职资格。

保险公司高级管理人员的范围由国务院保险监督管理机构规定。

第八十二条　有《中华人民共和国公司法》第一百四十六条规定的情形或者下列情形之一的，不得担任保险公司的董事、监事、高级管理人员：

（一）因违法行为或者违纪行为被金融监督管理机构取消任职资格的金融机构的董事、监事、高级管理人员，自被取消任职资格之日起未逾五年的；

（二）因违法行为或者违纪行为被吊销执业资格的律师、注册会计师或者资产评估机构、验证机构等机构的专业人员，自被吊销执业资格之日起未逾五年的。

第八十三条　保险公司的董事、监事、高级管理人员执行公司职务时违反法律、行政法规或者公司章程的规定，给公司造成损失的，应当承担赔偿责任。

第八十四条　保险公司有下列情形之一的，应当经保险监督管理机构批准：

（一）变更名称；

（二）变更注册资本；

（三）变更公司或者分支机构的营业场所；

（四）撤销分支机构；

（五）公司分立或者合并；

（六）修改公司章程；

（七）变更出资额占有限责任公司资本总额百分之五以上的股东，或者变更持有股份有限公司股份百分之五以上的股东；

（八）国务院保险监督管理机构规定的其他情形。

第八十五条　保险公司应当聘用专业人员，建立精算报告制度和合规报告制度。

第八十六条　保险公司应当按照保险监督管理机构的规定，报送有关报告、报表、文件和资料。

保险公司的偿付能力报告、财务会计报告、精算报告、合规报告及其他有关报告、报表、文件和资料必须如实记录保险业务事项，不得有虚假记载、误导性陈述和重大遗漏。

第八十七条 保险公司应当按照国务院保险监督管理机构的规定妥善保管业务经营活动的完整账簿、原始凭证和有关资料。

前款规定的账簿、原始凭证和有关资料的保管期限，自保险合同终止之日起计算，保险期间在一年以下的不得少于五年，保险期间超过一年的不得少于十年。

第八十八条 保险公司聘请或者解聘会计师事务所、资产评估机构、资信评级机构等中介服务机构，应当向保险监督管理机构报告；解聘会计师事务所、资产评估机构、资信评级机构等中介服务机构，应当说明理由。

第八十九条 保险公司因分立、合并需要解散，或者股东会、股东大会决议解散，或者公司章程规定的解散事由出现，经国务院保险监督管理机构批准后解散。

经营有人寿保险业务的保险公司，除因分立、合并或者被依法撤销外，不得解散。

保险公司解散，应当依法成立清算组进行清算。

第九十条 保险公司有《中华人民共和国企业破产法》第二条规定情形的，经国务院保险监督管理机构同意，保险公司或者其债权人可以依法向人民法院申请重整、和解或者破产清算；国务院保险监督管理机构也可以依法向人民法院申请对该保险公司进行重整或者破产清算。

第九十一条 破产财产在优先清偿破产费用和共益债务后，按照下列顺序清偿：

（一）所欠职工工资和医疗、伤残补助、抚恤费用，所欠应当划入职工个人账户的基本养老保险、基本医疗保险费用，以及法律、行政法规规定应当支付给职工的补偿金；

（二）赔偿或者给付保险金；

（三）保险公司欠缴的除第（一）项规定以外的社会保险费用和所欠税款；

（四）普通破产债权。

破产财产不足以清偿同一顺序的清偿要求的，按照比例分配。

破产保险公司的董事、监事和高级管理人员的工资，按照该公司职工的平均工资计算。

第九十二条 经营有人寿保险业务的保险公司被依法撤销或者被依法宣告破产的，其持有的人寿保险合同及责任准备金，必须转让给其他经营有人寿保险业务的保险公司；不能同其他保险公司达成转让协议的，由国务院保险监督管理机构指定经营有人寿保险业务的保险公司接受转让。

转让或者由国务院保险监督管理机构指定接受转让前款规定的人寿保险合同及责任准备金的，应当维护被保险人、受益人的合法权益。

第九十三条 保险公司依法终止其业务活动，应当注销其经营保险业务许可证。

第九十四条 保险公司，除本法另有规定外，适用《中华人民共和国公司法》的规定。

第四章 保险经营规则

第九十五条 保险公司的业务范围：

（一）人身保险业务，包括人寿保险、健康保险、意外伤害保险等保险业务；

（二）财产保险业务，包括财产损失保险、责任保险、信用保险、保证保险等保险业务；

（三）国务院保险监督管理机构批准的与保险有关的其他业务。

保险人不得兼营人身保险业务和财产保险业务。但是，经营财产保险业务的保险公司经国务院保险监督管理机构批准，可以经营短期健康保险业务和意外伤害保险业务。

保险公司应当在国务院保险监督管理机构依法批准的业务范围内从事保险经营活动。

第九十六条 经国务院保险监督管理机构批准，保险公司可以经营本法第九十五条规定的保险业务的下列再保险业务：

（一）分出保险；

（二）分入保险。

第九十七条 保险公司应当按照其注册资本总额的百分之二十提取保证金，存入国务院保险监督管理机构指定的银行，除公司清算时用于清偿债务外，不得动用。

第九十八条 保险公司应当根据保障被保险人利益、保证偿付能力的原则，提取各项责任准备金。

保险公司提取和结转责任准备金的具体办法，由国务院保险监督管理机构制定。

第九十九条　保险公司应当依法提取公积金。

第一百条　保险公司应当缴纳保险保障基金。

保险保障基金应当集中管理，并在下列情形下统筹使用：

（一）在保险公司被撤销或者被宣告破产时，向投保人、被保险人或者受益人提供救济；

（二）在保险公司被撤销或者被宣告破产时，向依法接受其人寿保险合同的保险公司提供救济；

（三）国务院规定的其他情形。

保险保障基金筹集、管理和使用的具体办法，由国务院制定。

第一百零一条　保险公司应当具有与其业务规模和风险程度相适应的最低偿付能力。保险公司的认可资产减去认可负债的差额不得低于国务院保险监督管理机构规定的数额；低于规定数额的，应当按照国务院保险监督管理机构的要求采取相应措施达到规定的数额。

第一百零二条　经营财产保险业务的保险公司当年自留保险费，不得超过其实有资本金加公积金总和的四倍。

第一百零三条　保险公司对每一危险单位，即对一次保险事故可能造成的最大损失范围所承担的责任，不得超过其实有资本金加公积金总和的百分之十；超过的部分应当办理再保险。

保险公司对危险单位的划分应当符合国务院保险监督管理机构的规定。

第一百零四条　保险公司对危险单位的划分方法和巨灾风险安排方案，应当报国务院保险监督管理机构备案。

第一百零五条　保险公司应当按照国务院保险监督管理机构的规定办理再保险，并审慎选择再保险接受人。

第一百零六条　保险公司的资金运用必须稳健，遵循安全性原则。

保险公司的资金运用限于下列形式：

（一）银行存款；

（二）买卖债券、股票、证券投资基金份额等有价证券；

（三）投资不动产；

（四）国务院规定的其他资金运用形式。

保险公司资金运用的具体管理办法，由国务院保险监督管理机构依照前两款的规定制定。

第一百零七条　经国务院保险监督管理机构会同国务院证券监督管理机构批准，保险公司可以设立保险资产管理公司。

保险资产管理公司从事证券投资活动，应当遵守《中华人民共和国证券法》等法律、行政法规的规定。

保险资产管理公司的管理办法，由国务院保险监督管理机构会同国务院有关部门制定。

第一百零八条　保险公司应当按照国务院保险监督管理机构的规定，建立对关联交易的管理和信息披露制度。

第一百零九条　保险公司的控股股东、实际控制人、董事、监事、高级管理人员不得利用关联交易损害公司的利益。

第一百一十条　保险公司应当按照国务院保险监督管理机构的规定，真实、准确、完整地披露财务会计报告、风险管理状况、保险产品经营情况等重大事项。

第一百一十一条　保险公司从事保险销售的人员应当品行良好，具有保险销售所需的专业能力。保险销售人员的行为规范和管理办法，由国务院保险监督管理机构规定。

第一百一十二条　保险公司应当建立保险代理人登记管理制度，加强对保险代理人的培训和管理，不得唆使、诱导保险代理人进行违背诚信义务的活动。

第一百一十三条　保险公司及其分支机构应当依法使用经营保险业务许可证，不得转让、出租、出借经营保险业务许可证。

第一百一十四条　保险公司应当按照国务院保险监督管理机构的规定，公平、合理拟订保险条款和保险费率，不得损害投保人、被保险人和受益人的合法权益。

保险公司应当按照合同约定和本法规定，及时履行赔偿或者给付保险金义务。

第一百一十五条　保险公司开展业务，应当遵循公平竞争的原则，不得从事不正当竞争。

第一百一十六条　保险公司及其工作人员在保险业务活动中不得有下列行为：

（一）欺骗投保人、被保险人或者受益人；

（二）对投保人隐瞒与保险合同有关的重要情况；

（三）阻碍投保人履行本法规定的如实告知义务，或者诱导其不履行本法规定的如实告知义务；

（四）给予或者承诺给予投保人、被保险人、受益人保险合同约定以外的保险费回扣或者其他利益；

（五）拒不依法履行保险合同约定的赔偿或者给付保险金义务；

（六）故意编造未曾发生的保险事故、虚构保险合同或者故意夸大已经发生的保险事故的损失程度进行虚假理赔，骗取保险金或者牟取其他不正当利益；

（七）挪用、截留、侵占保险费；

（八）委托未取得合法资格的机构从事保险销售活动；

（九）利用开展保险业务为其他机构或者个人牟取不正当利益；

（十）利用保险代理人、保险经纪人或者保险评估机构，从事以虚构保险中介业务或者编造退保等方式套取费用等违法活动；

（十一）以捏造、散布虚假事实等方式损害竞争对手的商业信誉，或者以其他不正当竞争行为扰乱保险市场秩序；

（十二）泄露在业务活动中知悉的投保人、被保险人的商业秘密；

（十三）违反法律、行政法规和国务院保险监督管理机构规定的其他行为。

第五章　保险代理人和保险经纪人

第一百一十七条　保险代理人是根据保险人的委托，向保险人收取佣金，并在保险人授权的范围内代为办理保险业务的机构或者个人。

保险代理机构包括专门从事保险代理业务的保险专业代理机构和兼营保险代理业务的保险兼业代理机构。

第一百一十八条　保险经纪人是基于投保人的利益，为投保人与保险人订立保险合同提供中介服务，并依法收取佣金的机构。

第一百一十九条　保险代理机构、保险经纪人应当具备国务院保险监督管理机构规定的条件，取得保险监督管理机构颁发的经营保险代理业务许可证、保险经纪业务许可证。

第一百二十条　以公司形式设立保险专业代理机构、保险经纪人，其注册资本最低限额适用《中华人民共和国公司法》的规定。

国务院保险监督管理机构根据保险专业代理机构、保险经纪人的业务范围和经营规模，可以调整其注册资本的最低限额，但不得低于《中华人民共和国公司法》规定的限额。

保险专业代理机构、保险经纪人的注册资本或者出资额必须为实缴货币资本。

第一百二十一条　保险专业代理机构、保险经纪人的高级管理人员，应当品行良好，熟悉保险法律、行政法规，具有履行职责所需的经营管理能力，并在任职前取得保险监督管理机构核准的任职资格。

第一百二十二条　个人保险代理人、保险代理机构的代理从业人员、保险经纪人的经纪从业人员，应当品行良好，具有从事保险代理业务或者保险经纪业务所需的专业能力。

第一百二十三条　保险代理机构、保险经纪人应当有自己的经营场所，设立专门账簿记载保险代理业务、经纪业务的收支情况。

第一百二十四条　保险代理机构、保险经纪人应当按照国务院保险监督管理机构的规定缴存保证金或者投保职业责任保险。

第一百二十五条　个人保险代理人在代为办理人寿保险业务时，不得同时接受两个以上保险人的委托。

第一百二十六条　保险人委托保险代理人代为办理保险业务，应当与保险代理人签订委托代理协议，依法约定双方的权利和义务。

第一百二十七条　保险代理人根据保险人的授权代为办理保险业务的行为，由保险人承担责任。

保险代理人没有代理权、超越代理权或者代理权终止后以保险人名义订立合同，使投保人有理由相信其有代理权的，该代理行为有效。保险人可以依法追究越权的保险代理人的责任。

第一百二十八条　保险经纪人因过错给投保人、被保险人造成损失的，依法承担赔偿责任。

第一百二十九条　保险活动当事人可以委托保险公估机构等依法设立的独立评估机构或者具有相关专业知识的人员，对保险事故进行评估和鉴定。

接受委托对保险事故进行评估和鉴定的机构和人员，应当依法、独立、客观、公正地进行评估和鉴定，任何单位和个人不得干涉。

前款规定的机构和人员，因故意或者过失给保险人或者被保险人造成损失的，依法承担赔偿责任。

第一百三十条　保险佣金只限于向保险代理人、保险经纪人支付，不得向其他人支付。

第一百三十一条　保险代理人、保险经纪人及其从业人员在办理保险业务活动中不得有下列行为：

（一）欺骗保险人、投保人、被保险人或者受益人；

（二）隐瞒与保险合同有关的重要情况；

（三）阻碍投保人履行本法规定的如实告知义务，或者诱导其不履行本法规定的如实告知义务；

（四）给予或者承诺给予投保人、被保险人或者受益人保险合同约定以外的利益；

（五）利用行政权力、职务或者职业便利以及其他不正当手段强迫、引诱或者限制投保人订立保险合同；

（六）伪造、擅自变更保险合同，或者为保险合同当事人提供虚假证明材料；

（七）挪用、截留、侵占保险费或者保险金；

（八）利用业务便利为其他机构或者个人牟取不正当利益；

（九）串通投保人、被保险人或者受益人，骗取保险金；

（十）泄露在业务活动中知悉的保险人、投保人、被保险人的商业秘密。

第一百三十二条　本法第八十六条第一款、第一百一十三条的规定，适用于保险代理机构和保险经纪人。

第六章　保险业监督管理

第一百三十三条　保险监督管理机构依照本法和国务院规定的职责，遵循依法、公开、公正的原则，对保险业实施监督管理，维护保险市场秩序，保护投保人、被保险人和受益人的合法权益。

第一百三十四条　国务院保险监督管理机构依照法律、行政法规制定并发布有关保险业监督管理的规章。

第一百三十五条　关系社会公众利益的保险险种、依法实行强制保险的险种和新开发的人寿保险险种等的保险条款和保险费率，应当报国务院保险监督管理机构批准。国务院保险监督管理机构审批时，应当遵循保护社会公众利益和防止不正当竞争的原则。其他保险险种的保险条款和保险费率，应当报保险监督管理机构备案。

保险条款和保险费率审批、备案的具体办法，由国务院保险监督管理机构依照前款规定制定。

第一百三十六条　保险公司使用的保险条款和保险费率违反法律、行政法规或者国务院保险监督管理机构的有关规定的，由保险监督管理机构责令停止使用，限期修改；情节严重的，可以在一定期限内禁止申报新的保险条款和保险费率。

第一百三十七条　国务院保险监督管理机构应当建立健全保险公司偿付能力监管体系，对保险公司的偿付能力实施监控。

第一百三十八条　对偿付能力不足的保险公司，国务院保险监督管理机构应当将其列为重点监管对象，并可以根据具体情况采取下列措施：

（一）责令增加资本金、办理再保险；

（二）限制业务范围；

（三）限制向股东分红；

（四）限制固定资产购置或者经营费用规模；

（五）限制资金运用的形式、比例；

（六）限制增设分支机构；

（七）责令拍卖不良资产、转让保险业务；

（八）限制董事、监事、高级管理人员的薪酬水平；

（九）限制商业性广告；

（十）责令停止接受新业务。

第一百三十九条　保险公司未依照本法规定提取或者结转各项责任准备金，或者未依照本法规定办理再保险，或者严重违反本法关于资金运用的规定的，由保险监督管理机构责令限期改正，并可以责令调整负责人及有关管理人员。

第一百四十条　保险监督管理机构依照本法第一百三十九条的规定作出限期改正的决定后，保险公司逾期未改正的，国务院保险监督管理机构可以决定选派保险专业人员和指定该保险公司的有关人员组成整顿组，对公司进行整顿。

整顿决定应当载明被整顿公司的名称、整顿理由、整顿组成员和整顿期限，并予以公告。

第一百四十一条　整顿组有权监督被整顿保险公司的日常业务。被整顿公司的负责人及有关管理人员应当在整顿组的监督下行使职权。

第一百四十二条　整顿过程中，被整顿保险公司的原有业务继续进行。但是，国务院保险监督管理机构可以责令被整顿公司停止部分原有业务、停止接受新业务，调整资金运用。

第一百四十三条　被整顿保险公司经整顿已纠正其违反本法规定的行为，恢复正常经营状况的，由整顿组提出报告，经国务院保险监督管理机构批准，结束整顿，并由国务院保险监督管理机构予以公告。

第一百四十四条　保险公司有下列情形之一的，国务院保险监督管理机构可以对其实行接管：

（一）公司的偿付能力严重不足的；

（二）违反本法规定，损害社会公共利益，可能严重危及或者已经严重危及公司的偿付能力的。

被接管的保险公司的债权债务关系不因接管而变化。

第一百四十五条　接管组的组成和接管的实施办法，由国务院保险监督管理机构决定，并予以公告。

第一百四十六条　接管期限届满，国务院保险监督管理机构可以决定延长接管期限，但接管期限最长不得超过二年。

第一百四十七条　接管期限届满，被接管的保险公司已恢复正常经营能力的，由国务院保险监督管理机构决定终止接管，并予以公告。

第一百四十八条　被整顿、被接管的保险公司有《中华人民共和国企业破产法》第二条规定情形的，国务院保险监督管理机构可以依法向人民法院申请对该保险公司进行重整或者破产清算。

第一百四十九条　保险公司因违法经营被依法吊销经营保险业务许可证的，或者偿付能力低于国务院保险监督管理机构规定标准，不予撤销将严重危害保险市场秩序、损害公共利益的，由国务院保险监督管理机构予以撤销并公告，依法及时组织清算组进行清算。

第一百五十条　国务院保险监督管理机构有权要求保险公司股东、实际控制人在指定的期限内提供有关信息和资料。

第一百五十一条　保险公司的股东利用关联交易严重损害公司利益，危及公司偿付能力的，由国务院保险监督管理机构责令改正。在按照要求改正前，国务院保险监督管理机构可以限制其股东权利；拒不改正的，可以责令其转让所持的保险公司股权。

第一百五十二条　保险监督管理机构根据履行监督管理职责的需要，可以与保险公司董事、监事和高级管理人员进行监督管理谈话，要求其就公司的业务活动和风险管理的重大事项作出说明。

第一百五十三条　保险公司在整顿、接管、撤销清算期间，或者出现重大风险时，国务院保险监督管理机构可以对该公司直接负责的董事、监事、高级管理人员和其他直接责任人员采取以下措施：

（一）通知出境管理机关依法阻止其出境；

（二）申请司法机关禁止其转移、转让或者以其他方式处分财产，或者在财产上设定其他权利。

第一百五十四条　保险监督管理机构依法履行职责，可以采取下列措施：

（一）对保险公司、保险代理人、保险经纪人、保险资产管理公司、外国保险机构的代表机构进行现场检查；

（二）进入涉嫌违法行为发生场所调查取证；

（三）询问当事人及与被调查事件有关的单位和个人，要求其对与被调查事件有关的事项作出说明；

（四）查阅、复制与被调查事件有关的财产权登记等资料；

（五）查阅、复制保险公司、保险代理人、保险经纪人、保险资产管理公司、外国保险机构的代表机构以及与被调查事件有关的单位和个人的财务会计资料及其他相关文件和资料；对可能被转移、隐匿或者毁损的文件和资料予以封存；

（六）查询涉嫌违法经营的保险公司、保险代理人、保险经纪人、保险资产管理公司、外国保险机构的代表机构以及与涉嫌违法事项有关的单位和个人的银行账户；

（七）对有证据证明已经或者可能转移、隐匿违法资金等涉案财产或者隐匿、伪造、毁损重要证据的，经保险监督管理机构主要负责人批准，申请人民法院予以冻结或者查封。

保险监督管理机构采取前款第（一）项、第（二）项、第（五）项措施的，应当经保险监督管理机构负责人批准；采取第（六）项措施的，应当经国务院保险监督管理机构负责人批准。

保险监督管理机构依法进行监督检查或者调查，其监督检查、调查的人员不得少于二人，并应当出示合法证件和监督检查、调查通知书；监督检查、调查的人员少于二人或者未出示合法证件和监督检查、调查通知书的，被检查、调查的单位和个人有权拒绝。

第一百五十五条　保险监督管理机构依法履行职责，被检查、调查的单位和个人应当配合。

第一百五十六条　保险监督管理机构工作人员应当忠于职守，依法办事，公正廉洁，不得利用职务便利牟取不正当利益，不得泄露所知悉的有关单位和个人的商业秘密。

第一百五十七条　国务院保险监督管理机构应当与中国人民银行、国务院其他金融监督管理机构建立监督管理信息共享机制。

保险监督管理机构依法履行职责，进行监督检查、调查时，有关部门应当予以配合。

第七章　法律责任

第一百五十八条　违反本法规定，擅自设立保险公司、保险资产管理公司或者非法经营商业保险业务的，由保险监督管理机构予以取缔，没收违法所得，并处违法所得一倍以上五倍以下的罚款；没有违法所得或者违法所得不足二十万元的，处二十万元以上一百万元以下的罚款。

第一百五十九条　违反本法规定，擅自设立保险专业代理机构、保险经纪人，或者未取得经营保险代理业务许可证、保险经纪业务许可证从事保险代理业务、保险经纪业务的，由保险监督管理机构予以取缔，没收违法所得，并处违法所得一倍以上五倍以下的罚款；没有违法所得或者违法所得不足五万元的，处五万元以上三十万元以下的罚款。

第一百六十条　保险公司违反本法规定，超出批准的业务范围经营的，由保险监督管理机构责令限期改正，没收违法所得，并处违法所得一倍以上五倍以下的罚款；没有违法所得或者违法所得不足十万元的，处十万元以上五十万元以下的罚款。逾期不改正或者造成严重后果的，责令停业整顿或者吊销业务许可证。

第一百六十一条　保险公司有本法第一百一十六条规定行为之一的，由保险监督管理机构责令改正，处五万元以上三十万元以下的罚款；情节严重的，限制其业务范围、责令停止接受新业务或者吊销业务许可证。

第一百六十二条　保险公司违反本法第八十四条规定的，由保险监督管理机构责令改正，处一万元以上十万元以下的罚款。

第一百六十三条　保险公司违反本法规定，有下列行为之一的，由保险监督管理机构责令改正，处五万元以上三十万元以下的罚款：

（一）超额承保，情节严重的；

（二）为无民事行为能力人承保以死亡为给付保险金条件的保险的。

第一百六十四条　违反本法规定，有下列行为之一的，由保险监督管理机构责令改正，处五万元以上三十万元以下的罚款；情节严重的，可以限制其业务范围、责令停止接受新业务或者吊销业务许可证：

（一）未按照规定提存保证金或者违反规定动用保证金的；

（二）未按照规定提取或者结转各项责任准备金的；

（三）未按照规定缴纳保险保障基金或者提取公积金的；

（四）未按照规定办理再保险的；

（五）未按照规定运用保险公司资金的；

（六）未经批准设立分支机构的；

（七）未按照规定申请批准保险条款、保险费率的。

第一百六十五条　保险代理机构、保险经纪人有本法第一百三十一条规定行为之一的，由保险监督管理机构责令改正，处五万元以上三十万元以下的罚款；情节严重的，吊销业务许可证。

第一百六十六条　保险代理机构、保险经纪人违反本法规定，有下列行为之一的，由保险监督管理机构责令改正，处二万元以上十万元以下的罚款；情节严重的，责令停业整顿或者吊销业务许可证：

（一）未按照规定缴存保证金或者投保职业责任保险的；

（二）未按照规定设立专门账簿记载业务收支情况的。

第一百六十七条　违反本法规定，聘任不具有任职资格的人员的，由保险监督管理机构责令改正，处二万元以上十万元以下的罚款。

第一百六十八条　违反本法规定，转让、出租、出借业务许可证的，由保险监督管理机构处一万元以上十万元以下的罚款；情节严重的，责令停业整顿或者吊销业务许可证。

第一百六十九条　违反本法规定，有下列行为之一的，由保险监督管理机构责令限期改正；逾期不改正的，处一万元以上十万元以下的罚款：

（一）未按照规定报送或者保管报告、报表、文件、资料的，或者未按照规定提供有关信息、资料的；

（二）未按照规定报送保险条款、保险费率备案的；

（三）未按照规定披露信息的。

第一百七十条　违反本法规定，有下列行为之一的，由保险监督管理机构责令改正，处十万元以上五十万元以下的罚款；情节严重的，可以限制其业务范围、责令停止接受新业务或者吊销业务许可证：

（一）编制或者提供虚假的报告、报表、文件、资料的；

（二）拒绝或者妨碍依法监督检查的；

（三）未按照规定使用经批准或者备案的保险条款、保险费率的。

第一百七十一条　保险公司、保险资产管理公司、保险专业代理机构、保险经纪人违反本法规定的，保险监督管理机构除分别依照本法第一百六十条至第一百七十条的规定对该单位给予处罚外，对其直接负责的主管人员和其他直接责任人员给予警告，并处一万元以上十万元以下的罚款；情节严重的，撤销任职资格。

第一百七十二条　个人保险代理人违反本法规定的，由保险监督管理机构给予警告，可以并处二万元以下的罚款；情节严重的，处二万元以上十万元以下的罚款。

第一百七十三条　外国保险机构未经国务院保险监督管理机构批准，擅自在中华人民共和国境内设立代表机构的，由国务院保险监督管理机构予以取缔，处五万元以上三十万元以下的罚款。

外国保险机构在中华人民共和国境内设立的代表机构从事保险经营活动的，由保险监督管理机构责令改正，没收违法所得，并处违法所得一倍以上五倍以下的罚款；没有违法所得或者违法所得不足二十万元的，处二十万元以上一百万元以下的罚款；对其首席代表可以责令撤换；情节严重的，撤销其代表机构。

第一百七十四条　投保人、被保险人或者受益人有下列行为之一，进行保险诈骗活动，尚不构成犯罪的，依法给予行政处罚：

（一）投保人故意虚构保险标的，骗取保险金的；

（二）编造未曾发生的保险事故，或者编造虚假的事故原因或者夸大损失程度，骗取保险金的；

（三）故意造成保险事故，骗取保险金的。

保险事故的鉴定人、评估人、证明人故意提供虚假的证明文件，为投保人、被保险人或者受益人进行保险诈骗提供条件的，依照前款规定给予处罚。

第一百七十五条　违反本法规定，给他人造成损害的，依法承担民事责任。

第一百七十六条　拒绝、阻碍保险监督管理机构及其工作人员依法行使监督检查、调查职权，未使用暴力、威胁方法的，依法给予治安管理处罚。

第一百七十七条　违反法律、行政法规的规定，情节严重的，国务院保险监督管理机构可以禁止有关责任人员一定期限直至终身进入保险业。

第一百七十八条　保险监督管理机构从事监督管理工作的人员有下列情形之一的，依法给予处分：

（一）违反规定批准机构的设立的；

（二）违反规定进行保险条款、保险费率审批的；

（三）违反规定进行现场检查的；

（四）违反规定查询账户或者冻结资金的；

（五）泄露其知悉的有关单位和个人的商业秘密的；

（六）违反规定实施行政处罚的；

（七）滥用职权、玩忽职守的其他行为。

第一百七十九条　违反本法规定，构成犯罪的，依法追究刑事责任。

第八章　附则

第一百八十条　保险公司应当加入保险行业协会。保险代理人、保险经纪人、保险公估机构可以加入保险行业协会。

保险行业协会是保险业的自律性组织，是社会团体法人。

第一百八十一条　保险公司以外的其他依法设立的保险组织经营的商业保险业务，适用本法。

第一百八十二条　海上保险适用《中华人民共和国海商法》的有关规定；《中华人民共和国海商法》未规定的，适用本法的有关规定。

第一百八十三条　中外合资保险公司、外资独资保险公司、外国保险公司分公司适用本法规定；法律、行政法规另有规定的，适用其规定。

第一百八十四条　国家支持发展为农业生产服务的保险事业。农业保险由法律、行政法规另行规定。

强制保险，法律、行政法规另有规定的，适用其规定。

第一百八十五条　本法自 2009 年 10 月 1 日起施行。

6.《中华人民共和国社会保险法》（2018 年）*

第一章　总则

第一条　为了规范社会保险关系，维护公民参加社会保险和享受社会保险待遇的合法权益，使公民共享发展成果，促进社会和谐稳定，根据宪法，制定本法。

第二条　国家建立基本养老保险、基本医疗保险、工伤保险、失业保险、生育保险等社会保险制度，保障公民在年老、疾病、工伤、失业、生育等情况下依法从国家和社会获得物质帮助的权利。

第三条　社会保险制度坚持广覆盖、保基本、多层次、可持续的方针，社会保险水平应当与经济社会发展水平相适应。

第四条　中华人民共和国境内的用人单位和个人依法缴纳社会保险费，有权查询缴费记录、个人权益记录，要求社会保险经办机构提供社会保险咨询等相关服务。

个人依法享受社会保险待遇，有权监督本单位为其缴费情况。

第五条　县级以上人民政府将社会保险事业纳入国民经济和社会发展规划。

国家多渠道筹集社会保险资金。县级以上人民政府对社会保险事业给予必要的经费支持。

国家通过税收优惠政策支持社会保险事业。

第六条　国家对社会保险基金实行严格监管。

国务院和省、自治区、直辖市人民政府建立健全社会保险基金监督管理制度，保障社会保险基金安全、有效运行。

县级以上人民政府采取措施，鼓励和支持社会各方面参与社会保险基金的监督。

第七条　国务院社会保险行政部门负责全国的社会保险管理工作，国

---

* 《中华人民共和国社会保险法》于 2010 年 10 月 28 日第十一届全国人民代表大会常务委员会第十七次会议通过，根据 2018 年 12 月 29 日第十三届全国人民代表大会常务委员会第七次会议《关于修改〈中华人民共和国社会保险法〉的决定》修正。

务院其他有关部门在各自的职责范围内负责有关的社会保险工作。

县级以上地方人民政府社会保险行政部门负责本行政区域的社会保险管理工作，县级以上地方人民政府其他有关部门在各自的职责范围内负责有关的社会保险工作。

第八条　社会保险经办机构提供社会保险服务，负责社会保险登记、个人权益记录、社会保险待遇支付等工作。

第九条　工会依法维护职工的合法权益，有权参与社会保险重大事项的研究，参加社会保险监督委员会，对与职工社会保险权益有关的事项进行监督。

第二章　基本养老保险

第十条　职工应当参加基本养老保险，由用人单位和职工共同缴纳基本养老保险费。

无雇工的个体工商户、未在用人单位参加基本养老保险的非全日制从业人员以及其他灵活就业人员可以参加基本养老保险，由个人缴纳基本养老保险费。

公务员和参照公务员法管理的工作人员养老保险的办法由国务院规定。

第十一条　基本养老保险实行社会统筹与个人账户相结合。

基本养老保险基金由用人单位和个人缴费以及政府补贴等组成。

第十二条　用人单位应当按照国家规定的本单位职工工资总额的比例缴纳基本养老保险费，记入基本养老保险统筹基金。

职工应当按照国家规定的本人工资的比例缴纳基本养老保险费，记入个人账户。

无雇工的个体工商户、未在用人单位参加基本养老保险的非全日制从业人员以及其他灵活就业人员参加基本养老保险的，应当按照国家规定缴纳基本养老保险费，分别记入基本养老保险统筹基金和个人账户。

第十三条　国有企业、事业单位职工参加基本养老保险前，视同缴费年限期间应当缴纳的基本养老保险费由政府承担。

基本养老保险基金出现支付不足时，政府给予补贴。

第十四条　个人账户不得提前支取，记账利率不得低于银行定期存款利率，免征利息税。个人死亡的，个人账户余额可以继承。

第十五条　基本养老金由统筹养老金和个人账户养老金组成。

基本养老金根据个人累计缴费年限、缴费工资、当地职工平均工资、个人账户金额、城镇人口平均预期寿命等因素确定。

第十六条　参加基本养老保险的个人，达到法定退休年龄时累计缴费满十五年的，按月领取基本养老金。

参加基本养老保险的个人，达到法定退休年龄时累计缴费不足十五年的，可以缴费至满十五年，按月领取基本养老金；也可以转入新型农村社会养老保险或者城镇居民社会养老保险，按照国务院规定享受相应的养老保险待遇。

第十七条　参加基本养老保险的个人，因病或者非因工死亡的，其遗属可以领取丧葬补助金和抚恤金；在未达到法定退休年龄时因病或者非因工致残完全丧失劳动能力的，可以领取病残津贴。所需资金从基本养老保险基金中支付。

第十八条　国家建立基本养老金正常调整机制。根据职工平均工资增长、物价上涨情况，适时提高基本养老保险待遇水平。

第十九条　个人跨统筹地区就业的，其基本养老保险关系随本人转移，缴费年限累计计算。个人达到法定退休年龄时，基本养老金分段计算、统一支付。具体办法由国务院规定。

第二十条　国家建立和完善新型农村社会养老保险制度。

新型农村社会养老保险实行个人缴费、集体补助和政府补贴相结合。

第二十一条　新型农村社会养老保险待遇由基础养老金和个人账户养老金组成。

参加新型农村社会养老保险的农村居民，符合国家规定条件的，按月领取新型农村社会养老保险待遇。

第二十二条　国家建立和完善城镇居民社会养老保险制度。

省、自治区、直辖市人民政府根据实际情况，可以将城镇居民社会养老保险和新型农村社会养老保险合并实施。

第三章　基本医疗保险

第二十三条　职工应当参加职工基本医疗保险，由用人单位和职工按照国家规定共同缴纳基本医疗保险费。

无雇工的个体工商户、未在用人单位参加职工基本医疗保险的非全日制从业人员以及其他灵活就业人员可以参加职工基本医疗保险，由个人按照国家规定缴纳基本医疗保险费。

第二十四条 国家建立和完善新型农村合作医疗制度。

新型农村合作医疗的管理办法，由国务院规定。

第二十五条 国家建立和完善城镇居民基本医疗保险制度。

城镇居民基本医疗保险实行个人缴费和政府补贴相结合。

享受最低生活保障的人、丧失劳动能力的残疾人、低收入家庭六十周岁以上的老年人和未成年人等所需个人缴费部分，由政府给予补贴。

第二十六条 职工基本医疗保险、新型农村合作医疗和城镇居民基本医疗保险的待遇标准按照国家规定执行。

第二十七条 参加职工基本医疗保险的个人，达到法定退休年龄时累计缴费达到国家规定年限的，退休后不再缴纳基本医疗保险费，按照国家规定享受基本医疗保险待遇；未达到国家规定年限的，可以缴费至国家规定年限。

第二十八条 符合基本医疗保险药品目录、诊疗项目、医疗服务设施标准以及急诊、抢救的医疗费用，按照国家规定从基本医疗保险基金中支付。

第二十九条 参保人员医疗费用中应当由基本医疗保险基金支付的部分，由社会保险经办机构与医疗机构、药品经营单位直接结算。

社会保险行政部门和卫生行政部门应当建立异地就医医疗费用结算制度，方便参保人员享受基本医疗保险待遇。

第三十条 下列医疗费用不纳入基本医疗保险基金支付范围：

（一）应当从工伤保险基金中支付的；

（二）应当由第三人负担的；

（三）应当由公共卫生负担的；

（四）在境外就医的。

医疗费用依法应当由第三人负担，第三人不支付或者无法确定第三人的，由基本医疗保险基金先行支付。基本医疗保险基金先行支付后，有权向第三人追偿。

第三十一条 社会保险经办机构根据管理服务的需要，可以与医疗机构、药品经营单位签订服务协议，规范医疗服务行为。

医疗机构应当为参保人员提供合理、必要的医疗服务。

第三十二条 个人跨统筹地区就业的，其基本医疗保险关系随本人转移，缴费年限累计计算。

第四章　工伤保险

第三十三条　职工应当参加工伤保险，由用人单位缴纳工伤保险费，职工不缴纳工伤保险费。

第三十四条　国家根据不同行业的工伤风险程度确定行业的差别费率，并根据使用工伤保险基金、工伤发生率等情况在每个行业内确定费率档次。行业差别费率和行业内费率档次由国务院社会保险行政部门制定，报国务院批准后公布施行。

社会保险经办机构根据用人单位使用工伤保险基金、工伤发生率和所属行业费率档次等情况，确定用人单位缴费费率。

第三十五条　用人单位应当按照本单位职工工资总额，根据社会保险经办机构确定的费率缴纳工伤保险费。

第三十六条　职工因工作原因受到事故伤害或者患职业病，且经工伤认定的，享受工伤保险待遇；其中，经劳动能力鉴定丧失劳动能力的，享受伤残待遇。

工伤认定和劳动能力鉴定应当简捷、方便。

第三十七条　职工因下列情形之一导致本人在工作中伤亡的，不认定为工伤：

（一）故意犯罪；

（二）醉酒或者吸毒；

（三）自残或者自杀；

（四）法律、行政法规规定的其他情形。

第三十八条　因工伤发生的下列费用，按照国家规定从工伤保险基金中支付：

（一）治疗工伤的医疗费用和康复费用；

（二）住院伙食补助费；

（三）到统筹地区以外就医的交通食宿费；

（四）安装配置伤残辅助器具所需费用；

（五）生活不能自理的，经劳动能力鉴定委员会确认的生活护理费；

（六）一次性伤残补助金和一至四级伤残职工按月领取的伤残津贴；

（七）终止或者解除劳动合同时，应当享受的一次性医疗补助金；

（八）因工死亡的，其遗属领取的丧葬补助金、供养亲属抚恤金和因工死亡补助金；

（九）劳动能力鉴定费。

第三十九条　因工伤发生的下列费用，按照国家规定由用人单位支付：

（一）治疗工伤期间的工资福利；

（二）五级、六级伤残职工按月领取的伤残津贴；

（三）终止或者解除劳动合同时，应当享受的一次性伤残就业补助金。

第四十条　工伤职工符合领取基本养老金条件的，停发伤残津贴，享受基本养老保险待遇。基本养老保险待遇低于伤残津贴的，从工伤保险基金中补足差额。

第四十一条　职工所在用人单位未依法缴纳工伤保险费，发生工伤事故的，由用人单位支付工伤保险待遇。用人单位不支付的，从工伤保险基金中先行支付。

从工伤保险基金中先行支付的工伤保险待遇应当由用人单位偿还。用人单位不偿还的，社会保险经办机构可以依照本法第六十三条的规定追偿。

第四十二条　由于第三人的原因造成工伤，第三人不支付工伤医疗费用或者无法确定第三人的，由工伤保险基金先行支付。工伤保险基金先行支付后，有权向第三人追偿。

第四十三条　工伤职工有下列情形之一的，停止享受工伤保险待遇：

（一）丧失享受待遇条件的；

（二）拒不接受劳动能力鉴定的；

（三）拒绝治疗的。

第五章　失业保险

第四十四条　职工应当参加失业保险，由用人单位和职工按照国家规定共同缴纳失业保险费。

第四十五条　失业人员符合下列条件的，从失业保险基金中领取失业保险金：

（一）失业前用人单位和本人已经缴纳失业保险费满一年的；

（二）非因本人意愿中断就业的；

（三）已经进行失业登记，并有求职要求的。

第四十六条　失业人员失业前用人单位和本人累计缴费满一年不足五年的，领取失业保险金的期限最长为十二个月；累计缴费满五年不足十年的，领取失业保险金的期限最长为十八个月；累计缴费十年以上的，领取失业保险金的期限最长为二十四个月。重新就业后，再次失业的，缴费时间重新计算，领取失业保险金的期限与前次失业应当领取而尚未领取的失业保险金的期限合并计算，最长不超过二十四个月。

第四十七条 失业保险金的标准，由省、自治区、直辖市人民政府确定，不得低于城市居民最低生活保障标准。

第四十八条 失业人员在领取失业保险金期间，参加职工基本医疗保险，享受基本医疗保险待遇。

失业人员应当缴纳的基本医疗保险费从失业保险基金中支付，个人不缴纳基本医疗保险费。

第四十九条 失业人员在领取失业保险金期间死亡的，参照当地对在职职工死亡的规定，向其遗属发给一次性丧葬补助金和抚恤金。所需资金从失业保险基金中支付。

个人死亡同时符合领取基本养老保险丧葬补助金、工伤保险丧葬补助金和失业保险丧葬补助金条件的，其遗属只能选择领取其中的一项。

第五十条 用人单位应当及时为失业人员出具终止或者解除劳动关系的证明，并将失业人员的名单自终止或者解除劳动关系之日起十五日内告知社会保险经办机构。

失业人员应当持本单位为其出具的终止或者解除劳动关系的证明，及时到指定的公共就业服务机构办理失业登记。

失业人员凭失业登记证明和个人身份证明，到社会保险经办机构办理领取失业保险金的手续。失业保险金领取期限自办理失业登记之日起计算。

第五十一条 失业人员在领取失业保险金期间有下列情形之一的，停止领取失业保险金，并同时停止享受其他失业保险待遇：

（一）重新就业的；

（二）应征服兵役的；

（三）移居境外的；

（四）享受基本养老保险待遇的；

（五）无正当理由，拒不接受当地人民政府指定部门或者机构介绍的适当工作或者提供的培训的。

第五十二条 职工跨统筹地区就业的，其失业保险关系随本人转移，缴费年限累计计算。

第六章 生育保险

第五十三条 职工应当参加生育保险，由用人单位按照国家规定缴纳生育保险费，职工不缴纳生育保险费。

第五十四条 用人单位已经缴纳生育保险费的，其职工享受生育保险待遇；职工未就业配偶按照国家规定享受生育医疗费用待遇。所需资金从生育保险基金中支付。

生育保险待遇包括生育医疗费用和生育津贴。

第五十五条 生育医疗费用包括下列各项：

（一）生育的医疗费用；

（二）计划生育的医疗费用；

（三）法律、法规规定的其他项目费用。

第五十六条 职工有下列情形之一的，可以按照国家规定享受生育津贴：

（一）女职工生育享受产假；

（二）享受计划生育手术休假；

（三）法律、法规规定的其他情形。

生育津贴按照职工所在用人单位上年度职工月平均工资计发。

第七章 社会保险费征缴

第五十七条 用人单位应当自成立之日起三十日内凭营业执照、登记证书或者单位印章，向当地社会保险经办机构申请办理社会保险登记。社会保险经办机构应当自收到申请之日起十五日内予以审核，发给社会保险登记证件。

用人单位的社会保险登记事项发生变更或者用人单位依法终止的，应当自变更或者终止之日起三十日内，到社会保险经办机构办理变更或者注销社会保险登记。

市场监督管理部门、民政部门和机构编制管理机关应当及时向社会保险经办机构通报用人单位的成立、终止情况，公安机关应当及时向社会保险经办机构通报个人的出生、死亡以及户口登记、迁移、注销等情况。

第五十八条 用人单位应当自用工之日起三十日内为其职工向社会保险经办机构申请办理社会保险登记。未办理社会保险登记的，由社会保险经办机构核定其应当缴纳的社会保险费。

自愿参加社会保险的无雇工的个体工商户、未在用人单位参加社会保险的非全日制从业人员以及其他灵活就业人员，应当向社会保险经办机构申请办理社会保险登记。

国家建立全国统一的个人社会保障号码。个人社会保障号码为公民身份号码。

第五十九条　县级以上人民政府加强社会保险费的征收工作。

社会保险费实行统一征收，实施步骤和具体办法由国务院规定。

第六十条　用人单位应当自行申报、按时足额缴纳社会保险费，非因不可抗力等法定事由不得缓缴、减免。职工应当缴纳的社会保险费由用人单位代扣代缴，用人单位应当按月将缴纳社会保险费的明细情况告知本人。

无雇工的个体工商户、未在用人单位参加社会保险的非全日制从业人员以及其他灵活就业人员，可以直接向社会保险费征收机构缴纳社会保险费。

第六十一条　社会保险费征收机构应当依法按时足额征收社会保险费，并将缴费情况定期告知用人单位和个人。

第六十二条　用人单位未按规定申报应当缴纳的社会保险费数额的，按照该单位上月缴费额的百分之一百一十确定应当缴纳数额；缴费单位补办申报手续后，由社会保险费征收机构按照规定结算。

第六十三条　用人单位未按时足额缴纳社会保险费的，由社会保险费征收机构责令其限期缴纳或者补足。

用人单位逾期仍未缴纳或者补足社会保险费的，社会保险费征收机构可以向银行和其他金融机构查询其存款账户；并可以申请县级以上有关行政部门作出划拨社会保险费的决定，书面通知其开户银行或者其他金融机构划拨社会保险费。用人单位账户余额少于应当缴纳的社会保险费的，社会保险费征收机构可以要求该用人单位提供担保，签订延期缴费协议。

用人单位未足额缴纳社会保险费且未提供担保的，社会保险费征收机构可以申请人民法院扣押、查封、拍卖其价值相当于应当缴纳社会保险费的财产，以拍卖所得抵缴社会保险费。

第八章　社会保险基金

第六十四条　社会保险基金包括基本养老保险基金、基本医疗保险基金、工伤保险基金、失业保险基金和生育保险基金。除基本医疗保险基与生育保险基金合并建账及核算外，其他各项社会保险基金按照社会保险险种分别建账，分账核算。社会保险基金执行国家统一的会计制度。

社会保险基金专款专用，任何组织和个人不得侵占或者挪用。

基本养老保险基金逐步实行全国统筹，其他社会保险基金逐步实行省级统筹，具体时间、步骤由国务院规定。

第六十五条　社会保险基金通过预算实现收支平衡。

县级以上人民政府在社会保险基金出现支付不足时，给予补贴。

第六十六条　社会保险基金按照统筹层次设立预算。除基本医疗保险基金与生育保险基金预算合并编制外，其他社会保险基金预算按照社会保险项目分别编制。

第六十七条　社会保险基金预算、决算草案的编制、审核和批准，依照法律和国务院规定执行。

第六十八条　社会保险基金存入财政专户，具体管理办法由国务院规定。

第六十九条　社会保险基金在保证安全的前提下，按照国务院规定投资运营实现保值增值。

社会保险基金不得违规投资运营，不得用于平衡其他政府预算，不得用于兴建、改建办公场所和支付人员经费、运行费用、管理费用，或者违反法律、行政法规规定挪作其他用途。

第七十条　社会保险经办机构应当定期向社会公布参加社会保险情况以及社会保险基金的收入、支出、结余和收益情况。

第七十一条　国家设立全国社会保障基金，由中央财政预算拨款以及国务院批准的其他方式筹集的资金构成，用于社会保障支出的补充、调剂。全国社会保障基金由全国社会保障基金管理运营机构负责管理运营，在保证安全的前提下实现保值增值。

全国社会保障基金应当定期向社会公布收支、管理和投资运营的情况。国务院财政部门、社会保险行政部门、审计机关对全国社会保障基金的收支、管理和投资运营情况实施监督。

第九章　社会保险经办

第七十二条　统筹地区设立社会保险经办机构。社会保险经办机构根据工作需要，经所在地的社会保险行政部门和机构编制管理机关批准，可以在本统筹地区设立分支机构和服务网点。

社会保险经办机构的人员经费和经办社会保险发生的基本运行费用、管理费用，由同级财政按照国家规定予以保障。

第七十三条　社会保险经办机构应当建立健全业务、财务、安全和风险管理制度。

社会保险经办机构应当按时足额支付社会保险待遇。

第七十四条　社会保险经办机构通过业务经办、统计、调查获取社会保险工作所需的数据，有关单位和个人应当及时、如实提供。

社会保险经办机构应当及时为用人单位建立档案，完整、准确地记录参加社会保险的人员、缴费等社会保险数据，妥善保管登记、申报的原始凭证和支付结算的会计凭证。

社会保险经办机构应当及时、完整、准确地记录参加社会保险的个人缴费和用人单位为其缴费，以及享受社会保险待遇等个人权益记录，定期将个人权益记录单免费寄送本人。

用人单位和个人可以免费向社会保险经办机构查询、核对其缴费和享受社会保险待遇记录，要求社会保险经办机构提供社会保险咨询等相关服务。

第七十五条　全国社会保险信息系统按照国家统一规划，由县级以上人民政府按照分级负责的原则共同建设。

第十章　社会保险监督

第七十六条　各级人民代表大会常务委员会听取和审议本级人民政府对社会保险基金的收支、管理、投资运营以及监督检查情况的专项工作报告，组织对本法实施情况的执法检查等，依法行使监督职权。

第七十七条　县级以上人民政府社会保险行政部门应当加强对用人单位和个人遵守社会保险法律、法规情况的监督检查。

社会保险行政部门实施监督检查时，被检查的用人单位和个人应当如实提供与社会保险有关的资料，不得拒绝检查或者谎报、瞒报。

第七十八条　财政部门、审计机关按照各自职责，对社会保险基金的收支、管理和投资运营情况实施监督。

第七十九条　社会保险行政部门对社会保险基金的收支、管理和投资运营情况进行监督检查，发现存在问题的，应当提出整改建议，依法作出处理决定或者向有关行政部门提出处理建议。社会保险基金检查结果应当定期向社会公布。

社会保险行政部门对社会保险基金实施监督检查，有权采取下列措施：

（一）查阅、记录、复制与社会保险基金收支、管理和投资运营相关的资料，对可能被转移、隐匿或者灭失的资料予以封存；

（二）询问与调查事项有关的单位和个人，要求其对与调查事项有关的问题作出说明、提供有关证明材料；

（三）对隐匿、转移、侵占、挪用社会保险基金的行为予以制止并责令改正。

第八十条　统筹地区人民政府成立由用人单位代表、参保人员代表，以及工会代表、专家等组成的社会保险监督委员会，掌握、分析社会保险基金的收支、管理和投资运营情况，对社会保险工作提出咨询意见和建议，实施社会监督。

社会保险经办机构应当定期向社会保险监督委员会汇报社会保险基金的收支、管理和投资运营情况。社会保险监督委员会可以聘请会计师事务所对社会保险基金的收支、管理和投资运营情况进行年度审计和专项审计。审计结果应当向社会公开。

社会保险监督委员会发现社会保险基金收支、管理和投资运营中存在问题的，有权提出改正建议；对社会保险经办机构及其工作人员的违法行为，有权向有关部门提出依法处理建议。

第八十一条　社会保险行政部门和其他有关行政部门、社会保险经办机构、社会保险费征收机构及其工作人员，应当依法为用人单位和个人的信息保密，不得以任何形式泄露。

第八十二条　任何组织或者个人有权对违反社会保险法律、法规的行为进行举报、投诉。

社会保险行政部门、卫生行政部门、社会保险经办机构、社会保险费征收机构和财政部门、审计机关对属于本部门、本机构职责范围的举报、投诉，应当依法处理；对不属于本部门、本机构职责范围的，应当书面通知并移交有权处理的部门、机构处理。有权处理的部门、机构应当及时处理，不得推诿。

第八十三条　用人单位或者个人认为社会保险费征收机构的行为侵害自己合法权益的，可以依法申请行政复议或者提起行政诉讼。

用人单位或者个人对社会保险经办机构不依法办理社会保险登记、核定社会保险费、支付社会保险待遇、办理社会保险转移接续手续或者侵害其他社会保险权益的行为，可以依法申请行政复议或者提起行政诉讼。

个人与所在用人单位发生社会保险争议的，可以依法申请调解、仲裁，提起诉讼。用人单位侵害个人社会保险权益的，个人也可以要求社会保险行政部门或者社会保险费征收机构依法处理。

第十一章　法律责任

第八十四条　用人单位不办理社会保险登记的，由社会保险行政部门责令限期改正；逾期不改正的，对用人单位处应缴社会保险费数额一倍以上三倍以下的罚款，对其直接负责的主管人员和其他直接责任人员处五百元以上三千元以下的罚款。

第八十五条　用人单位拒不出具终止或者解除劳动关系证明的，依照《中华人民共和国劳动合同法》的规定处理。

第八十六条　用人单位未按时足额缴纳社会保险费的，由社会保险费征收机构责令限期缴纳或者补足，并自欠缴之日起，按日加收万分之五的滞纳金；逾期仍不缴纳的，由有关行政部门处欠缴数额一倍以上三倍以下的罚款。

第八十七条　社会保险经办机构以及医疗机构、药品经营单位等社会保险服务机构以欺诈、伪造证明材料或者其他手段骗取社会保险基金支出的，由社会保险行政部门责令退回骗取的社会保险金，处骗取金额二倍以上五倍以下的罚款；属于社会保险服务机构的，解除服务协议；直接负责的主管人员和其他直接责任人员有执业资格的，依法吊销其执业资格。

第八十八条　以欺诈、伪造证明材料或者其他手段骗取社会保险待遇的，由社会保险行政部门责令退回骗取的社会保险金，处骗取金额二倍以上五倍以下的罚款。

第八十九条　社会保险经办机构及其工作人员有下列行为之一的，由社会保险行政部门责令改正；给社会保险基金、用人单位或者个人造成损失的，依法承担赔偿责任；对直接负责的主管人员和其他直接责任人员依法给予处分：

（一）未履行社会保险法定职责的；

（二）未将社会保险基金存入财政专户的；

（三）克扣或者拒不按时支付社会保险待遇的；

（四）丢失或者篡改缴费记录、享受社会保险待遇记录等社会保险数

据、个人权益记录的;

(五)有违反社会保险法律、法规的其他行为的。

第九十条 社会保险费征收机构擅自更改社会保险费缴费基数、费率,导致少收或者多收社会保险费的,由有关行政部门责令其追缴应当缴纳的社会保险费或者退还不应当缴纳的社会保险费;对直接负责的主管人员和其他直接责任人员依法给予处分。

第九十一条 违反本法规定,隐匿、转移、侵占、挪用社会保险基金或者违规投资运营的,由社会保险行政部门、财政部门、审计机关责令追回;有违法所得的,没收违法所得;对直接负责的主管人员和其他直接责任人员依法给予处分。

第九十二条 社会保险行政部门和其他有关行政部门、社会保险经办机构、社会保险费征收机构及其工作人员泄露用人单位和个人信息的,对直接负责的主管人员和其他直接责任人员依法给予处分;给用人单位或者个人造成损失的,应当承担赔偿责任。

第九十三条 国家工作人员在社会保险管理、监督工作中滥用职权、玩忽职守、徇私舞弊的,依法给予处分。

第九十四条 违反本法规定,构成犯罪的,依法追究刑事责任。

第十二章 附则

第九十五条 进城务工的农村居民依照本法规定参加社会保险。

第九十六条 征收农村集体所有的土地,应当足额安排被征地农民的社会保险费,按照国务院规定将被征地农民纳入相应的社会保险制度。

第九十七条 外国人在中国境内就业的,参照本法规定参加社会保险。

第九十八条 本法自 2011 年 7 月 1 日起施行。

7.《中华人民共和国反家庭暴力法》(2015 年)*

第一章　总则

第一条　为了预防和制止家庭暴力，保护家庭成员的合法权益，维护平等、和睦、文明的家庭关系，促进家庭和谐、社会稳定，制定本法。

第二条　本法所称家庭暴力，是指家庭成员之间以殴打、捆绑、残害、限制人身自由以及经常性谩骂、恐吓等方式实施的身体、精神等侵害行为。

第三条　家庭成员之间应当互相帮助，互相关爱，和睦相处，履行家庭义务。

反家庭暴力是国家、社会和每个家庭的共同责任。

国家禁止任何形式的家庭暴力。

第四条　县级以上人民政府负责妇女儿童工作的机构，负责组织、协调、指导、督促有关部门做好反家庭暴力工作。

县级以上人民政府有关部门、司法机关、人民团体、社会组织、居民委员会、村民委员会、企业事业单位，应当依照本法和有关法律规定，做好反家庭暴力工作。

各级人民政府应当对反家庭暴力工作给予必要的经费保障。

第五条　反家庭暴力工作遵循预防为主，教育、矫治与惩处相结合原则。

反家庭暴力工作应当尊重受害人真实意愿，保护当事人隐私。

未成年人、老年人、残疾人、孕期和哺乳期的妇女、重病患者遭受家庭暴力的，应当给予特殊保护。

第二章　家庭暴力的预防

第六条　国家开展家庭美德宣传教育，普及反家庭暴力知识，增强公民反家庭暴力意识。

工会、共产主义青年团、妇女联合会、残疾人联合会应当在各自工作

---

* 《中华人民共和国反家庭暴力法》由中华人民共和国第十二届全国人民代表大会常务委员会第十八次会议于 2015 年 12 月 27 日通过，自 2016 年 3 月 1 日起施行。

范围内，组织开展家庭美德和反家庭暴力宣传教育。

广播、电视、报刊、网络等应当开展家庭美德和反家庭暴力宣传。

学校、幼儿园应当开展家庭美德和反家庭暴力教育。

第七条　县级以上人民政府有关部门、司法机关、妇女联合会应当将预防和制止家庭暴力纳入业务培训和统计工作。

医疗机构应当做好家庭暴力受害人的诊疗记录。

第八条　乡镇人民政府、街道办事处应当组织开展家庭暴力预防工作，居民委员会、村民委员会、社会工作服务机构应当予以配合协助。

第九条　各级人民政府应当支持社会工作服务机构等社会组织开展心理健康咨询、家庭关系指导、家庭暴力预防知识教育等服务。

第十条　人民调解组织应当依法调解家庭纠纷，预防和减少家庭暴力的发生。

第十一条　用人单位发现本单位人员有家庭暴力情况的，应当给予批评教育，并做好家庭矛盾的调解、化解工作。

第十二条　未成年人的监护人应当以文明的方式进行家庭教育，依法履行监护和教育职责，不得实施家庭暴力。

第三章　家庭暴力的处置

第十三条　家庭暴力受害人及其法定代理人、近亲属可以向加害人或者受害人所在单位、居民委员会、村民委员会、妇女联合会等单位投诉、反映或者求助。有关单位接到家庭暴力投诉、反映或者求助后，应当给予帮助、处理。

家庭暴力受害人及其法定代理人、近亲属也可以向公安机关报案或者依法向人民法院起诉。

单位、个人发现正在发生的家庭暴力行为，有权及时劝阻。

第十四条　学校、幼儿园、医疗机构、居民委员会、村民委员会、社会工作服务机构、救助管理机构、福利机构及其工作人员在工作中发现无民事行为能力人、限制民事行为能力人遭受或者疑似遭受家庭暴力的，应当及时向公安机关报案。公安机关应当对报案人的信息予以保密。

第十五条　公安机关接到家庭暴力报案后应当及时出警，制止家庭暴力，按照有关规定调查取证，协助受害人就医、鉴定伤情。

无民事行为能力人、限制民事行为能力人因家庭暴力身体受到严重伤害、面临人身安全威胁或者处于无人照料等危险状态的，公安机关应当通知并协助民政部门将其安置到临时庇护场所、救助管理机构或者福利机构。

第十六条　家庭暴力情节较轻，依法不给予治安管理处罚的，由公安机关对加害人给予批评教育或者出具告诫书。

告诫书应当包括加害人的身份信息、家庭暴力的事实陈述、禁止加害人实施家庭暴力等内容。

第十七条　公安机关应当将告诫书送交加害人、受害人，并通知居民委员会、村民委员会。

居民委员会、村民委员会、公安派出所应当对收到告诫书的加害人、受害人进行查访，监督加害人不再实施家庭暴力。

第十八条　县级或者设区的市级人民政府可以单独或者依托救助管理机构设立临时庇护场所，为家庭暴力受害人提供临时生活帮助。

第十九条　法律援助机构应当依法为家庭暴力受害人提供法律援助。

人民法院应当依法对家庭暴力受害人缓收、减收或者免收诉讼费用。

第二十条　人民法院审理涉及家庭暴力的案件，可以根据公安机关出警记录、告诫书、伤情鉴定意见等证据，认定家庭暴力事实。

第二十一条　监护人实施家庭暴力严重侵害被监护人合法权益的，人民法院可以根据被监护人的近亲属、居民委员会、村民委员会、县级人民政府民政部门等有关人员或者单位的申请，依法撤销其监护人资格，另行指定监护人。

被撤销监护人资格的加害人，应当继续负担相应的赡养、扶养、抚养费用。

第二十二条　工会、共产主义青年团、妇女联合会、残疾人联合会、居民委员会、村民委员会等应当对实施家庭暴力的加害人进行法治教育，必要时可以对加害人、受害人进行心理辅导。

第四章　人身安全保护令

第二十三条　当事人因遭受家庭暴力或者面临家庭暴力的现实危险，向人民法院申请人身安全保护令的，人民法院应当受理。

当事人是无民事行为能力人、限制民事行为能力人，或者因受到强制、威吓等原因无法申请人身安全保护令的，其近亲属、公安机关、妇女联合会、居民委员会、村民委员会、救助管理机构可以代为申请。

第二十四条　申请人身安全保护令应当以书面方式提出；书面申请确

有困难的，可以口头申请，由人民法院记入笔录。

第二十五条　人身安全保护令案件由申请人或者被申请人居住地、家庭暴力发生地的基层人民法院管辖。

第二十六条　人身安全保护令由人民法院以裁定形式作出。

第二十七条　作出人身安全保护令，应当具备下列条件：

（一）有明确的被申请人；

（二）有具体的请求；

（三）有遭受家庭暴力或者面临家庭暴力现实危险的情形

第二十八条　人民法院受理申请后，应当在七十二小时内作出人身安全保护令或者驳回申请；情况紧急的，应当在二十四小时内作出。

第二十九条　人身安全保护令可以包括下列措施：

（一）禁止被申请人实施家庭暴力；

（二）禁止被申请人骚扰、跟踪、接触申请人及其相关近亲属；

（三）责令被申请人迁出申请人住所；

（四）保护申请人人身安全的其他措施。

第三十条　人身安全保护令的有效期不超过六个月，自作出之日起生效。人身安全保护令失效前，人民法院可以根据申请人的申请撤销、变更或者延长。

第三十一条　申请人对驳回申请不服或者被申请人对人身安全保护令不服的，可以自裁定生效之日起五日内向作出裁定的人民法院申请复议一次。人民法院依法作出人身安全保护令的，复议期间不停止人身安全保护令的执行。

第三十二条　人民法院作出人身安全保护令后，应当送达申请人、被申请人、公安机关以及居民委员会、村民委员会等有关组织。人身安全保护令由人民法院执行，公安机关以及居民委员会、村民委员会等应当协助执行。

第五章　法律责任

第三十三条　加害人实施家庭暴力，构成违反治安管理行为的，依法给予治安管理处罚；构成犯罪的，依法追究刑事责任。

第三十四条　被申请人违反人身安全保护令，构成犯罪的，依法追究刑事责任；尚不构成犯罪的，人民法院应当给予训诫，可以根据情节轻重处以一千元以下罚款、十五日以下拘留。

第三十五条　学校、幼儿园、医疗机构、居民委员会、村民委员会、社会工作服务机构、救助管理机构、福利机构及其工作人员未依照本法第十四条规定向公安机关报案，造成严重后果的，由上级主管部门或者本单位对直接负责的主管人员和其他直接责任人员依法给予处分。

第三十六条　负有反家庭暴力职责的国家工作人员玩忽职守、滥用职权、徇私舞弊的，依法给予处分；构成犯罪的，依法追究刑事责任。

第六章　附则

第三十七条　家庭成员以外共同生活的人之间实施的暴力行为，参照本法规定执行。

第三十八条　本法自 2016 年 3 月 1 日起施行。

8.《法律援助条例》（2003年）[*]

第一章　总则

第一条　为了保障经济困难的公民获得必要的法律服务，促进和规范法律援助工作，制定本条例。

第二条　符合本条例规定的公民，可以依照本条例获得法律咨询、代理、刑事辩护等无偿法律服务。

第三条　法律援助是政府的责任，县级以上人民政府应当采取积极措施推动法律援助工作，为法律援助提供财政支持，保障法律援助事业与经济、社会协调发展。

法律援助经费应当专款专用，接受财政、审计部门的监督。

第四条　国务院司法行政部门监督管理全国的法律援助工作。县级以上地方各级人民政府司法行政部门监督管理本行政区域的法律援助工作。

中华全国律师协会和地方律师协会应当按照律师协会章程对依据本条例实施的法律援助工作予以协助。

第五条　直辖市、设区的市或者县级人民政府司法行政部门根据需要确定本行政区域的法律援助机构。

法律援助机构负责受理、审查法律援助申请，指派或者安排人员为符合本条例规定的公民提供法律援助。

第六条　律师应当依照律师法和本条例的规定履行法律援助义务，为受援人提供符合标准的法律服务，依法维护受援人的合法权益，接受律师协会和司法行政部门的监督。

第七条　国家鼓励社会对法律援助活动提供捐助。

第八条　国家支持和鼓励社会团体、事业单位等社会组织利用自身资源为经济困难的公民提供法律援助。

第九条　对在法律援助工作中作出突出贡献的组织和个人，有关的人民政府、司法行政部门应当给予表彰、奖励。

---

　　*《法律援助条例》于2003年7月16日国务院第15次常务会议通过，自2003年9月1日起施行。

第二章　法律援助范围

第十条　公民对下列需要代理的事项，因经济困难没有委托代理人的，可以向法律援助机构申请法律援助：

（一）依法请求国家赔偿的；

（二）请求给予社会保险待遇或者最低生活保障待遇的；

（三）请求发给抚恤金、救济金的；

（四）请求给付赡养费、抚养费、扶养费的；

（五）请求支付劳动报酬的；

（六）主张因见义勇为行为产生的民事权益的。

省、自治区、直辖市人民政府可以对前款规定以外的法律援助事项作出补充规定。

公民可以就本条第一款、第二款规定的事项向法律援助机构申请法律咨询。

第十一条　刑事诉讼中有下列情形之一的，公民可以向法律援助机构申请法律援助：

（一）犯罪嫌疑人在被侦查机关第一次讯问后或者采取强制措施之日起，因经济困难没有聘请律师的；

（二）公诉案件中的被害人及其法定代理人或者近亲属，自案件移送审查起诉之日起，因经济困难没有委托诉讼代理人的；

（三）自诉案件的自诉人及其法定代理人，自案件被人民法院受理之日起，因经济困难没有委托诉讼代理人的。

第十二条　公诉人出庭公诉的案件，被告人因经济困难或者其他原因没有委托辩护人，人民法院为被告人指定辩护时，法律援助机构应当提供法律援助。

被告人是盲、聋、哑人或者未成年人而没有委托辩护人的，或者被告人可能被判处死刑而没有委托辩护人的，人民法院为被告人指定辩护时，法律援助机构应当提供法律援助，无须对被告人进行经济状况的审查。

第十三条　本条例所称公民经济困难的标准，由省、自治区、直辖市人民政府根据本行政区域经济发展状况和法律援助事业的需要规定。

申请人住所地的经济困难标准与受理申请的法律援助机构所在地的经济困难标准不一致的，按照受理申请的法律援助机构所在地的经济困难标准执行。

第三章　法律援助申请和审查

第十四条　公民就本条例第十条所列事项申请法律援助，应当按照下列规定提出：

（一）请求国家赔偿的，向赔偿义务机关所在地的法律援助机构提出申请；

（二）请求给予社会保险待遇、最低生活保障待遇或者请求发给抚恤金、救济金的，向提供社会保险待遇、最低生活保障待遇或者发给抚恤金、救济金的义务机关所在地的法律援助机构提出申请；

（三）请求给付赡养费、抚养费、扶养费的，向给付赡养费、抚养费、扶养费的义务人住所地的法律援助机构提出申请；

（四）请求支付劳动报酬的，向支付劳动报酬的义务人住所地的法律援助机构提出申请；

（五）主张因见义勇为行为产生的民事权益的，向被请求人住所地的法律援助机构提出申请。

第十五条　本条例第十一条所列人员申请法律援助的，应当向审理案件的人民法院所在地的法律援助机构提出申请。被羁押的犯罪嫌疑人的申请由看守所在24小时内转交法律援助机构，申请法律援助所需提交的有关证件、证明材料由看守所通知申请人的法定代理人或者近亲属协助提供。

第十六条　申请人为无民事行为能力人或者限制民事行为能力人的，由其法定代理人代为提出申请。

无民事行为能力人或者限制民事行为能力人与其法定代理人之间发生诉讼或者因其他利益纠纷需要法律援助的，由与该争议事项无利害关系的其他法定代理人代为提出申请。

第十七条　公民申请代理、刑事辩护的法律援助应当提交下列证件、证明材料：

（一）身份证或者其他有效的身份证明，代理申请人还应当提交有代理权的证明；

（二）经济困难的证明；

（三）与所申请法律援助事项有关的案件材料。

申请应当采用书面形式，填写申请表；以书面形式提出申请确有困难的，可以口头申请，由法律援助机构工作人员或者代为转交申请的有关机构工作人员作书面记录。

第十八条　法律援助机构收到法律援助申请后，应当进行审查；认为申请人提交的证件、证明材料不齐全的，可以要求申请人作出必要的补充或者说明，申请人未按要求作出补充或者说明的，视为撤销申请；认为申请人提交的证件、证明材料需要查证的，由法律援助机构向有关机关、单位查证。

对符合法律援助条件的，法律援助机构应当及时决定提供法律援助；对不符合法律援助条件的，应当书面告知申请人理由。

第十九条　申请人对法律援助机构作出的不符合法律援助条件的通知有异议的，可以向确定该法律援助机构的司法行政部门提出，司法行政部门应当在收到异议之日起 5 个工作日内进行审查，经审查认为申请人符合法律援助条件的，应当以书面形式责令法律援助机构及时对该申请人提供法律援助。

第四章　法律援助实施

第二十条　由人民法院指定辩护的案件，人民法院在开庭 10 日前将指定辩护通知书和起诉书副本或者判决书副本送交其所在地的法律援助机构；人民法院不在其所在地审判的，可以将指定辩护通知书和起诉书副本或者判决书副本送交审判地的法律援助机构。

第二十一条　法律援助机构可以指派律师事务所安排律师或者安排本机构的工作人员办理法律援助案件；也可以根据其他社会组织的要求，安排其所属人员办理法律援助案件。对人民法院指定辩护的案件，法律援助机构应当在开庭 3 日前将确定的承办人员名单回复作出指定的人民法院。

第二十二条　办理法律援助案件的人员，应当遵守职业道德和执业纪律，提供法律援助不得收取任何财物。

第二十三条　办理法律援助案件的人员遇有下列情形之一的，应当向法律援助机构报告，法律援助机构经审查核实的，应当终止该项法律援助：

（一）受援人的经济收入状况发生变化，不再符合法律援助条件的；

（二）案件终止审理或者已被撤销的；

（三）受援人又自行委托律师或者其他代理人的；

（四）受援人要求终止法律援助的。

第二十四条　受指派办理法律援助案件的律师或者接受安排办理法律

援助案件的社会组织人员在案件结案时，应当向法律援助机构提交有关的法律文书副本或者复印件以及结案报告等材料。

法律援助机构收到前款规定的结案材料后，应当向受指派办理法律援助案件的律师或者接受安排办理法律援助案件的社会组织人员支付法律援助办案补贴。

法律援助办案补贴的标准由省、自治区、直辖市人民政府司法行政部门会同同级财政部门，根据当地经济发展水平，参考法律援助机构办理各类法律援助案件的平均成本等因素核定，并可以根据需要调整。

第二十五条　法律援助机构对公民申请的法律咨询服务，应当即时办理；复杂疑难的，可以预约择时办理。

第五章　法律责任

第二十六条　法律援助机构及其工作人员有下列情形之一的，对直接负责的主管人员以及其他直接责任人员依法给予纪律处分：

（一）为不符合法律援助条件的人员提供法律援助，或者拒绝为符合法律援助条件的人员提供法律援助的；

（二）办理法律援助案件收取财物的；

（三）从事有偿法律服务的；

（四）侵占、私分、挪用法律援助经费的。

办理法律援助案件收取的财物，由司法行政部门责令退还；从事有偿法律服务的违法所得，由司法行政部门予以没收；侵占、私分、挪用法律援助经费的，由司法行政部门责令追回，情节严重，构成犯罪的，依法追究刑事责任。

第二十七条　律师事务所拒绝法律援助机构的指派，不安排本所律师办理法律援助案件的，由司法行政部门给予警告、责令改正；情节严重的，给予1个月以上3个月以下停业整顿的处罚。

第二十八条　律师有下列情形之一的，由司法行政部门给予警告、责令改正；情节严重的，给予1个月以上3个月以下停止执业的处罚：

（一）无正当理由拒绝接受、擅自终止法律援助案件的；

（二）办理法律援助案件收取财物的。

有前款第（二）项违法行为的，由司法行政部门责令退还违法所得的财物，可以并处所收财物价值1倍以上3倍以下的罚款。

第二十九条　律师办理法律援助案件违反职业道德和执业纪律的，按照律师法的规定予以处罚。

第三十条　司法行政部门工作人员在法律援助的监督管理工作中，有滥用职权、玩忽职守行为的，依法给予行政处分；情节严重，构成犯罪的，依法追究刑事责任。

第六章　附则

第三十一条　本条例自 2003 年 9 月 1 日起施行。

9.《城市居民最低生活保障条例》（1999 年）[*]

第一条　为了规范城市居民最低生活保障制度，保障城市居民基本生活，制定本条例。

第二条　持有非农业户口的城市居民，凡共同生活的家庭成员人均收入低于当地城市居民最低生活保障标准的，均有从当地人民政府获得基本生活物质帮助的权利。

前款所称收入，是指共同生活的家庭成员的全部货币收入和实物收入，包括法定赡养人、扶养人或者抚养人应当给付的赡养费、扶养费或者抚养费，不包括优抚对象按照国家规定享受的抚恤金、补助金。

第三条　城市居民最低生活保障制度遵循保障城市居民基本生活的原则，坚持国家保障与社会帮扶相结合、鼓励劳动自救的方针。

第四条　城市居民最低生活保障制度实行地方各级人民政府负责制。县级以上地方各级人民政府民政部门具体负责本行政区域内城市居民最低生活保障的管理工作；财政部门按照规定落实城市居民最低生活保障资金；统计、物价、审计、劳动保障和人事等部门分工负责，在各自的职责范围内负责城市居民最低生活保障的有关工作。

县级人民政府民政部门以及街道办事处和镇人民政府（以下统称管理审批机关）负责城市居民最低生活保障的具体管理审批工作。

居民委员会根据管理审批机关的委托，可以承担城市居民最低生活保障的日常管理、服务工作。

国务院民政部门负责全国城市居民最低生活保障的管理工作。

第五条　城市居民最低生活保障所需资金，由地方人民政府列入财政预算，纳入社会救济专项资金支出项目，专项管理，专款专用。

国家鼓励社会组织和个人为城市居民最低生活保障提供捐赠、资助；所提供的捐赠资助，全部纳入当地城市居民最低生活保障资金。

第六条　城市居民最低生活保障标准，按照当地维持城市居民基本生活所必需的衣、食、住费用，并适当考虑水电燃煤（燃气）费用以及未成

＊《城市居民最低生活保障条例》于国务院第 21 次常务会议通过，自 1999 年 10 月 1 起施行。

年人的义务教育费用确定。

直辖市、设区的市的城市居民最低生活保障标准，由市人民政府民政部门会同财政、统计、物价等部门制定，报本级人民政府批准并公布执行；县（县级市）的城市居民最低生活保障标准，由县（县级市）人民政府民政部门会同财政、统计、物价等部门制定，报本级人民政府批准并报上一级人民政府备案后公布执行。

城市居民最低生活保障标准需要提高时，依照前两款的规定重新核定。

第七条　申请享受城市居民最低生活保障待遇，由户主向户籍所在地的街道办事处或者镇人民政府提出书面申请，并出具有关证明材料，填写《城市居民最低生活保障待遇审批表》。城市居民最低生活保障待遇，由其所在地的街道办事处或者镇人民政府初审，并将有关材料和初审意见报送县级人民政府民政部门审批。

管理审批机关为审批城市居民最低生活保障待遇的需要，可以通过入户调查、邻里访问以及信函索证等方式对申请人的家庭经济状况和实际生活水平进行调查核实。申请人及有关单位、组织或者个人应当接受调查，如实提供有关情况。

第八条　县级人民政府民政部门经审查，对符合享受城市居民最低生活保障待遇条件的家庭，应当区分下列不同情况批准其享受城市居民最低生活保障待遇：

（一）对无生活来源、无劳动能力又无法定赡养人、扶养人或者抚养人的城市居民，批准其按照当地城市居民最低生活保障标准全额享受；

（二）对尚有一定收入的城市居民，批准其按照家庭人均收入低于当地城市居民最低生活保障标准的差额享受。

县级人民政府民政部门经审查，对不符合享受城市居民最低生活保障待遇条件的，应当书面通知申请人，并说明理由。

管理审批机关应当自接到申请人提出申请之日起的 30 日内办结审批手续。

城市居民最低生活保障待遇由管理审批机关以货币形式按月发放；必要时，也可以给付实物。

第九条　对经批准享受城市居民最低生活保障待遇的城市居民，由管理审批机关采取适当形式以户为单位予以公布，接受群众监督。任何人对不符合法定条件而享受城市居民最低生活保障待遇的，都有权向管理审批机关提出意见；管理审批机关经核查，对情况属实的，应当予以纠正。

第十条　享受城市居民最低生活保障待遇的城市居民家庭人均收入情况发生变化的，应当及时通过居民委员会告知管理审批机关，办理停发、减发或者增发城市居民最低生活保障待遇的手续。

管理审批机关应当对享受城市居民最低生活保障待遇的城市居民的家庭收入情况定期进行核查。

在就业年龄内有劳动能力但尚未就业的城市居民，在享受城市居民最低生活保障待遇期间，应当参加其所在的居民委员会组织的公益性社区服务劳动。

第十一条　地方各级人民政府及其有关部门，应当对享受城市居民最低生活保障待遇的城市居民在就业、从事个体经营等方面给予必要的扶持和照顾。

第十二条　财政部门、审计部门依法监督城市居民最低生活保障资金的使用情况。

第十三条　从事城市居民最低生活保障管理审批工作的人员有下列行为之一的，给予批评教育，依法给予行政处分；构成犯罪的，依法追究刑事责任：

（一）对符合享受城市居民最低生活保障待遇条件的家庭拒不签署同意享受城市居民最低生活保障待遇意见的，或者对不符合享受城市居民最低生活保障待遇条件的家庭故意签署同意享受城市居民最低生活保障待遇意见的；

（二）玩忽职守、徇私舞弊，或者贪污、挪用、扣压、拖欠城市居民最低生活保障款物的。

第十四条　享受城市居民最低生活保障待遇的城市居民有下列行为之一的，由县级人民政府民政部门给予批评教育或者警告，追回其冒领的城市居民最低生活保障款物；情节恶劣的，处冒领金额1倍以上3倍以下的罚款：

（一）采取虚报、隐瞒、伪造等手段，骗取享受城市居民最低生活保障待遇的；

（二）在享受城市居民最低生活保障待遇期间家庭收入情况好转，不按规定告知管理审批机关，继续享受城市居民最低生活保障待遇的。

第十五条　城市居民对县级人民政府民政部门作出的不批准享受城市居民最低生活保障待遇或者减发、停发城市居民最低生活保障款物的决定或者给予的行政处罚不服的，可以依法申请行政复议；对复议决定仍不服的，可以依法提起行政讼诉。

第十六条　省、自治区、直辖市人民政府可以根据本条例，结合本行政区域城市居民最低生活保障工作的实际情况，规定实施的办法和步骤。

第十七条　本条例自 1999 年 10 月 1 日起施行。

10.《社会救助暂行办法》（2019 年）[*]

第一章　总则

第一条　为了加强社会救助，保障公民的基本生活，促进社会公平，维护社会和谐稳定，根据宪法，制定本办法。

第二条　社会救助制度坚持托底线、救急难、可持续，与其他社会保障制度相衔接，社会救助水平与经济社会发展水平相适应。

社会救助工作应当遵循公开、公平、公正、及时的原则。

第三条　国务院民政部门统筹全国社会救助体系建设。国务院民政、应急管理、卫生健康、教育、住房城乡建设、人力资源社会保障、医疗保障等部门，按照各自职责负责相应的社会救助管理工作。

县级以上地方人民政府民政、应急管理、卫生健康、教育、住房城乡建设、人力资源社会保障、医疗保障等部门，按照各自职责负责本行政区域内相应的社会救助管理工作。

前两款所列行政部门统称社会救助管理部门。

第四条　乡镇人民政府、街道办事处负责有关社会救助的申请受理、调查审核，具体工作由社会救助经办机构或者经办人员承担。

村民委员会、居民委员会协助做好有关社会救助工作。

第五条　县级以上人民政府应当将社会救助纳入国民经济和社会发展规划，建立健全政府领导、民政部门牵头、有关部门配合、社会力量参与的社会救助工作协调机制，完善社会救助资金、物资保障机制，将政府安排的社会救助资金和社会救助工作经费纳入财政预算。

社会救助资金实行专项管理，分账核算，专款专用，任何单位或者个人不得挤占挪用。社会救助资金的支付，按照财政国库管理的有关规定执行。

第六条　县级以上人民政府应当按照国家统一规划建立社会救助管理信息系统，实现社会救助信息互联互通、资源共享。

---

　*《社会救助暂行办法》于 2014 年 2 月 21 日以中华人民共和国国务院令第 649 号公布，根据 2019 年 3 月 2 日《国务院关于修改部分行政法规的决定》修订。

第七条　国家鼓励、支持社会力量参与社会救助。

第八条　对在社会救助工作中作出显著成绩的单位、个人，按照国家有关规定给予表彰、奖励。

第二章　最低生活保障

第九条　国家对共同生活的家庭成员人均收入低于当地最低生活保障标准，且符合当地最低生活保障家庭财产状况规定的家庭，给予最低生活保障。

第十条　最低生活保障标准，由省、自治区、直辖市或者设区的市级人民政府按照当地居民生活必需的费用确定、公布，并根据当地经济社会发展水平和物价变动情况适时调整。

最低生活保障家庭收入状况、财产状况的认定办法，由省、自治区、直辖市或者设区的市级人民政府按照国家有关规定制定。

第十一条　申请最低生活保障，按照下列程序办理：

（一）由共同生活的家庭成员向户籍所在地的乡镇人民政府、街道办事处提出书面申请；家庭成员申请有困难的，可以委托村民委员会、居民委员会代为提出申请。

（二）乡镇人民政府、街道办事处应当通过入户调查、邻里访问、信函索证、群众评议、信息核查等方式，对申请人的家庭收入状况、财产状况进行调查核实，提出初审意见，在申请人所在村、社区公示后报县级人民政府民政部门审批。

（三）县级人民政府民政部门经审查，对符合条件的申请予以批准，并在申请人所在村、社区公布；对不符合条件的申请不予批准，并书面向申请人说明理由。

第十二条　对批准获得最低生活保障的家庭，县级人民政府民政部门按照共同生活的家庭成员人均收入低于当地最低生活保障标准的差额，按月发给最低生活保障金。

对获得最低生活保障后生活仍有困难的老年人、未成年人、重度残疾人和重病患者，县级以上地方人民政府应当采取必要措施给予生活保障。

第十三条　最低生活保障家庭的人口状况、收入状况、财产状况发生变化的，应当及时告知乡镇人民政府、街道办事处。

县级人民政府民政部门以及乡镇人民政府、街道办事处应当对获得最低生活保障家庭的人口状况、收入状况、财产状况定期核查。

最低生活保障家庭的人口状况、收入状况、财产状况发生变化的，县级人民政府民政部门应当及时决定增发、减发或者停发最低生活保障金；决定停发最低生活保障金的，应当书面说明理由。

第三章　特困人员供养

第十四条　国家对无劳动能力、无生活来源且无法定赡养、抚养、扶养义务人，或者其法定赡养、抚养、扶养义务人无赡养、抚养、扶养能力的老年人、残疾人以及未满 16 周岁的未成年人，给予特困人员供养。

第十五条　特困人员供养的内容包括：

（一）提供基本生活条件；

（二）对生活不能自理的给予照料；

（三）提供疾病治疗；

（四）办理丧葬事宜。

特困人员供养标准，由省、自治区、直辖市或者设区的市级人民政府确定、公布。

特困人员供养应当与城乡居民基本养老保险、基本医疗保障、最低生活保障、孤儿基本生活保障等制度相衔接。

第十六条　申请特困人员供养，由本人向户籍所在地的乡镇人民政府、街道办事处提出书面申请；本人申请有困难的，可以委托村民委员会、居民委员会代为提出申请。

特困人员供养的审批程序适用本办法第十一条规定。

第十七条　乡镇人民政府、街道办事处应当及时了解掌握居民的生活情况，发现符合特困供养条件的人员，应当主动为其依法办理供养。

第十八条　特困供养人员不再符合供养条件的，村民委员会、居民委员会或者供养服务机构应当告知乡镇人民政府、街道办事处，由乡镇人民政府、街道办事处审核并报县级人民政府民政部门核准后，终止供养并予以公示。

第十九条　特困供养人员可以在当地的供养服务机构集中供养，也可以在家分散供养。特困供养人员可以自行选择供养形式。

第四章　受灾人员救助

第二十条　国家建立健全自然灾害救助制度，对基本生活受到自然灾害严重影响的人员，提供生活救助。

自然灾害救助实行属地管理，分级负责。

第二十一条　设区的市级以上人民政府和自然灾害多发、易发地区的县级人民政府应当根据自然灾害特点、居民人口数量和分布等情况，设立自然灾害救助物资储备库，保障自然灾害发生后救助物资的紧急供应。

第二十二条　自然灾害发生后，县级以上人民政府或者人民政府的自然灾害救助应急综合协调机构应当根据情况紧急疏散、转移、安置受灾人员，及时为受灾人员提供必要的食品、饮用水、衣被、取暖、临时住所、医疗防疫等应急救助。

第二十三条　灾情稳定后，受灾地区县级以上人民政府应当评估、核定并发布自然灾害损失情况。

第二十四条　受灾地区人民政府应当在确保安全的前提下，对住房损毁严重的受灾人员进行过渡性安置。

第二十五条　自然灾害危险消除后，受灾地区人民政府应急管理等部门应当及时核实本行政区域内居民住房恢复重建补助对象，并给予资金、物资等救助。

第二十六条　自然灾害发生后，受灾地区人民政府应当为因当年冬寒或者次年春荒遇到生活困难的受灾人员提供基本生活救助。

第五章　医疗救助

第二十七条　国家建立健全医疗救助制度，保障医疗救助对象获得基本医疗卫生服务。

第二十八条　下列人员可以申请相关医疗救助：

（一）最低生活保障家庭成员；

（二）特困供养人员；

（三）县级以上人民政府规定的其他特殊困难人员。

第二十九条　医疗救助采取下列方式：

（一）对救助对象参加城镇居民基本医疗保险或者新型农村合作医疗的个人缴费部分，给予补贴；

（二）对救助对象经基本医疗保险、大病保险和其他补充医疗保险支付后，个人及其家庭难以承担的符合规定的基本医疗自负费用，给予补助。

医疗救助标准，由县级以上人民政府按照经济社会发展水平和医疗救助资金情况确定、公布。

第三十条　申请医疗救助的，应当向乡镇人民政府、街道办事处提出，经审核、公示后，由县级人民政府医疗保障部门审批。最低生活保障家庭成员和特困供养人员的医疗救助，由县级人民政府医疗保障部门直接办理。

第三十一条　县级以上人民政府应当建立健全医疗救助与基本医疗保险、大病保险相衔接的医疗费用结算机制，为医疗救助对象提供便捷服务。

第三十二条　国家建立疾病应急救助制度，对需要急救但身份不明或者无力支付急救费用的急重危伤病患者给予救助。符合规定的急救费用由疾病应急救助基金支付。

疾病应急救助制度应当与其他医疗保障制度相衔接。

第六章　教育救助

第三十三条　国家对在义务教育阶段就学的最低生活保障家庭成员、特困供养人员，给予教育救助。

对在高中教育（含中等职业教育）、普通高等教育阶段就学的最低生活保障家庭成员、特困供养人员，以及不能入学接受义务教育的残疾儿童，根据实际情况给予适当教育救助。

第三十四条　教育救助根据不同教育阶段需求，采取减免相关费用、发放助学金、给予生活补助、安排勤工助学等方式实施，保障教育救助对象基本学习、生活需求。

第三十五条　教育救助标准，由省、自治区、直辖市人民政府根据经济社会发展水平和教育救助对象的基本学习、生活需求确定、公布。

第三十六条　申请教育救助，应当按照国家有关规定向就读学校提出，按规定程序审核、确认后，由学校按照国家有关规定实施。

第七章　住房救助

第三十七条　国家对符合规定标准的住房困难的最低生活保障家庭、分散供养的特困人员，给予住房救助。

第三十八条　住房救助通过配租公共租赁住房、发放住房租赁补贴、农村危房改造等方式实施。

第三十九条　住房困难标准和救助标准，由县级以上地方人民政府根据本行政区域经济社会发展水平、住房价格水平等因素确定、公布。

第四十条　城镇家庭申请住房救助的，应当经由乡镇人民政府、街道办事处或者直接向县级人民政府住房保障部门提出，经县级人民政府民政部门审核家庭收入、财产状况和县级人民政府住房保障部门审核家庭住房状况并公示后，对符合申请条件的申请人，由县级人民政府住房保障部门优先给予保障。

农村家庭申请住房救助的，按照县级以上人民政府有关规定执行。

第四十一条　各级人民政府按照国家规定通过财政投入、用地供应等措施为实施住房救助提供保障。

第八章　就业救助

第四十二条　国家对最低生活保障家庭中有劳动能力并处于失业状态的成员，通过贷款贴息、社会保险补贴、岗位补贴、培训补贴、费用减免、公益性岗位安置等办法，给予就业救助。

第四十三条　最低生活保障家庭有劳动能力的成员均处于失业状态的，县级以上地方人民政府应当采取有针对性的措施，确保该家庭至少有一人就业。

第四十四条　申请就业救助的，应当向住所地街道、社区公共就业服务机构提出，公共就业服务机构核实后予以登记，并免费提供就业岗位信息、职业介绍、职业指导等就业服务。

第四十五条　最低生活保障家庭中有劳动能力但未就业的成员，应当接受人力资源社会保障等有关部门介绍的工作；无正当理由，连续3次拒绝接受介绍的与其健康状况、劳动能力等相适应的工作的，县级人民政府民政部门应当决定减发或者停发其本人的最低生活保障金。

第四十六条　吸纳就业救助对象的用人单位，按照国家有关规定享受社会保险补贴、税收优惠、小额担保贷款等就业扶持政策。

第九章　临时救助

第四十七条　国家对因火灾、交通事故等意外事件，家庭成员突发重大疾病等原因，导致基本生活暂时出现严重困难的家庭，或者因生活必需支出突然增加超出家庭承受能力，导致基本生活暂时出现严重困难的最低生活保障家庭，以及遭遇其他特殊困难的家庭，给予临时救助。

第四十八条　申请临时救助的，应当向乡镇人民政府、街道办事处提出，经审核、公示后，由县级人民政府民政部门审批；救助金额较小的，县级人民政府民政部门可以委托乡镇人民政府、街道办事处审批。情况紧急的，可以按照规定简化审批手续。

第四十九条　临时救助的具体事项、标准，由县级以上地方人民政府确定、公布。

第五十条　国家对生活无着的流浪、乞讨人员提供临时食宿、急病救治、协助返回等救助。

第五十一条　公安机关和其他有关行政机关的工作人员在执行公务时发现流浪、乞讨人员的，应当告知其向救助管理机构求助。对其中的残疾人、未成年人、老年人和行动不便的其他人员，应当引导、护送到救助管理机构；对突发急病人员，应当立即通知急救机构进行救治。

第十章　社会力量参与

第五十二条　国家鼓励单位和个人等社会力量通过捐赠、设立帮扶项目、创办服务机构、提供志愿服务等方式，参与社会救助。

第五十三条　社会力量参与社会救助，按照国家有关规定享受财政补贴、税收优惠、费用减免等政策。

第五十四条　县级以上地方人民政府可以将社会救助中的具体服务事项通过委托、承包、采购等方式，向社会力量购买服务。

第五十五条　县级以上地方人民政府应当发挥社会工作服务机构和社会工作者作用，为社会救助对象提供社会融入、能力提升、心理疏导等专业服务。

第五十六条　社会救助管理部门及相关机构应当建立社会力量参与社会救助的机制和渠道，提供社会救助项目、需求信息，为社会力量参与社会救助创造条件、提供便利。

第十一章　监督管理

第五十七条　县级以上人民政府及其社会救助管理部门应当加强对社会救助工作的监督检查，完善相关监督管理制度。

第五十八条　申请或者已获得社会救助的家庭，应当按照规定如实申报家庭收入状况、财产状况。

县级以上人民政府民政部门根据申请或者已获得社会救助家庭的请求、委托，可以通过户籍管理、税务、社会保险、不动产登记、工商登记、住房公积金管理、车船管理等单位和银行、保险、证券等金融机构，代为查询、核对其家庭收入状况、财产状况；有关单位和金融机构应当予以配合。

县级以上人民政府民政部门应当建立申请和已获得社会救助家庭经济状况信息核对平台，为审核认定社会救助对象提供依据。

第五十九条　县级以上人民政府社会救助管理部门和乡镇人民政府、街道办事处在履行社会救助职责过程中，可以查阅、记录、复制与社会救助事项有关的资料，询问与社会救助事项有关的单位、个人，要求其对相关情况作出说明，提供相关证明材料。有关单位、个人应当如实提供。

第六十条　申请社会救助，应当按照本办法的规定提出；申请人难以确定社会救助管理部门的，可以先向社会救助经办机构或者县级人民政府民政部门求助。社会救助经办机构或者县级人民政府民政部门接到求助后，应当及时办理或者转交其他社会救助管理部门办理。

乡镇人民政府、街道办事处应当建立统一受理社会救助申请的窗口，及时受理、转办申请事项。

第六十一条　履行社会救助职责的工作人员对在社会救助工作中知悉的公民个人信息，除按照规定应当公示的信息外，应当予以保密。

第六十二条　县级以上人民政府及其社会救助管理部门应当通过报刊、广播、电视、互联网等媒体，宣传社会救助法律、法规和政策。

县级人民政府及其社会救助管理部门应当通过公共查阅室、资料索取点、信息公告栏等便于公众知晓的途径，及时公开社会救助资金、物资的管理和使用等情况，接受社会监督。

第六十三条　履行社会救助职责的工作人员行使职权，应当接受社会监督。

任何单位、个人有权对履行社会救助职责的工作人员在社会救助工作中的违法行为进行举报、投诉。受理举报、投诉的机关应当及时核实、处理。

第六十四条　县级以上人民政府财政部门、审计机关依法对社会救助资金、物资的筹集、分配、管理和使用实施监督。

第六十五条　申请或者已获得社会救助的家庭或者人员，对社会救助管理部门作出的具体行政行为不服的，可以依法申请行政复议或者提起行政诉讼。

第十二章　法律责任

第六十六条　违反本办法规定，有下列情形之一的，由上级行政机关或者监察机关责令改正；对直接负责的主管人员和其他直接责任人员依法给予处分：

（一）对符合申请条件的救助申请不予受理的；

（二）对符合救助条件的救助申请不予批准的；

（三）对不符合救助条件的救助申请予以批准的；

（四）泄露在工作中知悉的公民个人信息，造成后果的；

（五）丢失、篡改接受社会救助款物、服务记录等数据的；

（六）不按照规定发放社会救助资金、物资或者提供相关服务的；

（七）在履行社会救助职责过程中有其他滥用职权、玩忽职守、徇私舞弊行为的。

第六十七条　违反本办法规定，截留、挤占、挪用、私分社会救助资金、物资的，由有关部门责令追回；有违法所得的，没收违法所得；对直接负责的主管人员和其他直接责任人员依法给予处分。

第六十八条　采取虚报、隐瞒、伪造等手段，骗取社会救助资金、物资或者服务的，由有关部门决定停止社会救助，责令退回非法获取的救助资金、物资，可以处非法获取的救助款额或者物资价值1倍以上3倍以下的罚款；构成违反治安管理行为的，依法给予治安管理处罚。

第六十九条　违反本办法规定，构成犯罪的，依法追究刑事责任。

第十三章　附则

第七十条　本办法自2014年5月1日起施行。

11.《最低生活保障审核确认办法》(2021 年)[*]

第一章　总则

第一条　为规范最低生活保障审核确认工作，根据《社会救助暂行办法》、《中共中央办公厅 国务院办公厅印发<关于改革完善社会救助制度的意见>的通知》及国家相关规定，制定本办法。

第二条　县级人民政府民政部门负责最低生活保障的审核确认工作，乡镇人民政府（街道办事处）负责最低生活保障的受理、初审工作。村（居）民委员会协助做好相关工作。

有条件的地方可按程序将最低生活保障审核确认权限下放至乡镇人民政府（街道办事处），县级民政部门加强监督指导。

第三条　县级以上地方人民政府民政部门应当加强本辖区内最低生活保障审核确认工作的规范管理和相关服务，促进最低生活保障工作公开、公平、公正。

第二章　申请和受理

第四条　申请最低生活保障以家庭为单位，由申请家庭确定一名共同生活的家庭成员作为申请人，向户籍所在地乡镇人民政府（街道办事处）提出书面申请；实施网上申请受理的地方，可以通过互联网提出申请。

第五条　共同生活的家庭成员户籍所在地不在同一省（自治区、直辖市）的，可以由其中一个户籍所在地与经常居住地一致的家庭成员向其户籍所在地提出申请；共同生活的家庭成员户籍所在地与经常居住地均不一致的，可由任一家庭成员向其户籍所在地提出申请。最低生活保障审核确认、资金发放等工作由申请受理地县级人民政府民政部门和乡镇人民政府（街道办事处）负责，其他有关县级人民政府民政部门和乡镇人民政府（街道办事处）应当配合做好相关工作。

共同生活的家庭成员户籍所在地在同一省（自治区、直辖市）但不在同一县（市、区、旗）的，最低生活保障的申请受理、审核确认等工作按

---

　*《最低生活保障审核确认办法》于 2021 年 6 月 4 日民政部部长办公会议审议通过，自 2021 年 7 月 1 日起施行。

照各省（自治区、直辖市）有关规定执行。

有条件的地区可以有序推进持有居住证人员在居住地申办最低生活保障。

第六条　共同生活的家庭成员申请有困难的，可以委托村（居）民委员会或者其他人代为提出申请。委托申请的，应当办理相应委托手续。

乡镇人民政府（街道办事处）、村（居）民委员会在工作中发现困难家庭可能符合条件，但是未申请最低生活保障的，应当主动告知其共同生活的家庭成员相关政策。

第七条　共同生活的家庭成员包括：

（一）配偶；

（二）未成年子女；

（三）已成年但不能独立生活的子女，包括在校接受全日制本科及以下学历教育的子女；

（四）其他具有法定赡养、扶养、抚养义务关系并长期共同居住的人员。

下列人员不计入共同生活的家庭成员：

（一）连续三年以上（含三年）脱离家庭独立生活的宗教教职人员；

（二）在监狱内服刑、在戒毒所强制隔离戒毒或者宣告失踪人员；

（三）省级人民政府民政部门根据本条原则和有关程序认定的其他人员。

第八条　符合下列情形之一的人员，可以单独提出申请：

（一）最低生活保障边缘家庭中持有中华人民共和国残疾人证的一级、二级重度残疾人和三级智力残疾人、三级精神残疾人；

（二）最低生活保障边缘家庭中患有当地有关部门认定的重特大疾病的人员；

（三）脱离家庭、在宗教场所居住三年以上（含三年）的生活困难的宗教教职人员；

（四）县级以上人民政府民政部门规定的其他特殊困难人员。

最低生活保障边缘家庭一般指不符合最低生活保障条件，家庭人均收入低于当地最低生活保障标准 1.5 倍，且财产状况符合相关规定的家庭。

第九条　申请最低生活保障，共同生活的家庭成员应当履行以下义务：

（一）按规定提交相关申请材料；

（二）承诺所提供的信息真实、完整；

（三）履行授权核对其家庭经济状况的相关手续；

（四）积极配合开展家庭经济状况调查。

第十条　乡镇人民政府（街道办事处）应当对提交的材料进行审查，材料齐备的，予以受理；材料不齐备的，应当一次性告知补齐所有规定材料；可以通过国家或地方政务服务平台查询获取的相关材料，不再要求重复提交。

第十一条　对于已经受理的最低生活保障家庭申请，共同生活家庭成员与最低生活保障经办人员或者村（居）民委员会成员有近亲属关系的，乡镇人民政府（街道办事处）应当单独登记备案。

第三章　家庭经济状况调查

第十二条　家庭经济状况指共同生活家庭成员拥有的全部家庭收入和家庭财产。

第十三条　家庭收入指共同生活的家庭成员在规定期限内获得的全部现金及实物收入。主要包括：

（一）工资性收入。工资性收入指就业人员通过各种途径得到的全部劳动报酬和各种福利并扣除必要的就业成本，包括因任职或者受雇而取得的工资、薪金、奖金、劳动分红、津贴、补贴以及与任职或者受雇有关的其他所得等；

（二）经营净收入。经营净收入指从事生产经营及有偿服务活动所获得全部经营收入扣除经营费用、生产性固定资产折旧和生产税之后得到的收入。包括从事种植、养殖、采集及加工等农林牧渔业的生产收入，从事工业、建筑业、手工业、交通运输业、批发和零售贸易业、餐饮业、文教卫生业和社会服务业等经营及有偿服务活动的收入等；

（三）财产净收入。财产净收入指出让动产和不动产，或将动产和不动产交由其他机构、单位或个人使用并扣除相关费用之后得到的收入，包括储蓄存款利息、有价证券红利、储蓄性保险投资以及其他股息和红利等收入，集体财产收入分红和其他动产收入，以及转租承包土地经营权、出租或者出让房产以及其他不动产收入等；

（四）转移净收入。转移净收入指转移性收入扣减转移性支出之后的收入。其中，转移性收入指国家、机关企事业单位、社会组织对居民的各种经常性转移支付和居民之间的经常性收入转移，包括赡养（抚养、扶养）费、离退休金、失业保险金、遗属补助金、赔偿收入、接受捐赠（赠送）收入等；转移性支出指居民对国家、企事业单位、社会组织、居民的经常性转移支出，包括缴纳的税款、各项社会保障支出、赡养支出以及其他经常性转移支出等；

（五）其他应当计入家庭收入的项目。

下列收入不计入家庭收入：

（一）国家规定的优待抚恤金、计划生育奖励与扶助金、奖学金、见义勇为等奖励性补助；

（二）政府发放的各类社会救助款物；

（三）"十四五"期间，中央确定的城乡居民基本养老保险基础养老金；

（四）设区的市级以上地方人民政府规定的其他收入。

对于共同生活的家庭成员因残疾、患重病等增加的刚性支出、必要的就业成本等，在核算家庭收入时可按规定适当扣减。

第十四条　家庭财产指共同生活的家庭成员拥有的全部动产和不动产。动产主要包括银行存款、证券、基金、商业保险、债权、互联网金融资产以及车辆等。不动产主要包括房屋、林木等定着物。对于维持家庭生产生活的必需财产，可以在认定家庭财产状况时予以豁免。

第十五条　乡镇人民政府（街道办事处）应当自受理最低生活保障申请之日起3个工作日内，启动家庭经济状况调查工作。调查可以通过入户调查、邻里访问、信函索证或者提请县级人民政府民政部门开展家庭经济状况信息核对等方式进行。

共同生活家庭成员经常居住地与户籍所在地不一致的，经常居住地县级人民政府民政部门和乡镇人民政府（街道办事处）应当配合开展家庭经济状况调查、动态管理等相关工作。

第十六条　乡镇人民政府（街道办事处）可以在村（居）民委员会协助下，通过下列方式对申请家庭的经济状况和实际生活情况予以调查核实。每组调查人员不得少于2人。

（一）入户调查。调查人员到申请家庭中了解家庭收入、财产情况和吃、穿、住、用等实际生活情况。入户调查结束后，调查人员应当填写入户调查表，并由调查人员和在场的共同生活家庭成员分别签字；

（二）邻里访问。调查人员到申请家庭所在村（居）民委员会和社区，走访了解其家庭收入、财产和实际生活状况；

（三）信函索证。调查人员以信函等方式向相关单位和部门索取有关佐证材料；

（四）其他调查方式。

发生重大突发事件时，前款规定的入户调查、邻里访问程序可以采取电话、视频等非接触方式进行。

第十七条 县级人民政府民政部门应当在收到乡镇人民政府（街道办事处）对家庭经济状况进行信息核对提请后 3 个工作日内，启动信息核对程序，根据工作需要，依法依规查询共同生活家庭成员的户籍、纳税记录、社会保险缴纳、不动产登记、市场主体登记、住房公积金缴纳、车船登记，以及银行存款、商业保险、证券、互联网金融资产等信息。

县级人民政府民政部门可以根据当地实际情况，通过家庭用水、用电、燃气、通讯等日常生活费用支出，以及是否存在高收费学校就读（含入托、出国留学）、出国旅游等情况，对家庭经济状况进行辅助评估。

第十八条 经家庭经济状况信息核对，不符合条件的最低生活保障申请，乡镇人民政府（街道办事处）应当及时告知申请人。

申请人有异议的，应当提供相关佐证材料；乡镇人民政府（街道办事处）应当组织开展复查。

第四章 审核确认

第十九条 乡镇人民政府（街道办事处）应当根据家庭经济状况调查核实情况，提出初审意见，并在申请家庭所在村、社区进行公示。公示期为 7 天。公示期满无异议的，乡镇人民政府（街道办事处）应当及时将申请材料、家庭经济状况调查核实结果、初审意见等相关材料报送县级人民政府民政部门。

公示有异议的，乡镇人民政府（街道办事处）应当对申请家庭的经济状况重新组织调查或者开展民主评议。调查或者民主评议结束后，乡镇人民政府（街道办事处）应当重新提出初审意见，连同申请材料、家庭经济状况调查核实结果等相关材料报送县级人民政府民政部门。

第二十条 县级人民政府民政部门应当自收到乡镇人民政府（街道办事处）上报的申请材料、家庭经济状况调查核实结果和初审意见等材料后 10 个工作日内，提出审核确认意见。

对单独登记备案或者在审核确认阶段接到投诉、举报的最低生活保障申请，县级人民政府民政部门应当入户调查。

第二十一条　县级人民政府民政部门经审核，对符合条件的申请予以确认同意，同时确定救助金额，发放最低生活保障证或确认通知书，并从作出确认同意决定之日下月起发放最低生活保障金。对不符合条件的申请不予确认同意，并应当在作出决定3个工作日内，通过乡镇人民政府（街道办事处）书面告知申请人并说明理由。

第二十二条　最低生活保障审核确认工作应当自受理之日起30个工作日之内完成；特殊情况下，可以延长至45个工作日。

第二十三条　最低生活保障金可以按照审核确定的申请家庭人均收入与当地最低生活保障标准的实际差额计算；也可以根据申请家庭困难程度和人员情况，采取分档方式计算。

第二十四条　县级人民政府民政部门应当在最低生活保障家庭所在村、社区公布最低生活保障申请人姓名、家庭成员数量、保障金额等信息。

信息公布应当依法保护个人隐私，不得公开无关信息。

第二十五条　最低生活保障金原则上实行社会化发放，通过银行、信用社等代理金融机构，按月支付到最低生活保障家庭的账户。

第二十六条　乡镇人民政府（街道办事处）或者村（居）民委员会相关工作人员代为保管用于领取最低生活保障金的银行存折或银行卡的，应当与最低生活保障家庭成员签订书面协议并报县级人民政府民政部门备案。

第二十七条　对获得最低生活保障后生活仍有困难的老年人、未成年人、重度残疾人和重病患者，县级以上地方人民政府应当采取必要措施给予生活保障。

第二十八条　未经申请受理、家庭经济状况调查、审核确认等程序，不得将任何家庭或者个人直接纳入最低生活保障范围。

第五章　管理和监督

第二十九条　共同生活的家庭成员无正当理由拒不配合最低生活保障审核确认工作的，县级人民政府民政部门和乡镇人民政府（街道办事处）可以终止审核确认程序。

第三十条　最低生活保障家庭的人口状况、收入状况和财产状况发生变化的，应当及时告知乡镇人民政府（街道办事处）。

第三十一条　乡镇人民政府（街道办事处）应当对最低生活保障家庭的经济状况定期核查，并根据核查情况及时报县级人民政府民政部门办理最低生活保障金增发、减发、停发手续。

对短期内经济状况变化不大的最低生活保障家庭，乡镇人民政府（街道办事处）每年核查一次；对收入来源不固定、家庭成员有劳动能力的最低生活保障家庭，每半年核查一次。核查期内最低生活保障家庭的经济状况没有明显变化的，不再调整最低生活保障金额度。

发生重大突发事件时，前款规定的核查期限可以适当延长。

第三十二条　县级人民政府民政部门作出增发、减发、停发最低生活保障金决定，应当符合法定事由和规定程序；决定减发、停发最低生活保障金的，应当告知最低生活保障家庭成员并说明理由。

第三十三条　鼓励具备就业能力的最低生活保障家庭成员积极就业。对就业后家庭人均收入超过当地最低生活保障标准的最低生活保障家庭，县级人民政府民政部门可以给予一定时间的渐退期。

第三十四条　最低生活保障家庭中有就业能力但未就业的成员，应当接受人力资源社会保障等有关部门介绍的工作；无正当理由，连续3次拒绝接受介绍的与其健康状况、劳动能力等相适应的工作的，县级人民政府民政部门应当决定减发或者停发其本人的最低生活保障金。

第三十五条　县级以上人民政府民政部门应当加强对最低生活保障审核确认工作的监督检查，完善相关的监督检查制度。

第三十六条　县级以上地方人民政府民政部门和乡镇人民政府（街道办事处）应当公开社会救助服务热线，受理咨询、举报和投诉，接受社会和群众对最低生活保障审核确认工作的监督。

第三十七条　县级以上地方人民政府民政部门和乡镇人民政府（街道办事处）对接到的实名举报，应当逐一核查，并及时向举报人反馈核查处理结果。

第三十八条　申请或者已经获得最低生活保障的家庭成员对于民政部门作出的具体行政行为不服的，可以依法申请行政复议或者提起行政诉讼。

第三十九条　从事最低生活保障工作的人员存在滥用职权、玩忽职守、徇私舞弊、失职渎职等行为的，应当依法依规追究相关责任。对秉持公心、履职尽责但因客观原因出现失误偏差且能够及时纠正的，依法依规免于问责。

第六章　附则

第四十条　省（自治区、直辖市）人民政府民政部门可以根据本办法，结合本地实际，制定实施细则，并报民政部备案。

第四十一条　本办法由民政部负责解释。

第四十二条　本办法自 2021 年 7 月 1 日起施行，2012 年 12 月 12 日民政部印发的《最低生活保障审核审批办法（试行)》（民发〔2012〕220号）同时废止。

12. 《最高人民法院关于为实施积极应对人口老龄化国家战略提供司法服务和保障的意见》（2022 年）*

为全面贯彻落实《中共中央、国务院关于加强新时代老龄工作的意见》，深入贯彻积极应对人口老龄化国家战略，充分发挥审判职能作用，切实提升广大老年人的获得感、幸福感、安全感，现结合工作实际，就人民法院服务和保障实施积极应对人口老龄化国家战略提出如下意见。

一、统一思想认识，准确把握为实施积极应对人口老龄化国家战略提供司法服务和保障的总体要求

1. 指导思想。各级人民法院要切实提高政治站位，坚持以习近平新时代中国特色社会主义思想为指导，深入贯彻习近平法治思想，深入学习领会"两个确立"的决定性意义，增强"四个意识"、坚定"四个自信"、做到"两个维护"。坚持以人民为中心，把积极老龄观、健康老龄化理念融入审判执行工作全过程，大力弘扬中华民族孝亲敬老传统美德，为推动构建老年友好型社会、加强老年人权益保障提供有力司法服务和保障。

2. 重大意义。人口老龄化是我国未来相当长一个时期的基本国情。随着老龄化程度加深、劳动力供给数量减少，家庭养老负担和基本公共服务供给压力将进一步增加。有效应对我国人口老龄化，事关国家发展全局，事关亿万百姓福祉，事关社会和谐稳定，对于全面建设社会主义现代化国家具有重要意义。各级人民法院要充分认识实施积极应对人口老龄化国家战略的重要性和紧迫性，采取有力措施切实保障老年人合法权益，让老年人共享改革发展成果、安享幸福晚年。

3. 目标任务。新发展阶段，各级人民法院要建立健全上下贯通、一抓到底的工作体系，将服务和保障实施积极应对人口老龄化国家战略纳入审判执行的总体工作之中。推动完善老年人优待政策、法规体系，涉及老年人利益司法政策的制定和执行过程要充分征求老年人意见，推动人民法

---

* 2022 年 4 月 8 日，中华人民共和国最高人民法院发布《关于为实施积极应对人口老龄化国家战略提供司法服务和保障的意见》。

院服务和保障实施积极应对人口老龄化国家战略的各项政策举措落地、落实、落细。

二、充分发挥审判职能作用，加强老年人权益保障

4．依法妥善审理涉老年人婚姻家庭纠纷案件。依法审理赡养纠纷案件，保障老年人基本生活需要。加强老年人精神赡养类案件调解力度，增进对老年人的精神关爱。注重法院的职权调查，强化依法裁量，依法保护老年人的婚姻自由。对于老年人同居析产纠纷，要综合考量共同生活时间、各自付出等因素，兼顾双方利益，实现公平公正。

5．依法妥善审理涉老年人继承纠纷案件。落实民法典遗产管理人制度，依法确定遗产管理人，保障遗产妥善管理、顺利分割。要依法保护各类遗嘱形式，切实尊重老年人立遗嘱时的真实意愿，保障老年人遗产处分权。依法认定各类遗赠扶养协议效力，满足养老形式多样化需求。

6．贯彻实施反家庭暴力法，保护老年家庭成员人身、财产安全。推动完善各部门共同参与的反家暴宏观体系。加强对家庭暴力受害老年人举证的指导，加大心理疏导和帮扶力度。建立人身安全保护令案件受理"绿色通道"，加大依职权调取证据力度，依法及时作出、送达人身安全保护令。加强与公安机关、居民委员会、村民委员会等部门协作配合，充分利用协助执行制度，保障人身安全保护令切实发挥作用。建立定期回访、跟踪机制，拓展反家暴延伸服务范围。

7．完善老年人监护制度。妥善审理监护权纠纷案件，最大程度尊重老年当事人的真实意愿。依法认定老年人通过意定监护协议确定的监护人，督促其依法履行监护责任。对于侵犯无民事行为能力、限制民事行为能力老年人合法权益的监护人，依法撤销其监护人资格，为老年人安排必要的临时监护措施，按照最有利于被监护人的原则依法指定监护人，保护老年人人身权利、财产权利及其他合法权益。

8．依法妥善审理涉养老纠纷案件，促进老有所养。贯彻落实民法典关于居住权的规定，依法审理涉老年人居住权益保护案件，满足老年人稳定的生活居住需要，为"以房养老"模式提供坚实的法律保障。依法妥善审理养老服务合同纠纷案件，确保养老机构提供符合质量和安全标准的养老服务，推动机构养老规范化发展。

9．推动农村养老保障服务发展。依法审理涉及农村土地承包经营权、侵害集体经济组织成员权益等纠纷案件，保障老年人依法享有本集体经济

组织成员权益，增加农村老年人收入。发挥审判职能作用，保障无劳动能力、无生活来源又无人赡养、扶养的老年村民享受农村五保供养待遇。

10. 依法妥善审理涉老年人医疗服务合同纠纷案件，促进老有所医。依法认定家庭病床、巡诊等居家医疗服务合同中各方当事人的权利义务关系，保障老年人合法权益。妥善审理老年人医疗、失能老年人长期照护等服务合同纠纷案件，发挥审判职能，保障医养结合政策的贯彻实施，为老年人健康生活保驾护航。

11. 加强老年人劳动权益保护，促进老有所为。依法审理涉老年人劳动争议案件，助力老年人就业、维护老年人再就业权益。助推"银龄行动"，引导具有一定经验和专业技术的老年人以志愿服务形式积极参与民事调解等活动。各地人民法院可以根据实际探索建立退休法官专家库，鼓励有意愿的退休法官积极参与诉前调解、调查研究等。

12. 依法妥善审理老年人参与社会文化生活相关案件，促进老有所学、老有所乐。妥善审理涉老年人旅游合同纠纷等案件，督促、引导服务机构充分、合理履行提示说明义务和安全保障义务，不断提升老年人生活质量，满足老年人日益增长的美好生活需要。

13. 依法加大对侵害老年人人身和财产权益违法犯罪行为的打击力度。依法严惩虐待、遗弃、伤害老年人等违法犯罪行为。严厉打击针对老年人的电信网络诈骗、借用"以房养老"之名实施的"套路贷"，依法惩处家庭成员盗窃、诈骗、抢夺、侵占、勒索、故意损毁老年人财物等违法犯罪行为。依法严惩消费领域违法犯罪行为，维护老年人消费权益，为老年人营造安全、便利、诚信的消费环境。

14. 加大涉老年人权益案件执行力度。各地人民法院要加大涉老年人居住权案件执行力度，依法及时维护老年人居住权益，保障老年人住有所居。加大对老年人追索赡养费、扶养费案件的先予执行力度。创新涉老年人精神赡养纠纷案件执行方式，督促、引导赡养人积极主动履行赡养义务。

三、持续深化改革创新，建立健全便老惠老司法服务机制

15. 深化一站式多元解纷机制建设，推动涉老年人矛盾纠纷源头化解。坚持和发展新时代"枫桥经验"，坚持把非诉讼纠纷解决机制挺在前面。建立完善涉老年人婚姻家庭、侵权等矛盾纠纷的预警、排查、调解机制。构建多元解纷和诉讼服务体系，促进涉老年人矛盾纠纷一站式多元化

解。推动人民法院一站式多元解纷向基层延伸，推进人民法庭进乡村、进社区、进网格，加强巡回审判，及时就地化解矛盾纠纷。坚持服务老年人需求导向，建设一站式诉讼服务中心，提供"一站通办、一网通办、一号通办、一次通办"的诉讼服务。

16. 深入推进社会主义核心价值观融入裁判文书释法说理。在涉老年人等弱势群体保护、诉讼各方存在较大争议且可能引发社会广泛关注的案件中，要强化运用社会主义核心价值观释法说理。加强社会主义核心价值观在涉老年人权益案件中的导向作用，切实发挥司法裁判规范、评价、教育、引领等功能，实现政治效果、法律效果和社会效果的有机统一。

17. 进一步深化家事审判方式和工作机制改革。树立人性化审判理念，注重将对老年当事人的保护从身份利益、财产利益全面延伸到人格利益、安全利益和情感利益。充分发挥家事审判对婚姻家庭关系的诊断、修复和治疗作用，为老年人安享幸福晚年提供和睦稳定的家庭环境。

18. 加强法律宣传。各级人民法院要通过法律进社区、巡回审判、推广学习典型案例等多种方式，加强老年人权益保障普法宣传。提高老年人运用法律手段保护自身权益的意识，提升老年人识骗防骗能力。推动在全社会树立保障老年人合法权益的法律意识，形成关心关爱老年人的良好氛围。

19. 加大法律援助协作和司法救助力度。加强与法律援助机构的协调配合，依法及时转交老年当事人的法律援助申请。对于符合司法救助条件的老年当事人，人民法院应当依法予以救助。会同相关部门加大对受害老年人临时庇护、法律援助的帮扶力度，加大司法救助力度，推动建立多层次救助体系。

20. 建立适老型诉讼服务机制，为便利老年人参与诉讼活动提供保障。聚焦涉老年人案件类型和特点，探索建立涉老年人民事案件专业化审判机制。依法准许书写起诉状确有困难的老年人口头起诉，有效给予老年人诉讼服务指导和帮助。为行动不便的老年人开通上门立案、电话立案等绿色通道，实现快速、便捷立案。开展网上立案、电子诉讼的同时，保留老年人易于接受的传统司法服务方式。完善无障碍诉讼设施及服务，方便老年人参加诉讼。根据案件情况，允许相关辅助、陪护人员陪同老年当事人出庭。依法妥善处理老年人涉诉信访案件，对于老年当事人应当予以特别关照。